Rob Rufus

Hinter dem Grenzzaun

Rob Rufus

HINTER DEM GRENZZAUN

WIE DU ZUNEHMEND WUNDER ERLEBST

Grace today VERLAG

Die englischsprachige Originalausgabe erschien bei *Rob Rufus Ministries* unter dem Titel *Beyond the Peripheral Fence*.

Die Deutsche Nationalbibliothek verzeichnet diese Publikation in der Deutschen Nationalbibliografie; detaillierte bibliografische Daten sind im Internet über https://dnb.de abrufbar.

Bibelzitate, sofern nicht anders angegeben, wurden der *Luther21* entnommen. © La Buona Novella Inc. Bible Publishing House CH-8832 Rotkreuz. Alle Rechte vorbehalten.
Alle Bibelübersetzungen wurden mit freundlicher Genehmigung der Verlage verwendet.
Hervorhebungen einzelner Wörter oder Passagen innerhalb vo Bibelzitaten wurden vom Autor vorgenommen.

ELB *Revidierte Elberfelder Bibel*, © 2006 SCM R.Brockhaus, Witten.
EÜ *Einheitsübersetzung*, © 1980 Kath. Bibelanstalt GmbH, Stuttgart.
GNB *Gute Nachricht Bibel*, © 2000 Deutsche Bibelgesellschaft Stuttgart.
KJV *King James Version*.
NIV *New International Version*, © 2011 International Bible Society.
NKJV *New King James Version*, © 1982 by Thomas Nelson.
NLB *Neues Leben Bibel*, © 2017 SCM R.Brockhaus, Witten.
SLT *Bibeltext der Schlachter*, © 2000 Genfer Bibelgesellschaft.
TPT *The Passion Translation*, © 2020 by Passion & Fire Ministries, Inc.

Umschlaggestaltung: Sean Whaley
Autorenfoto: John Montesi
Corporate Design: spoon design, Olaf Johannson
Übersetzung: Heike Schmitt
Lektorat: Gabriele Kohlmann
Satz: Grace today Verlag
Druck: CPI Clausen & Bosse, Leck
Printed in Germany

1. Auflage 2023

Paperback: ISBN 978-3-95933-260-6, Bestellnummer 372260
E-Book: ISBN 978-3-95933-261-3, Bestellnummer 372261

www.gracetoday.de

INHALT

EINLEITUNG

Der Titel dieses Buches geht auf eine Vision zurück, die ich 1988 hatte und in der es um eben diesen Grenzzaun ging. Was ich im Folgenden beschreibe, war kein Nachttraum und auch kein inneres Bild bei geschlossenen Augen. Alles in dieser Vision lief direkt vor meinen offenen Augen ab.

Wichtig zu wissen ist, dass Wunder für mich nichts Unbekanntes waren. Vor dieser Vision hatte ich schon mindestens achtzehn Jahre lang zahlreiche übernatürliche Begegnungen mit dem Heiligen Geist erlebt. Durch verschiedene Dienste empfing ich eine Vielzahl von geistlichen Gaben und Segnungen, für die ich äußerst dankbar bin. Infolgedessen bestätigte sich durch Glenda und mich, dass tatsächlich Wunder durch uns als Gläubige fließen. Menschen standen aus ihren Rollstühlen auf, blinde Augen öffneten sich, Taube erlangten ihr Gehör und Krebs im Endstadium wurde zerstört. Dennoch hatte ich immer das Gefühl, dass da noch mehr, sehr viel mehr war! Das Zeugnis des Heiligen Geistes und die Zusagen in Gottes Wort brannten in mir. Sie waren unablässige Erinnerungen daran, dass jeder, der an Jesus glaubt, Wunder wirken wird, wie er sie vollbracht hat, und sogar noch größere, weil er zum Vater gegangen ist! Einige meiner Freunde begannen, sich ein wenig Sorgen um mich zu machen.

Zuerst dachten sie, es handele sich um ein übertriebenes, ungesundes, impulsives Extrem, das irgendwann wieder abklingen würde. Sie hofften mit einer gewissen liebevollen Belustigung, dass ich irgendwann zu einer anderen Obsession übergehen würde, bis ich schließlich erschöpft und desillusioniert wäre und letztendlich zu einem »ausgewogenen« Diener des Evangeliums werden würde. Ich kann einen ausgewogenen, im Gleichgewicht befindlichen Christen nur so definieren: Er ist jemand, der die Wunder tut, die Jesus getan hat, und der noch größere Wunder tut, weil Jesus zum Vater gegangen ist. Jeder Gläubige, der sich mit weniger zufriedengibt als mit den vollkommenen Zusagen Christi in ihrer Ganzheit, ist äußerst unausgewogen!

Zurück zu meiner Vision. Ich war gerade dabei, einen Berg der südafrikanischen Drakensbergkette hinabzusteigen, und zwar bei Lyndhurst, einem meiner Lieblingsorte. Es war ein wunderschöner wolkenloser, sonniger Tag. Plötzlich erschien die Herrlichkeit Gottes vor mir! Zuerst war ich geschockt und verwirrt! Die Farbe, die ich sah, ist schwer zu beschreiben. Der einzige Ausdruck, der mir dafür in den Sinn kommt, ist eine »satt strahlende Pracht«. Dann sah ich, dass diese wunderschöne, intensive Herrlichkeit von einem unüberwindlichen Grenzzaun umgeben war. Ich sehnte mich mit jeder Faser danach, diesen Grenzzaun zu überwinden!

Ich vernahm die innerlich hörbare Stimme des Geistes, die sagte: »Sieh genauer hin.« Dann sah ich mich selbst mit meinem Gesicht und Körper gegen die Außenseite dieses Zaunes gepresst. Alles in mir wollte durch diese Umzäunung hindurch. Im Geist konnte ich sehen, dass der Zaun tiefe Abdrücke in meinem Gesicht hinterlassen hatte. Ich hörte, wie der Geist mit einer Stimme voller Liebe und Zärtlichkeit sanft zu mir sagte: »Eine Tiefe ruft die andere und die Sehnsüchte deines Herzens sind die Sehnsüchte meines Herzens. Der Tag wird kommen, an dem du diesen Zaun passierst, und viele andere mit dir!« Im Geist konnte ich zwar immer noch den Klang der herablassenden Stimmen hören, die mich verspotteten, aber sie hatten völlig ihre Macht verloren, mich jemals wieder zu täuschen oder zu entmutigen! Der Geist sagte wieder zu mir: »Sieh genauer hin!« Ich sah eine Hand auf der anderen Seite des Zauns, die mir Krümel – wie Brosamen – über den Zaun zuwarf. Der Geist Gottes sagte zu mir: »Mithilfe dieser Brosamen habe ich dich dazu gebraucht, Menschen aus ihren Rollstühlen zu holen und die Augen der Blinden zu öffnen.« Ich war schockiert! Ich fragte mich, was wohl geschähe, wenn der Vater diesen Grenzzaun aufheben würde. Er hörte meine Gedanken und sagte: »Dies ist die unvergängliche Herrlichkeit des neuen Bundes. In diesem Reich der unverfälschten, ungeschwächten Herrlichkeit Gottes geschehen Wunder mühelos. Diese Herrlichkeit ist unfehlbar und einzig auf meiner Gnade gegründet. Die Wunder werden ganz einfach geschehen, aber Männer und Frauen mit selbstsüchtigen Ambitionen, indoktriniert durch pervertierte Weisheit und geprägt von ihren Traditionen, werden sich damit brüsten. Sie werden ihre Formeln und Rezepte, die erklären sollen, warum ich diese großen Wunder gerade durch sie wirke, zu vermarkten und zu verkaufen beginnen. Sie werden sagen, es sei ihr heiliger Lebensstil, ihr Gebetsleben oder ihr Fasten. Sie werden sich der Dinge rühmen, die sie tun. Doch diese unverfälschte Herrlichkeit ist einzig und allein auf meiner Gnade gegründet. Ich rüste treue Menschen zu, die so leicht zu einer Haltung der Demut finden, dass die Erkenntnis meiner Herrlichkeit die Erde bedecken wird wie die Wasser das Meer. Lass dich zurüsten, denn ich werde den Grenzzaun nur denen öffnen, die sich bereitgemacht haben.«

1

Disparität und Paradigmen

Herzlich willkommen. Ich lade dich mit Freude zu dieser Reise ein, auf der du hinter den Grenzzaun gelangen wirst. Du stehst im Begriff, ein reichhaltiges prophetisches Gebiet zu betreten.

Disparität! Ich habe dieses Wort hervorgehoben, weil es treffend die hässliche Natur eines bestimmten Verhaltens beschreibt, das schleichend entsteht. Ich meine damit die Bereitwilligkeit, mit der das Ausbleiben einer konsistenten, vollumfänglichen Manifestation der wunderwirkenden Kraft Gottes einfach hingenommen wird. Disparität bezeichnet ein Nebeneinander von Ungleichem, in dem Fall den unvereinbaren Gegensatz zwischen den großartigen Verheißungen in Gottes Wort und den weitaus schwächeren Resultaten, die wir als Gemeinde im Allgemeinen bisher erlebt haben. Es geht dabei um die Kluft oder den Unterschied zwischen der verheißenen Ebene der Realität in Gottes Wort und der tatsächlichen Realität, wie sie sich in den Erfahrungen der meisten Christen widerspiegelt. Disparität verursacht emotionale Spannungen, die uns unangenehm sind. In dem Maße, in dem sich die Disparität vertieft und verfestigt, wird bei dem Gläubigen eine schleichende, negative Entwicklung in Gang gesetzt, die glaubenszersetzend wirkt und sich mit jeder Enttäuschung verstärkt. Begleitet wird dies von einem schwer durchschaubaren Geist okkulter Verlockung, der im Widerspruch zu allem steht, was rechtmäßig ist. Er verhält sich still, ist aber verführerisch und absichtsvoll. Wenn diese satanische Entwicklung nicht erkannt und durch die Kraft der Offenbarung bekämpft wird, werden viele Gemeinden ihre Erwartungen auf ein Niveau absenken, das durch menschliche Anstrengung erreicht werden kann, ohne dass die übernatürliche Hilfe von Gott nötig wäre. Das ist menschlicher Hochmut. Christen müssen sich die Augen öffnen lassen, um zu erkennen, dass die Kapitulation vor einer solchen Disparität einer Unabhängigkeitserklärung der Erde gegenüber dem Himmel gleichkommt. Dies wird als Rebellion bezeichnet, die in der Bibel Zaubereisünde genannt wird. Zauberei ist dann im Spiel, wenn sich eine niederrangige Autorität über eine höherrangige Autorität erhebt.

In diesem Buch werden wir aufdecken, wie Disparität ganz leicht entlarvt werden kann. Noch wichtiger, wie sie außer Kraft gesetzt und zerstört werden kann und wie an ihre Stelle die Herrlichkeit des Vaters in voller Ausprägung treten kann, sodass diese die Erde bedeckt, wie die Wasser das Meer bedecken.

In 2. Korinther 4,4 wird der Teufel als »Gott dieser Welt« bezeichnet. Das Wort »Welt« an dieser Stelle ist das griechische Wort *Kosmos,* von dem wir das Wort *Kosmetik* ableiten. Kosmetika werden verwendet, um Makel abzudecken und sie attraktiv erscheinen zu lassen! In gleicher Weise versucht Disparität sich als etwas darzustellen, das notwendig, aber harmlos ist. Das ist sie nicht! Sie ist die Frucht einer bösen Wurzel. Wahrer prophetischer Dienst wird in diesen Tagen dringend gebraucht, weil er unter die Oberfläche blickt, um dort böse Wurzeln auszureißen. Die entstandenen Missverhältnisse sind ganz einfach die Frucht von falschen Denkmustern, die sich über die Jahrhunderte hinweg tief im inneren Bewusstsein der Gemeinde verankert haben.

Paradigma entstammt dem Griechischen. Man versteht unter diesem Wort ein durch unterbewusste Konditionierung entstandenes Denkmuster. Wenn du ein fehlerhaftes Paradigma in ein korrektes Paradigma umwandelst, wird sich der betreffende

Bereich deines Lebens verbessern. Ein Paradigmenwechsel ist eine radikale Änderung der Annahmen, die jemand in Bezug auf die Herangehensweise an eine bestimmte Sache vertritt. Hier ist der Punkt: Vergeude nicht deine Zeit damit, negative Auswirkungen ändern zu wollen. Wenn du dich zu lange darauf konzentrierst, wirst du in der Disparität enden! Korrigiere stattdessen dein fehlerhaftes Paradigma. Nimm Veränderungen in deinem Inneren vor, und du wirst die positiven Auswirkungen im Äußeren sehen.

Dein bewusster Verstand kann dein Paradigma nicht ändern – dein Unterbewusstsein ist dafür zuständig! Die Bibel sagt, dass der Mensch so ist, wie er in seinem Herzen denkt (siehe Spr 23,7). Welcher Art die Denkmuster in unserem Herzen sind, lässt sich also immer an unseren Ergebnissen ablesen. Es geht hier nicht um Verurteilung, aber wir müssen aufhören, die Schuld auf die falschen Dinge zu schieben. George Bernard Shaw sagte einmal, dass nur 2 Prozent aller Menschen denken, weitere 3 Prozent denken, dass sie denken, und 95 Prozent würden lieber sterben, als zu denken! Und Henry Ford sagte: »Denken ist die härteste Arbeit, die es gibt, und das ist wahrscheinlich auch der Grund, warum sich so wenige damit befassen.« Viele Menschen gaukeln sich selbst vor, dass Gehirnaktivität gleichbedeutend mit Denken sei, aber tatsächlich denken sie nicht. Sie lassen einfach zu, dass das, was um sie herum geschieht, die Geschehnisse in ihrem Inneren bestimmt.

Einer der Gründe für diese Passivität liegt in den Denkmustern, die in uns entstanden sind, als wir noch klein waren. Eltern geben ihren Kindern jedoch enorm viel Kraft und Stabilität, wenn sie ihnen immer wieder sagen: »Ich liebe dich, wenn du dich gut benimmst und ich liebe dich ganz genau so, wenn du dich schlecht benimmst.« Kinder müssen wissen: »Gott liebt mich, wenn ich Gutes tue, und er liebt mich ganz genauso, wenn ich Böses tue.« Es ist wichtig, dass Kinder mit dem Leitbild aufwachsen, dass

Liebe nicht durch Leistung verdient werden muss. Kaum etwas ist schwieriger für Menschen, als Heilung zu empfangen, wenn sie das Gefühl haben, sie hätten nicht genügend geleistet, um von Gott geliebt zu werden oder Heilung zu verdienen.

Hier ist eine Frage: Warum kehren die meisten Menschen nach einer Offenbarung der Gnade in die Abhängigkeit des Gesetzes zurück, um von Gott gerecht gesprochen zu werden? Die Antwort ist: Das Paradigma in ihrem Inneren lässt sie glauben, dass sie von Gott nur dann geliebt werden, wenn sie genug und richtig abliefern. Ich werde dir beweisen, dass eine solche Denkweise Wunder mit hundertprozentiger Sicherheit verhindert.

Ihr habt Christus verloren, die ihr durch das Gesetz gerechtfertigt werden wollt; ihr seid aus der Gnade gefallen. — Galater 5,4

Ihr seid der lebendigen Wirkung Christi verlustig gegangen, die ihr im Gesetz gerechtfertigt werden wollt; ihr seid aus der Gnade gefallen. — Galater 5,4 ELB

Das Paradigma, sich wieder auf das Gesetz zu verlassen, um vor Gott gerechtfertigt zu werden – eine Leistung zu erbringen, um Gottes Liebe und Wunder zu verdienen –, macht Christus für uns wirkungslos. Wirkungslos bedeutet, es gibt keine Wirkung! Keine Wirkung in Bezug auf Heilung, Segnungen, Ressourcen, Kraft oder Vergebung. Zum Gesetz zurückzukehren ist eine Beleidigung für den Geist der Gnade. Die Gnade steht über dem Gesetz. Aus der Gnade zu fallen heißt, zurück unter das Gesetz zu gehen. Das Gesetz steht für menschliche Leistung und ersetzt die vollkommene Leistung Christi für uns am Kreuz. Er hat uns vom Fluch des Gesetzes erlöst, sodass der Segen der Heilung allen, die es nicht verdient haben, frei zuteilwerden kann!

Als Christus, unser ganz und gar wunderbarer Herr, auf dieser Erde wandelte, wurde er beschuldigt, »ein Freund der Sünder« zu sein. Er heilte Scharen von Sündern, mit einer hundertprozentigen Quote, darunter Prostituierte, Aussätzige, Ausgestoßene und Unreine. In allen vier Evangelien wird wiederholt berichtet, dass er zahlreiche Sünder heilte. Und wie war das möglich? Sie waren nicht in der Synagoge unter dem Gesetz aufgewachsen. Als ihnen das Erbarmen und die Macht Christi erschienen, zögerten sie nicht, ihr Wunder zu empfangen. Christus konnte in voller Wirksamkeit handeln! Wohlgemerkt: Er konnte keine Pharisäer heilen. Bei den Pharisäern war Jesus Christus wirkungslos. In Kapitel 6 findest du einen Bibelabschnitt, der eine Situation schildert, in der die Kraft des Herrn auf Jesus lag, um die Pharisäer zu heilen, er jedoch völlig unwirksam blieb, weil er mit dem, was er tat und sagte, gegen das Paradigma der Pharisäer verstieß. Wie so viele moderne Christen heutzutage waren sie äußerlich rechtschaffen, sie taten gute Dinge – wie beispielsweise die Heilige Schrift zu studieren –, aber ihre Denkweise widersetzte sich der Gnade. Jesus IST Gnade! Das Paradigma der Pharisäer war: »Gott macht Menschen aufgrund ihrer Sünde krank.« Jesus heilte dreieinhalb Jahre lang jeden Tag Scharen von Kranken, die voller Sünde waren – und er tat es aus Gnade. Jesus wusste, dass sein Vater Menschen nicht krank macht.

> *... wie Gott Jesus von Nazareth mit Heiligem Geist und Kraft gesalbt hat, und wie dieser umherzog und Gutes tat und alle heilte, die vom Teufel überwältigt waren; denn Gott war mit ihm. — Apostelgeschichte 10,38* SLT

Wie lässt sich Disparität auflösen? Eine Zunahme an Offenbarung ist die beschleunigende Kraft, die diese Missverhältnisse beseitigt, indem sie falsche Denkmuster niederreißt und auf Wahrheit gegründete Denkweisen der Gnade entstehen lässt. Warum Gnade? Die Gnade gibt uns aus freien Stücken das Geschenk der Gerechtigkeit, das uns zu immer größerer Herrlichkeit verhilft, die uns die Liebe des Vaters offenbart. Die Naturwissenschaft nennt das einen Quantensprung. Es handelt sich um eine plötzliche Beschleunigung, die eine Kluft schließt, die scheinbar unüberwindbar ist. Was einst unmöglich erschien, wird zur Normalität. Alle Zusagen Gottes werden plötzlich zugänglich. Die geistlichen Realitäten der übernatürlichen Welt folgen einer noch viel stärkeren Ordnung als die natürliche Welt. In der geistlichen Welt funktionieren Türen über ein Autorisierungssystem. Jeder Schlüssel besitzt ein Muster, das ihn befugt, Türen ins Übernatürliche zu öffnen. Selbstgerechtigkeit und Stolz besitzen im Himmel keine Autorität. Der himmlische Raum ist nicht chaotisch, dort herrscht göttliche Ordnung. Wenn wir das erkennen und uns demütigen, können wir jede Tür öffnen, die wir öffnen wollen. Es ist uns erlaubt, den Grenzzaun zu passieren und in unverfälschter Herrlichkeit zu wirken!

Während du die einzelnen Kapitel dieses Buches liest, wird der Geist der Weisheit und Offenbarung systematisch falsche Paradigmen beseitigen und sie durch korrekte Paradigmen ersetzen, die eine bevollmächtigte Denkweise von wahrer Tiefe hervorbringen. Ich bin sehr gespannt darauf, was sich in deinem Inneren abspielen und im Äußeren manifestieren wird. Ich möchte dich dazu anregen, dieses Buch nicht im Eiltempo durchzulesen. Halte immer wieder inne, um über das Gelesene nachzudenken und dir Dinge bewusst zu machen. Ganz gleich, in welchem Alter du bist, ob noch ganz jung oder schon etwas älter, es ist definitiv der Wille unseres Vaters, dich für herrliche Zeichen und Wunder und übernatürliche Werke zu gebrauchen!

2

Es ist immer Gottes Wille, alle zu heilen

Dies zu verstehen ist sehr wichtig, denn Glaube kann nur handeln, wenn der Wille Gottes klar und deutlich bekannt ist. Für viele Heilungssuchende unserer Zeit ist das größte Glaubenshindernis die Ungewissheit, ob es Gottes Wille ist, alle zu heilen oder nur einige. Die meisten Leute wissen zwar, dass Gott Menschen heilt, aber viele moderne Lehren hindern sie daran, zu erkennen, wie absolut klar es im neuen Bund ist, dass Gott *immer* alle heilen will.

Der Glaube an Heilung kommt nicht aus dem Wissen um Gottes Fähigkeit zu heilen, sondern aus der Gewissheit, dass er stets gewillt ist, seine Fähigkeit zur Heilung einzusetzen!

Käme ein Milliardär und würde zu meiner Gemeinde sagen: »Ich bin in der Lage, jedem von euch eine Million Dollar zu geben«, hieße das noch gar nichts. Die Glaubensfrage wäre nämlich: «Bist du *gewillt*, jedem von uns eine Million Dollar zu geben?«

Würde dieser Milliardär daraufhin sagen: »Ich bin zwar in der Lage, jedem hier eine Million zu geben, aber nur drei von euch bekommen sie auch wirklich«, hätte keiner von uns den gewissen Glauben, diese Million tatsächlich zu erhalten! Wir würden nichts weiter tun, als zu hoffen, dass wir zu den drei Glücklichen zählen! Wenn dieser Milliardär nun aber sagte: »Ich habe eine rechtsgültig unterzeichnete und notariell beglaubigte Urkunde ausgestellt, die jedem von euch eine Million Dollar garantiert«, dann hätten wir die Gewissheit des Glaubens. Denn dann wäre eine Million Dollar für jeden von uns eindeutig der Wille des Milliardärs für uns alle.

Die Gewissheit des Glaubens in Bezug auf Heilung für alle gründet sich auf eine weitaus höhere Garantie, als sie irgendein Gericht oder Notar auf Erden zu geben vermag. Wenn es um den Willen Gottes geht, müssen wir uns an die höchste und letzte Autorität wenden. Die höchste Autorität ist nicht ein Prophet des alten Bundes. Das letzte Wort hat auch kein Theologe, Pastor oder Engel. Allein Jesus verkörpert es!

> *Nachdem Gott in vergangenen Zeiten vielfach und auf vielerlei Weise durch die Propheten zu den Vätern geredet hat, hat er in diesen letzten Tagen zu uns durch den Sohn geredet, den er zum Erben über alles eingesetzt hat, durch den er auch die Welt gemacht hat. Dieser ist der Glanz seiner Herrlichkeit und das Ebenbild seines Wesens und trägt das Weltall durch das Wort seiner Macht. Nachdem er die Reinigung unserer Sünden durch sich selbst vollbracht hat, hat er sich zur Rechten der Majestät in der Höhe gesetzt. — Hebräer 1,1–3*

Man beachte, dass es im alten Bund andere Stimmen gab, die sprachen, aber – und das ist ein sehr großes Aber – diese Stimmen hatten nicht die letzte Autorität! Die letztgültige Stimme in den letzten Tagen ist Jesus, der Sohn Gottes!

Die Bibel nennt fünf Merkmale, die Jesus legitimieren:

1. Er ist der Erbe *aller* Dinge.
2. Er schuf das Universum.
3. Er ist das genaue Abbild von Gottes Wesen.
4. Er hält durch sein mächtiges Wort alle Dinge zusammen.
5. Er ist das letzte und endgültige Wort; es ist Gottes Wille, alle zu heilen.

Es ist die höchste Form der Täuschung und Torheit, rangniedrigere Stimmen über die Person Jesu zu stellen! Die Bibel sagt:

Der Sohn ist der exakte Ausdruck Gottes wahrer Natur – sein Spiegelbild! — Hebräer 1,3 TPT

Jesus, der exakte Ausdruck der wahren Natur Gottes, das Spiegelbild, sagte niemals zu einem Kranken: »Behalte deine Krankheit. Gott diszipliniert dich. Gott gebraucht deine Krankheit und dein Leiden zu seiner Ehre!« Er heilte alle, die zu ihm kamen und Heilung suchten. Das Spiegelbild der wahren Natur Gottes heilte alle! Er sagte Ja! Ja! Ja zu allen!

Wenn du siehst, *warum* er alle heilte, wirst du erkennen, weshalb es keine Rolle spielte, wie viel Sünde sie in ihrem Leben hatten, wie viel Unversöhnlichkeit, Bitterkeit oder wie unwürdig sie waren. Er heilte sie alle! In vielen der neuzeitlichen Heilungslehren werden Heilung suchende Menschen dazu aufgefordert, zuerst in sich zu gehen, um festzustellen, ob sie irgendeine Form der Unversöhnlichkeit in ihrem Leben haben. Das mag von aufrichtigen Leuten kommen, die denken, dass sie damit helfen, aber sie irren sich gewaltig, denn sie haben keine Ahnung, warum das Ebenbild Gottes alle heilen will, völlig egal, welche Sünde oder Unversöhnlichkeit im Leben der Heilungsuchenden ist! Der Grund, warum Jesus alle heilen will, beantwortet zugleich die Frage, warum er ungeachtet des Zustands heilen will, in dem sich Menschen befinden. Menschen bleiben nicht deshalb ungeheilt, weil sie Sünde in ihrem Leben haben, sondern weil ihnen nicht klar ist, warum Jesus alle heilen will!

Wenn du erst einmal verstanden hast, warum er alle heilen will, wirst du nicht mehr denken, du müssest Gott zur Heilung überreden. Du musst ihn nicht anflehen. Du brauchst einfach nur Klarheit darüber, warum es immer sein Wille ist, dich zu heilen!

Hier ist also der Grund dafür – und denk daran, dass die Bibel sich anhand der Bibel offenbart. Schriftstellen legen Schriftstellen aus. Wenn du den nachfolgenden Bibelabschnitt liest, beachte bitte, dass Jesus die Menschen heilte, um das, was der Prophet Jesaja gesagt hatte, zu erfüllen.

> *Und als Jesus in das Haus des Petrus kam, sah er, dass dessen Schwiegermutter daniederlag und Fieber hatte. Und er rührte ihre Hand an; und das Fieber verließ sie, und sie stand auf und diente ihnen. Als es aber Abend geworden war, brachten sie viele Besessene zu ihm, und er trieb die Geister aus mit einem Wort und heilte alle Kranken, damit erfüllt würde, was durch den Propheten Jesaja gesagt ist, der spricht: »Er hat unsere Gebrechen weggenommen und unsere Krankheiten getragen.« — Matthäus 8,14–17 SLT*

Hier ist das perfekte Beispiel für eine Schriftauslegung durch die Heilige Schrift. Die Bibel sagt ganz klar, dass der Grund, warum Jesus alle Kranken heilte – und auch heute noch alle Kranken heilen will –, Jesajas Prophezeiung ist. Jesaja prophezeite in Kapitel 53,4–5, dass Jesus »unsere« Gebrechen weggenommen und »unsere« Krankheiten getragen hat, und zwar genau am selben Ort und zur selben Zeit, als er »unsere« Sünden und Ungerechtigkeiten auf sich nahm und sie für uns trug. Das »unsere« meint jeden Einzelnen. Jesus starb für *alle*! Er hat jedermanns Krankheiten, Leiden, Sünden und Bestrafungen getragen. Jesaja prophezeit, dass am Kreuz allen vergeben werde und alle geheilt würden. Matthäus sagt, Jesus heilte deshalb alle, weil es für immer Gottes Wille ist, dass alle geheilt werden! Jesus wollte vor dem Kreuz alle heilen

– wegen des Kreuzes –, und er will auch nach dem Kreuz alle heilen – aufgrund des Kreuzes. Vergebung und Frieden werden uns gleichermaßen am Kreuz zur Heilung aller Krankheiten gegeben.

Ich habe noch nie einen Pastor sagen hören, dass es nicht immer Gottes Wille sei, jemandes Sünden zu vergeben. Aber ich habe schon viele Pastoren sagen hören, dass es nicht immer Gottes Wille sei, alle zu heilen, die krank oder leidend sind. Die Bibel beweist jedoch, dass sie damit falsch liegen. Dort heißt es nämlich, dass Jesus deshalb alle heilen will, weil er am Kreuz alle heilte – am selben Ort, an dem er auch allen vergab! Als Jesus, das exakte Abbild der wahren Natur Gottes – das Spiegelbild Gottes –, am Kreuz aufgerichtet wurde, war es für ihn absolut gleichrangig, dass alle Vergebung erhalten und dass alle Menschen Heilung erfahren. Wenn irgendein Pastor das eine über das andere stellt, entehrt er damit das Opfer Christi! Jesus sah immer beides als seinen vollkommenen Willen für alle an!

In Lukas 5,23 sagte Jesus: »Was ist leichter – zu sagen: ›Deine Sünden sind dir vergeben‹ oder: ›Steh auf und geh umher!‹?«

Lobe den Herrn, meine Seele, und vergiss nicht, was er dir Gutes getan hat; der dir alle deine Sünden vergibt und heilt alle deine Gebrechen. — Psalm 103,2–3

Es ist Jesu Wille, alle zu heilen und allen zu vergeben, denn am Kreuz heilte er alle und vergab er allen.

Jesus zog umher in alle Städte und Dörfer, lehrte in ihren Synagogen und predigte das Evangelium vom Reich und heilte jede Krankheit und jedes Gebrechen im Volk. Und als er die Menschenmengen sah, jammerten sie ihn; denn sie waren erschöpft und zerstreut, wie Schafe, die keinen Hirten haben. Da sprach er zu seinen Jüngern: »Die Ernte ist groß, aber es gibt nur wenige Arbeiter. Darum bittet den Herrn der Ernte, dass er Arbeiter in seine Ernte sendet.« Und er rief seine zwölf Jünger zu sich und gab ihnen Vollmacht über die unreinen Geister, dass sie sie austrieben und jede Krankheit und jedes Gebrechen heilten. — Matthäus 9,35–10,1

Jesus rief seine zwölf Jünger zu sich und gab ihnen Autorität, unreine Geister auszutreiben und alle Krankheiten und Gebrechen zu heilen.

Als Jesus das erfuhr, ging er von dort weg. Und große Menschenmengen folgten ihm, und er heilte sie alle. — Matthäus 12,15

Jesus stieg aus und sah die große Menschenmenge; und sie jammerten ihn, und er heilte ihre Kranken. — Matthäus 14,14

Und sie fuhren hinüber und kamen ins Land Genezareth. Und als die Männer an jenem Ort sie erkannten, schickten sie in die ganze Umgebung und brachten alle Kranken zu ihm und baten ihn, dass sie nur den Saum seines Gewandes berühren dürften. Und alle, die ihn berührten, wurden völlig gesund. — Matthäus 14,34–36

Er ging mit ihnen hinab und stellte sich auf einen ebenen Platz, und mit ihm die Menge seiner Jünger und eine große Menge des Volkes von ganz Judäa und Jerusalem und dem Küstenland von Tyrus und Sidon, die gekommen waren, um ihn zu hören und von ihren Krankheiten geheilt zu werden:

und die von unreinen Geistern Geplagten wurden geheilt. Und die ganze Menschenmenge versuchte ihn anzurühren, denn es ging Kraft von ihm aus und heilte alle. — Lukas 6,17–19

Jesus hat nie zu irgendwem gesagt: »Behalte deine Krankheit zur Ehre Gottes.« Genauso wenig sagte Jesus jemals: »Behalte deine Verdammnis, behalte deine Schuld zur Ehre Gottes.« Nein! Am Kreuz hat er stellvertretend für jedes menschliche Wesen gelitten – damit wir alle von Krankheit und Verdammnis frei sein können.

Gott bekommt keine Ehre, wenn wir das Kreuz ignorieren!

Und der HERR sprach zu Mose: Mache dir eine Schlange und tu sie auf eine Stange! Und es wird geschehen, jeder, der gebissen ist und sie ansieht, der wird am Leben bleiben. Und Mose machte eine Schlange von Bronze und tat sie auf die Stange; und es geschah, wenn eine Schlange jemanden gebissen hatte und er schaute auf zu der ehernen Schlange, so blieb er am Leben. — 4. Mose 21,8–9 ELB

Und wie Mose in der Wüste die Schlange erhöht hat, so muss der Menschensohn erhöht werden. — Johannes 3,14

Beachte, dass jeder, der aufschaute, geheilt wurde. Nicht ein paar Auserwählte. Alle, die aufschauten, wurden geheilt. Das Verb »aufschauen« steht in der fortlaufenden Gegenwart – es geht nicht um einen kurzen Eindruck, einen flüchtigen Blick, sondern um ein Aufschauen und bewusstes Hinsehen. Eine fokussierte, intensive, klare Betrachtung der ehernen Schlange würde jedem, der sie ansah, Heilung garantieren.

Gott heilt Menschen aus *Gnade* – nicht, weil wir es verdient hätten, sondern weil Jesus am Kreuz bereits alle geheilt und allen vergeben hat. Wir müssen Menschen nicht zwingen, über religiöse Hürden zu springen oder irgendwelche Bedingungen zu erfüllen. Alle Bedingungen wurden am Kreuz vollständig erfüllt. Der einzige Grund, der Menschen daran hindert, geheilt zu werden, ist das Fehlen einer lebendigen, klaren Lehre, durch die sie erfahren, dass es Gottes hundertprozentiger Wille ist, sie zu heilen.

In den vier Evangelien hat Jesus vor dem Kreuz alle geheilt, weil er wusste, dass er später am Kreuz alle heilen würde. Nach dem Kreuz fuhr Jesus fort, alle zu heilen, weil am Kreuz alle geheilt worden waren.

> *Es kamen auch viele Menschen aus den umliegenden Städten nach Jerusalem, und sie brachten die Kranken und die von unreinen Geistern Geplagten; und alle wurden gesund.*
> *— Apostelgeschichte 5,16*

Manche sagen, dass Heilung hundert Jahre nach dem Kreuz langsam verschwand. Warum sind sie nicht konsequent und sagen, dass ein paar hundert Jahre nach dem Kreuz auch die Vergebung verschwand? Ist ihnen klar, dass sie damit sagen, die Kraft des Kreuzes sei mit der Zeit immer schwächer geworden? Die Kraft des Kreuzes heilte alle, schon bevor Jesus am Kreuz war. Es ist ein zeitloser Sieg über Verurteilung, Flüche, Schuld und Krankheit. Die Kraft des Kreuzes erstreckt sich bis zum Ende der Zeit und darüber hinaus.

3

Wie kommt der Glaube?

Es ist schon seltsam, wie wir Menschen den Glauben zu etwas so Geheimnisvollem gemacht haben. Jahrelang schien Glaube für mich unerreichbar zu sein. Der Glaube wirkte auf mich nicht greifbar, als sei er eine Art außergewöhnlicher, heiliger Segen für ein paar Auserwählte, die einfach »Glück« hatten. Als ich dann schließlich entdeckte, wie leicht Glaube kommt, konnte ich es kaum fassen. Von da an bekam ich von Leuten zu hören: »Dein Glaube ist erstaunlich. Ich wünschte, ich könnte so glauben wie du.« Wenn ich ihnen dann sagte, wie der Glaube zu jedem kommt, unabhängig von Alter, Geschlecht, ethnischer Zugehörigkeit, Sprache oder Kultur, konnte ich bei einigen die Enttäuschung sehen. Sie hatten gehofft, dass dahinter ein höchst mystisches Geheimnis stecke.

Wie der Glaube kommt

Die Wahrheit ist: Es ist kein Geheimnis. Es steckt nichts Mystisches dahinter. Es hat auch nichts mit einer übernatürlichen, wunderlichen Gabe zu tun. Der Glaube ist nicht wählerisch, er ist nicht voreingenommen und er kennt auch keinen Zufall. In Römer 10,17 erfahren wir: »So kommt der Glaube durch das Hören, das Hören der Botschaft von Christus.«

Die Botschaft von Christus ist Gottes Wort und von seinem Geist eingegeben. Gottes Wort trägt den Glauben Gottes in sich.

In seinem Wort ist die Kraft enthalten, alles zu vollbringen, was es verspricht. Der Glaube kommt vom Hören, vom wiederholten, kontinuierlichen Hören dessen, was das Wort Gottes über Christus sagt. Lass mich dies noch einmal erklären: Die Bibel sagt, dass der Glaube vom Hören, dem Hören der Botschaft von Christus kommt. Während du dieses Buch liest, das voll von Gottes Wort über Christus und sein vollbrachtes Werk ist, hört dein Herz den Glauben Gottes. Je öfter dein Herz die klaren Aussagen im Wort Gottes vernimmt, die belegen, dass es wirklich ausnahmslos immer Gottes Wille ist, dich zu heilen, desto mehr Glaube kommt. Je mehr du hörst und immer wieder hörst, dass er dich bereits am Kreuz geheilt hat, umso mehr wirst du glauben. Der Glaube fließt und fängt an, Wirkung zu zeigen. Er sprießt in deinem Herzen auf und beginnt zu wachsen.

Wohlgemerkt, die Bibel sagt nicht, man solle versuchen, Glauben zu haben. Glaube entsteht nicht, indem man versucht, ihn selbst aufzubringen. Glaube kommt vom Hören, vom Hören der Botschaft von Christus. Die Bibel fordert dich nicht dazu auf, für Glauben zu beten. Für Glauben zu beten ist Ungehorsam gegenüber Gott. Nirgendwo in der Bibel heißt es: »Bittet um Glauben.« Verschwende deine Zeit also nicht damit, für Glauben zu beten. Du weißt bereits, wie Glaube kommt. Genauso weißt du, dass Gott Gebete beantwortet, die im Glauben an ihn gerichtet werden. Wenn du ihn also um Glauben bittest, weil du keinen Glauben hast, wie sollte Gott dann dein Gebet beantworten und dir Glauben geben, wo du doch nicht im Glauben gebetet hast? Glaube kommt nicht durch Gebet; Glaube kommt vom Hören, und zwar dem Hören der Botschaft von Christus! Niemand muss sich darum bemühen, Glauben zu haben. Nicht solche Bemühungen, sondern nur das wiederholte, kontinuierliche Hören der Botschaft von Christus und seinem vollbrachten Werk lässt den Glauben kommen. Es muss auch niemand so tun, als habe er Glauben. Glaube ist keine Einbildung. Glaube ist kein irrationaler, leichtfertiger Entschluss. Glaube ist nicht Hoffnung. Die Hoffnung selbst kann zum größten Hindernis für den Glauben werden! Warum? Weil Hoffnung sich immer auf die Zukunft bezieht. Glaube ist *jetzt*. Der Glaube ist die unmittelbare Gegenwart. Glaube kommt und kommt und wird beim Hören der Botschaft von Christus immer mehr, bis schließlich – spontan und mühelos – der Glaube zu etwas Automatischem wird. Glaube wird zur spürbaren Kraft des Geistes in dir, die sich mit göttlicher Heilungskraft verbindet.

Wahrer Glaube funktioniert unbewusst, ohne das Zutun menschlicher Gedanken oder bestimmter Konzepte. Der Glaube kommt durch das Hören von Gottes Wort und dem, was es über das am Kreuz vollbrachte Werk Christi sagt – solange, bis der Glaube den Punkt erreicht, an dem er mit Gottes Kraft in Berührung kommt! Die Bibel sagt in Hebräer 11,1 (NKJV), dass »der Glaube die Substanz dessen ist, was man erhofft«.

In dem Moment, in dem Glaube mit der Kraft Gottes in Berührung kommt, entsteht eine spontane Ruhe. Der Hoffnung wird eine übernatürliche Substanz namens Glaube zugeführt, die jene Dinge, auf die man für die Zukunft hofft, in die Gegenwart holt. Versuche niemals, Glaube selbst aufbringen zu wollen. Das ist fleischlich. Glaube kommt vom Hören, dem Hören der Botschaft von Christus. Wenn du das beachtest, wird der Glaube, der zu dir kommt, garantiert zu dem Punkt führen, an dem du automatisch mit der Kraft Gottes in Berührung kommst und sie auf dich übertragen wird. Es wird zu spontanen Glaubenshandlungen kommen. Du wirst feststellen, dass du Dinge, die du gar nicht bewusst geplant hast, einfach tust.

Reduziere den Glauben nicht auf menschliche Anstrengung. Mach ihn nicht zu einem Rätsel. Sieh ihn nicht als etwas, das nach dem Zufallsprinzip funktioniert oder auf reinem Glück basiert. Betrachte Glauben nicht als etwas, das man sich verdienen muss, oder Heilung als eine Sache, für die man sich aufgrund von religiöser Heiligkeit qualifiziert. Glaube interessiert sich nicht für diesen Unsinn. Glaube ist unkompliziert. Glaube kommt vom Hören, dem fortgesetzten Hören der Botschaft von Christus. Jeder Mensch kann Glauben haben, wenn er sich die nötige Zeit nimmt, um seinen Glauben zu nähren und seine Zweifel auszuhungern. Der Glaube wird stets zu dem Punkt gelangen, an dem es zum spontanen Kontakt und zur Kraftübertragung kommt, wenn du bereit bist, dein Herz immer wieder mit dem Wort Gottes zu füttern.

Denke immer daran, dass es bei dem in Römer 10,17 erwähnten Wort Gottes um die gute Nachricht vom gekreuzigten Christus geht.

> *Aber sie haben nicht alle dem Evangelium gehorcht. Denn Jesaja sagt: »Herr, wer hat unserem Bericht geglaubt?« Der Glaube kommt also durch das Hören und das Hören durch das Wort Gottes. — Römer 10,16–17* NKJV

Römer 10,16 ist ein direktes Zitat von Jesaja 53,1. Das gesamte Kapitel Jesaja 53 handelt vom vollkommenen Willen Gottes, alle zu heilen, allen zu vergeben, alle zu segnen, alle von Krankheiten und Flüchen zu befreien, allen Sieg zu geben, allen das Heil zu bringen, allen die Macht und Kraft Gottes zu offenbaren, allen den Schmerz zu nehmen, allen die Angst vor Bestrafung zu nehmen und allen Frieden zu geben.

Der Wille des Herrn führt durch den gekreuzigten Christus für alle zum Erfolg. Glaube kommt vom Hören, dem Hören des Wortes Gottes, der Botschaft von Christus. Das Wort bereitet den Weg für Wunder. Gottes Wort ist immer gegenwartsbezogen. Wenn du das Wort Gottes liest oder hörst, hörst du Gott im Hier und Jetzt zu dir sprechen!

»Aber Rob, diese Worte wurden in der Vergangenheit geschrieben.«

Ja, aber es sind ewige Zusagen, die dir persönlich von einem ewigen Gott gegeben wurden. Eine Offenbarung seines »geschriebenen Wortes« ist gerade so, als stünde Gott direkt vor dir und spräche persönlich zu dir. Wenn Menschen lernen, das geschriebene ewige Wort Gottes zu respektieren, kommt der Glaube. Gottes ewiges Wort ist immer gegenwartsbezogen. Heilung ist *jetzt* verfügbar. Wenn die Gemeinde diese gegenwärtige, ganz persönliche Kraft seines Wortes sehen könnte, würde sie niemals behaupten, dass die Wunder mit den Aposteln des ersten Jahrhunderts vergangen seien. Wenn die Wunder vergangen sind, bedeutet das, dass auch die Zusagen Gottes vergangen sind! Und wenn die Zusagen Gottes vergangen sind, kann keiner mehr gerettet werden. Keiner kann wiedergeboren werden. Wenn die Zusagen vergangen sind, dann hat auch der Glaube aufgehört, denn der Glaube kommt vom Hören der Zusagen in Gottes Wort. Die Bibel sagt immer wieder von sich selbst, dass Gottes Wort für immer im Himmel festgeschrieben ist. Die gute Nachricht ist, dass Gott keinen Dienst durch Wunder bestätigt; er bestätigt *sein Wort* durch Wunder.

Sie aber gingen hinaus und predigten überall, während der Herr mitwirkte und das Wort durch die mitfolgenden Zeichen bestätigte. — Markus 16,20

Wie du siehst, wird der Herr mit jedem zusammenarbeiten, der ohne Scheu sein Wort predigt. Aber er wird nicht den Arbeiter, sondern sein Wort durch Wunder bestätigen. Warum? Weil der Glaube vom Hören kommt, dem Hören der Botschaft von Christus.

Glaube kommt auf keine andere Weise! Für Kranke zu beten, die nicht aufmerksam dem Wort zugehört haben, ist fast schon Zeitverschwendung. Der Herr hat seine eigenen Wege und Bedingungen für Wunder. Ob es uns gefällt oder nicht – er ist der Herr, wir sind es nicht. Unsere Partnerschaft mit Gott muss aus demütigem Gehorsam nach dem von ihm vorgegebenen Muster bestehen. Er bestätigt nicht uns! Er bestätigt die Botschaft der Gnade! Er bestätigt die klare Botschaft vom gekreuzigten Christus mit Wundern, und er arbeitet mit uns, indem er uns ermächtigt, Wunder zu tun.

So blieben sie nun eine lange Zeit dort und lehrten freimütig im Herrn, der für das Wort seiner Gnade Zeugnis gab und Zeichen und Wunder geschehen ließ durch ihre Hände.
— Apostelgeschichte 14,3

Weißt du, Menschen haben nicht den nötigen Glauben, um Heilung zu empfangen, solange sie nicht das Wort der Gnade immer und immer wieder hören. Sie müssen die Botschaft von Christus und seinem am Kreuz vollbrachten Werk bewusst in sich aufnehmen. Wenn sie Gottes Wort ignorieren, aber trotzdem ein Wunder wollen, erwarten sie im Grunde, dass Gott seine Integrität verletzt und sich ihren Vorstellungen beugt. Ich glaube, das ist einer der Gründe, warum Gott mich dazu aufgefordert hat, dieses Buch zu schreiben. Es herrscht einfach zu viel Verwirrung aufgrund von Annahmen, die aus falschen religiösen Traditionen entstanden sind und seinem Wort widersprechen!

Beachte, was passiert, wenn Menschen sich auf das Hören des Wortes konzentrieren: **Der Glaube an Heilung kommt automatisch**.

In Lystra begegneten Paulus und Barnabas einem Mann, der von Geburt an nicht gehen konnte, denn seine Füße waren verkrüppelt. Er hörte Paulus aufmerksam zu, als dieser predigte. Ganz plötzlich erkannte Paulus, dass dieser Mann den Glauben in seinem Herzen hatte, geheilt zu werden. Also rief er laut: »Du! Im Namen unseres Herrn Jesus, stell dich auf deine Füße!« Der Mann sprang sofort auf die Beine, stand zum ersten Mal in seinem Leben und lief umher!
— Apostelgeschichte 14,8–10 TPT

Sehen wir uns nun an, wie wichtig der Glaube ist.

Aber ohne Glauben ist es unmöglich, Gott zu gefallen; denn wer zu Gott kommen will, der muss glauben, dass er ist und denen, die ihn suchen, ein Belohner sein wird.
— Hebräer 11,6

Wer aber zweifelt, der ist verurteilt, wenn er isst; denn es geschieht nicht aus Glauben. Alles aber, was nicht aus Glauben geschieht, ist Sünde. — Römer 14,23

Warum es unmöglich ist, Gott ohne Glauben zu gefallen

Es ist schlichtweg unsinnig zu sagen: »Wie kommt Gott dazu, Glauben von mir zu verlangen?« Gott fordert keinen Glauben von uns. Er hat uns genau erklärt, wie der Glaube *kommt*. Wenn uns jemand erklären würde, wo und wie man gratis Gold bekommt, würden wir diese Anweisungen eifrig befolgen. Hier ist die erstaunliche Lektion, die ich lernen musste: Glaube ist viel wertvoller als Gold!

Denn diese offenbaren den echten Kern eures Glaubens, der viel wertvoller als vergängliches Gold ist, und auch Gold wird durchs Feuer geläutert. Euer wahrer Glaube wird zu noch mehr Lob, Herrlichkeit und Ehre führen, wenn Jesus, der Gesalbte, offenbart wird. — 1. Petrus 1,7 TPT

Warum verzichten so viele Christen darauf, sich den Reichtum des wahren, lebendigen Glaubens anzueignen? Wir zahlen einen schrecklichen Preis für Unglauben. Unglaube kostet immer. Wenn wir die notwendigen Mittel vernachlässigen, die den Glauben in unserem Leben zum Leuchten bringen und stark werden lassen, manövrieren wir uns damit in eine verletzliche Lage. Es gibt unsichtbare böse Mächte, die dich hassen. Diese bösen Wesen agieren rechtswidrig. Seit dem Kreuz haben sie keine legitime Autorität mehr auf der Erde. Jesus hat über sie triumphiert. Du brauchst sie nicht mehr zu fürchten – wenn du im Glauben lebst und handelst, hast du die Herrschaft über sie.

Vor allem aber ergreift den Schild des Glaubens, mit dem ihr alle feurigen Pfeile des Bösen auslöschen könnt. — Epheser 6,16

Stell dir vor, du läufst auf ein Schlachtfeld, auf das Tausende brennender Pfeile niederprasseln – und du tust das ohne einen Schutzschild. Wenn wir nicht die Kostbarkeit des Glaubens schätzen, der wertvoller als Gold ist, und ihn uns zunutze machen, werden wir zunehmend in Verwirrung geraten. Ohne den Schild des Glaubens treffen uns die Lügen des Teufels wie feurige Pfeile.

Diese brennenden Pfeile sollen uns glauben machen, dass Gott uns krank macht, dass Gott uns bestraft und dass Gott uns ablehnt.

Der Teufel weiß, dass keiner von uns unter einem Geist der Verurteilung im Glauben handeln kann. Ich behaupte nicht, dass dir nichts Schlechtes widerfahren kann, wenn du Glauben hast. Ich will damit nur sagen, dass schlimme Dinge, die vielleicht geschehen, dich nicht an Gottes gütigem Wesen zweifeln lassen werden, wenn du im Glauben lebst. Glaube bringt dich siegreich hindurch. Aus diesem Grund ist es unmöglich, Gott ohne Glauben zu gefallen – weil der Glaube die Offenbarung in sich trägt, dass Gott zu jeder Zeit vollkommen gut ist. Das Kreuz steht wahrhaftig und beständig in jeder Situation. Glaube weiß dies, denn der Glaube kommt vom beständigen Hören der Botschaft vom Kreuz.

Glaube ist unser Sieg über einen besiegten Teufel

Kämpfe den guten Kampf des Glaubens; ergreife das ewige Leben, zu dem du auch berufen bist und worüber du das gute Bekenntnis vor vielen Zeugen abgelegt hast.
— 1. Timotheus 6,12 SLT

Hier ist das Geheimnis. Kämpfe, um im Glauben fest zu stehen. Nähre deinen Glauben und hungere deine Zweifel aus. Wenn du den Teufel in der Arena des Glaubens hältst, wirst du jedes Mal gewinnen. Wenn du dem Teufel jedoch erlaubst, dich in die Arena des natürlichen Sinneswissens zu ziehen, wird er – obwohl ein besiegtes Wesen – gegen dich gewinnen. Deine fünf natürlichen Sinne sind sehr wichtig, aber sie produzieren keinen Glauben. Glaube kommt vom beständigen Hören der Botschaft von Christus.

Denn wir leben im Glauben und nicht im Schauen.
— 2. Korinther 5,7

Der Glaube ist die Wirklichkeit dessen, was man hofft, und ein Nichtzweifeln an dem, was man nicht sieht. Durch diesen haben die Alten Zeugnis empfangen. Durch Glauben merken wir, dass die Welt durch Gottes Wort geschaffen wurde, sodass alles, was man sieht, nicht aus Wahrnehmbaren entstanden ist. — Hebräer 11,1–3

Denn alles, was von Gott geboren ist, überwindet die Welt; und unser Glaube ist der Sieg, der die Welt überwunden hat.
— 1. Johannes 5,4

Was kann unserem Glauben die Kraft rauben?

Ich habe verschiedentlich Bezug auf Hebräer 11,6 genommen, wo es heißt: »Ohne Glauben ist es unmöglich, Gott zu gefallen.« Alles, was nicht auf Glauben gründet, kann Gott also nicht gefallen. Hier ist eine Frage: Welches religiöse System in der Bibel gründet nicht auf dem Glauben?

Das Gesetz gründet sich nicht auf den Glauben; es sagt im Gegenteil, »die Person, die diese Dinge tut, wird durch sie leben.« — Galater 3,12

Wow! Das Gesetzessystem, das nach wie vor den Großteil der Christenheit beherrscht, gründet nicht auf Glauben! Lass uns noch weiter gehen und dem Glaubensproblem des Christentums anschauliche Klarheit verleihen!

Wenn wir uns von etwas leiten lassen, das nicht auf Glauben basiert, geschieht etwas Entsetzliches: Die greifbare Substanz und die Kraft des Glaubens werden zerstört. Du fragst jetzt vielleicht: »Rob, ist das Gesetz dann mächtiger als der Glaube?« Keinesfalls! Doch wenn wir uns auf das Gesetz verlassen – in welcher Form auch immer, ob im Großen oder im Kleinen –, dann verlassen wir uns auf unser eigenes Können und nicht mehr auf die Fähigkeit des gekreuzigten Christus! Wir heben die Kraft des Kreuzes damit nicht auf, aber wir nehmen uns selbst von der Kraftwirkung des Kreuzes aus!

> *Gott versprach Abraham und seinen Nachkommen, dass sie einen Erben haben würden, der über die Welt herrschen werde. Dieses königliche Versprechen wurde nicht deshalb erfüllt, weil Abraham das ganze Gesetz gehalten hätte, sondern durch die Gerechtigkeit, die durch den Glauben übertragen wurde. Denn wenn das Halten des Gesetzes das Erbe einbringt, dann wird der Glaube seiner Kraft beraubt und das Versprechen wird nutzlos. — Römer 4,13–14* TPT

Sich auf das Gesetz Moses zu verlassen, macht die Zusagen Gottes nutzlos und beraubt den Glauben seiner Kraft.

> *Bis zur Offenbarung des Glaubens zur Errettung war das Gesetz also ein Kerkermeister, der uns als Gefangene hinter Schloss und Riegel hielt, bis der »Glaube«, der geoffenbart werden sollte, uns befreien würde. — Galater 3,23* TPT

Wenn du diesen Vers im Kontext von Galater 3,1–23 liest, wirst du sehen, dass der Glaube, der dazu bestimmt war, offenbart zu werden, der Glaube Abrahams ist, der in unserem Leben durch die Offenbarung des Kreuzes wirkt.

Aber jetzt, da der Glaube gekommen ist, sind wir nicht länger unter der Aufsicht des Gesetzes. — Galater 3,25 TPT

Wir werden im weiteren Verlauf noch sehen, dass Jesus die Wunder, die er tun wollte, nicht tun konnte, weil die Menschen selbstgerecht waren und keinen Glauben hatten, weshalb sie seine Botschaft der guten Nachricht vom Reich Gottes ablehnten. In diesem Kapitel haben wir gesehen, wie Gott seine Botschaft der Gnade mit Wundern bestätigt. Das Gesetz gründete nie auf Glauben. Wenn du zum Gesetz zurückkehrst oder dich weiterhin auf das Gesetz verlässt, wirst du in einem Gefängnis des Unglaubens eingesperrt sein, in dem die Zusagen Gottes nutzlos werden und der Glaube leer oder kraftlos wird.

Großer Glaube

In den vier Evangelien gibt es nur zwei Menschen, die Jesus für ihren großen Glauben lobte.

»Ich sage euch, einen solchen Glauben habe ich in ganz Israel nicht erlebt!« — Lukas 7,9 NLB

»O Frau, dein Glaube ist groß! Dir geschehe, wie du willst.« — Matthäus 15,28

Warum hatten nur diese beiden Personen einen so großen Glauben an Wunder, dass er den aller anderen in Israel übertraf? Was hatten sie gemein? Sehr wenig! Einer war ein Mann, die andere eine Frau. Einer war ein Soldat, die andere eine Hausfrau. Einer war ein Römer, die andere eine Kanaaniterin aus Syro-Phönizien.

Worin bestand also ihre Gemeinsamkeit? Sie waren beide Heiden. Sie waren nicht unter dem Gesetz aufgewachsen! Sie waren nicht gesetzesbewusst. Sie waren Christus-bewusst! **Das war der Grund, warum sie großen Glauben hatten.**

Wenn du unter dem Gesetz stehende Menschen fragst, was den Glauben schwach und kraftlos macht, wird ihre Antwort »Sünde« lauten. Damit liegen sie falsch. Römer 4,13–14 zeigt uns, dass das *Gesetz* den Glauben kraftlos und die Verheißungen nutzlos macht. Fragst du sie, wodurch Erweckung aufgehalten wird, werden sie wieder mit »Sünde« antworten. Und auch auf die Frage, was die Kraft des Geistes am Fließen hindert, wird als Antwort »Sünde« kommen.

In Römer 5,20 heißt es: »Wo aber die Sünde mächtig geworden ist, da ist die Gnade noch viel mächtiger geworden.«

Und Paulus sagt in Galater 5,4: »Ihr habt Christus verloren, die ihr durch das Gesetz gerechtfertigt werden wollt; ihr seid aus der Gnade gefallen.«

Aus der Gnade fallen

Menschen unter dem Gesetz glauben, dass aus der Gnade zu fallen gleichbedeutend ist mit in Sünde zu fallen. Das stimmt nicht! Galater 5,4 sagt es ganz klar: Sich bei der eigenen Gerechtigkeit auf das Gesetz zu verlassen, bedeutet aus der Gnade zu fallen. Dein Glaube wird dadurch wirkungslos. Es macht den Glauben kraftlos und die Heilungszusagen in Gottes Wort nutzlos. Es stoppt die Kraft des Heiligen Geistes in deinem Leben. Aus der Gnade fallen ist nicht sündigen. Dieser Vers und der Kontext des gesamten Galaterbriefs sind eindeutig. **Aus der Gnade fallen bedeutet, sich auf**

das Gesetz zu verlassen. Das Gesetz gründet nicht auf Glauben; ohne diesen ist es jedoch unmöglich, Gott zu gefallen!

Wir sollen im lebendigen Glauben leben, weil wir für das Gesetz tot sind und weil wir immer und immer wieder die gute Nachricht des Evangeliums der Gnade hören! Wenn du einen Fehler machst oder sündigst, fällst du nicht unter das Gericht, sondern in die liebenden Arme der Gnade.

> *So gibt es nun keine Verdammnis für die, die in Christus Jesus sind. — Römer 8,1*

Was das Thema Glaube angeht, ist es auch noch wichtig zu verstehen, was Unglaube ist.

Verstehe, was Unglaube ist

Es gibt zwei Arten des Unglaubens:

1. Die erste Art ist einfach ein Mangel an Wissen und Verständnis, weil die Person keine klare Lehre aus dem Wort Gottes gehört hat. Das Heilmittel für diese Art von Unglauben ist einfach, sie das Wort Gottes zu lehren! Wenn man Menschen mit dieser Art von Unglauben das Wort Gottes nicht klar vermittelt, werden nur etwa 2 Prozent von ihnen geheilt. Zwei von hundert! Vor einigen Jahren sprach Gott zu mir, ich solle ein Heilungsexperiment durchführen, eine Art Versuchsreihe, um meine Theorie zu testen. Ich erkannte, dass Menschen bereit sind, in langen Schlangen in Krankenhäusern zu warten. Sie sind bereit, sich teuren Operationen zu unterziehen, von denen sie sich erst nach Tagen oder gar Monaten erholen! Also sagte

ich den Pastoren, dass ich kommen und den Kranken dienen würde, aber unter folgenden Bedingungen: Bevor ich für jemanden beten würde, müsse derjenige bereit sein, drei Tage lang zu kommen und dreimal am Tag das Wort Gottes zu hören! Ich stellte klar, dass ich für niemanden beten würde, der nicht willens war, sich sieben klare Botschaften über Gottes Willen zur Heilung anzuhören. Ich war hartnäckig. Ich sagte nachdrücklich: »Wenn jemand eine Botschaft verpasst, werde ich nicht für ihn beten. Ich mache ein Experiment! Das Wort Gottes ist die Medizin, es ist das Heilmittel. Wenn jemand ein Heilungswunder ohne übernatürliche Medizin will, soll er nicht auf die Idee kommen, mich um Gebet für ihn zu bitten.« Ich musste in diesen Experimenten beweisen, dass das Wort Gottes wirksam ist! Ich hatte es satt, erbärmliche Resultate bei der Heilung zu sehen, nur weil wir das in Gottes Wort vorgegebene Muster für Heilungserfolge nicht beachteten. Ich war rigoros, aber mein Beweggrund war ein tiefes Mitgefühl. Ich freue mich sehr, sagen zu können, dass das Ergebnis am Ende von drei Tagen und sieben Botschaften nicht bei 2 Prozent lag und auch nicht bei 20 Prozent – tatsächlich wurden 80 Prozent der Leute, denen ich die Hände auflegte, sofort geheilt! Ich spreche hier von Blinden, die geheilt wurden, von Gelähmten, die aus ihren Rollstühlen aufstanden und noch vieles anderes geschah. Einige Tage später wurden auch von den restlichen 20 Prozent noch viele geheilt. Sie brauchten nur ein wenig länger, um sich ganz zu regenerieren, aber 80 Prozent wurden sofort geheilt. Ich habe immer noch DVDs von Menschen, die nach diesem Experiment Zeugnis gegeben haben. Sie sind der Beweis! Es sollte kein Druck auf uns sein. Der Druck liegt auf seinem Wort. Wenn wir eine angemessene Gelegenheit schaffen, damit die göttliche Medizin seines Wortes wirken kann, dann wird sie es auch tun!

2. Die zweite Art Unglaube ist ganz anders. Sie ist nicht das Ergebnis eines Mangels an klarer Lehre. Sie besteht vielmehr in einer Haltung, die es ablehnt, sich überzeugen zu lassen.

> *Seht zu, Brüder, dass nicht jemand unter euch ein böses, ungläubiges Herz hat, das vom lebendigen Gott abfällt.* — *Hebräer 3,12*

> *Solange es heißt: »Heute, wenn ihr seine Stimme hört, so verstockt eure Herzen nicht, wie es bei der Verbitterung geschah.«* — *Hebräer 3,15*

Diese Art des Unglaubens ist nicht auf das Fehlen einer klaren Botschaft zurückzuführen. Und genau das macht ihn so gefährlich, denn er entspringt einer bewussten und vorsätzlichen Rebellion gegen die Wahrheit. Habe nichts mit Leuten zu tun, die sich einem solchen Unglauben hingeben. Lass dich nicht von ihnen täuschen oder ablenken. Wann immer Jesus diese Art von Haltung feststellte, war er zwar erstaunt, zog sich aber auch schnell davon zurück. Das sollten wir auch tun! Jemand, der lediglich an Gottes Willen zur Heilung zweifelt, gehört nicht in diese Kategorie des Unglaubens. Er gehört zur ersten Kategorie. Solche Menschen kennen Gottes Wort einfach nicht, sind aber bereit, zu Klarheit und wahrem Glauben zu gelangen.

4

Das Wort Gottes oder die Gaben des Heiligen Geistes?

Die Gaben des Geistes sind unverzichtbar. Ich habe jedoch in den dreiundvierzig Jahren meines Wirkens in den Gaben des Geistes eine wichtige Erkenntnis gewonnen, die ich dir jetzt vorstellen möchte. Du wirst feststellen, dass ich in diesem Buch immer wieder betone, dass das Wort Gottes bei Heilungen und Wundern eine zentrale Rolle spielt. Hier sind meine Gründe dafür:

Erstens macht der neue Bund deutlich, dass das Wort den Glauben hervorbringt. Zweitens bestätigt Gott sein Wort mit Zeichen und Wundern, die auf das Wort Gottes folgen. Drittens ist Gottes Wort lebendig und immer aktiv, und es ist stets wirksam, wenn wir es würdigen. Viertens gründet uns das Wort in der Wahrheit, die uns freisetzt. Das Wort Gottes gibt uns Klarheit über den Willen und das Wesen Gottes. Das Wort bringt sowohl Wunder als auch Stabilität und Glauben hervor. Fünftens wirken die Gaben des Geistes nicht nach deinem Willen. Mit anderen Worten, du hast keinen inneren Schalter, mit dem du eine Gabe des Geistes nach Belieben anschalten kannst. Die Bibel sagt deutlich, dass allein Gott die Manifestation seiner Gaben bewirkt.

Dies alles aber wirkt ein und derselbe Geist, der jedem persönlich zuteilt, wie er will. — 1. Korinther 12,11 SLT

Dieser Vers besagt im Grunde, dass geistliche Gaben vom Heiligen Geist gegeben werden, wobei er Zeitpunkt und Empfänger selbst bestimmt.

Könnten wir das Wirken von Wundern beliebig in Gang setzen, dann könnten wir durch ein Krankenhaus laufen und einfach jeden heilen, wann immer wir es wollten. Alle Krankenhäuser in jeder Stadt der Welt wären schnell geleert, wenn wir einen Schalter hätten, der die »Wunderwirkungsgabe« auf Wunsch aktiviert! Aber wir haben einen solchen Schalter nicht, und auch Jesus trug keinen in sich, als er als Mensch – als letzter Adam – auf der Erde wirkte.

Markus 6,5–6 (SLT) sagt von Jesus:

Und er konnte dort kein Wunder tun, außer dass er wenigen Kranken die Hände auflegte und sie heilte. Und er verwunderte sich wegen ihres Unglaubens.

Wenn sich die Gaben der Heilung und des Wirkens von Wundern manifestiert hätten, dann hätte er sie alle heilen können. Menschen, die keinen Glauben und keine Offenbarung von Gottes Heilungswillen haben, werden geheilt, wenn die Gnadengaben wirken. Aber du und ich können die Gaben nicht nach Belieben einschalten, so wie auch Jesus es nicht konnte. Von Lukas 5,17 an lesen wir, dass Jesus niemanden in diesem Raum dort heilen konnte, obwohl die Kraft des Herrn gegenwärtig war. Warum? Weil die Anwesenden die gute Botschaft, die er lehrte, nicht glauben wollten. Als aber ein verkrüppelter Mann von seinen Freunden durchs Dach in den Raum hinabgelassen wurde, sah Jesus deren Glauben und heilte den Mann auf der Stelle. Die Kraft der Heilung, die in dem Raum war, floss zu einem einzigen Mann. Wow! Hätten sich die Gaben der Heilung und des Wunderwirkens manifestiert, hätte Jesus jeden in dem Raum heilen können. Warum?

Weil Menschen, auch wenn sie keinen Glauben haben, geheilt werden, sobald sich die Gnadengaben manifestieren. Und genau das verwirrt die Leute. Verwirrte Menschen sind anfällig für die Lügen des Teufels. Doch 1. Korinther 12,11 macht es überaus deutlich. Keiner von uns, und das betraf auch Jesus während seiner Erdenzeit, verfügt über einen inneren Schalter, mit dem sich die Gaben einfach anschalten ließen. Wäre uns so etwas möglich, würden wir durch sämtliche Krankenstationen laufen und alle Ungläubigen sofort heilen und jedes Krankenhaus der Stadt leeren. Ich kann dir sagen: Wenn sich die Gaben des Geistes manifestieren, ist das sensationell! Während einer solchen Manifestation kann die Person, auf der sie sich zeigen, alle Kranken heilen, auch solche, die gar nicht an Heilung glauben! Wir als Gläubige müssen das unbedingt begreifen.

Der sechste Grund, warum der primäre Weg zur Heilung in der Lehre des klaren Wortes Gottes besteht, liegt darin, dass es immer Gottes Wille ist, zu heilen – Gott macht Menschen niemals krank. Der Teufel ist die Quelle von Krankheit. Gott ist die Quelle der Heilung. Am Kreuz wurden alle geheilt. Krankheit ist keine Strafe Gottes. Jesus wurde am Kreuz an deiner Stelle bestraft!

Ich sage das deshalb, weil ich den Heilungsdienst nun schon seit gut dreiundvierzig Jahren beobachte. Ich habe festgestellt, dass Menschen, die ihr Leben auf dem Wort Gottes aufbauen, gefestigt und ausgeglichen sind, egal, ob sie gerade gute oder schlechte Zeiten erleben! Aber Menschen, die ihr Leben allein auf den Gaben des Geistes aufbauen, sind fast alle unbeständig und wankelmütig. Sie werden schnell untreu. Weißt du, Jesus sagte nicht, dass der Teufel die Gaben des Geistes aus deinem Herzen stehlen will! Er sagte, dass der Teufel den Samen des Wortes Gottes aus deinem Herzen stehlen will. Danke Gott für die Gaben des Geistes, aber baue dein Leben nicht auf den Gaben, sondern auf seinem

Wort auf. Das Wort ist der Fels, der Stürmen standhalten kann. Der Teufel hasst es, wenn Menschen geheilt werden. Er wird versuchen, die Heilung von denen zu stehlen, die geheilt worden sind. Menschen, die auf das Wort Gottes gegründet sind, wissen, wie sie dem Teufel widerstehen können. Selbst wenn sie ihre Heilung vorübergehend verlieren, hat das Wort sie dazu ausgerüstet, ihre Heilung zurückzuerlangen und sie zu bewahren. Sie lassen sich nicht verwirren. Sie nehmen keinen Anstoß an Gott.

Selbstverständlich sind die Gaben des Geistes etwas ganz Besonderes. Sie sind wunderbare Geschenke unseres Vaters. Die Gaben sollten gefeiert werden und wir sollten den tiefen Wunsch haben, die Gaben zunehmend manifestiert zu sehen. Aber baue dein Leben niemals auf den Gaben auf, sondern auf dem Wort Gottes!

Der sicherste Ort für das Wirken der Gaben ist in und durch eine Gemeinde, die tief in der Wahrheit des neuen Bundes verankert und auf dem Wort Gottes aufgebaut ist! Im Jahr 1981 brannte die Kraft Gottes in unserer Gemeinde, dem Victory Faith Center, in Pinetown, Südafrika. Die Gaben des Geistes wurden offenbar. Wir sahen Menschen geheilt, die nicht einmal geheilt werden wollten! Einer Dame aus Amerika namens Allie wurde von ihren Ärzten mitgeteilt, dass sie Krebs im Endstadium habe. Sie erzählte Glenda und mir, sowie der gesamten Gemeinde, dass sie nicht geheilt werden wolle. Sie war durch den Krebs so geschwächt, dass sie es nur noch schaffte, an einem Sonntagmorgen für eine Viertelstunde am Gottesdienst teilzunehmen, um sich von allen zu verabschieden. Sie wollte zu ihrem Ehemann in den Himmel gehen. Sie sprach diese Worte zu einer Gemeinde, in der sich die Gaben auf hohem Niveau manifestierten. Unter großen Schmerzen half man ihr aus dem Gebäude. Sie kam nach Hause und stellte fest, dass sie völlig geheilt war! Sie lebte noch viele Jahre. Die Gaben hatten sie geheilt.

Wir haben das immer und immer wieder gesehen. Ich lehrte das Wort Gottes und baute Menschen konsequent im Wort auf, nicht in den Gaben. Die Manifestationen des Geistes sind wie eine Flut – sie kommen und gehen, aber das Wort ist für immer im Himmel festgeschrieben. Es ist sehr traurig, dass Christen auf der Höhe der Flut, in den Hochphasen der Manifestation der Gaben so gläubig und leidenschaftlich gegenüber Jesus zu sein scheinen, aber sobald die Flut vorübergehend abebbt, werden sie untreu und verursachen eine Menge Ärger in der Ortsgemeinde, weil sie unbeständig sind. Es ist wichtig, dass es starke, stabile Ortsgemeinden gibt, die auf dem Wort Gottes aufbauen, sodass die Gaben auf gesunde Weise wirken können. Wir brauchen unbedingt alle Gaben des Geistes.

Nun gibt es aber Umstände, in denen man das Wort Gottes nicht verwenden kann, um durch das Hören des Wortes Gottes Glauben hervorzurufen (Röm 10,17). Das gilt zum Beispiel für Menschen, die im Koma liegen oder tot sind! In solchen Fällen können nur die Gaben das gewünschte Ergebnis bewirken. Die Bibel berichtet nur von drei Fällen, in denen Jesus Tote auferweckt hat. Es ist der Wille Gottes, alle zu heilen, es ist jedoch nicht sein Wille, alle vom Tode aufzuerwecken. Drei Gaben sind notwendig, wenn jemand im Koma liegt oder tot ist. Das Wirken von Wundern, die Gabe des Glaubens und die Gabe der Heilung.

Ich erinnere mich deutlich an meine erste große Erfahrung, als diese Gaben in hohem Maße durch mich wirkten. Das ist jetzt einundvierzig Jahre her. Ich wurde eingeladen, für einen Mann zu beten, der immer mehr in ein Koma fiel. Seine Lungen waren voller Krebs. Die Ärzte hatten der Familie gesagt, er würde innerhalb weniger Tage sterben. Als ich das Krankenzimmer betrat, konnte ich den Geist des Todes in diesem Raum spüren. Ich wusste, ich konnte ihn das Wort nicht mehr lehren, um Glauben in ihm hervorzurufen. Er kam kaum noch zu Bewusstsein. Ich hatte keinen Mut, keinen Schneid. Ich fühlte mich so hilflos und verlegen. Plötzlich spürte ich, wie diese wunderbare Herrlichkeit Gottes auf mich kam, wie himmlischer goldener Honig. Sofort fühlte ich mich wie ein geistlicher Riese, drei Meter hoch! Ich erkannte, dass dies die Gabe der Heilung, die Gabe des Glaubens und die Gabe des Wirkens von Wundern war, die sich hier manifestierten. Eine totale Verwandlung kam über mich. Mit dem Finger auf ihn zeigend sagte ich laut und mutig: »Mr. Camphor, Sie werden leben und nicht sterben. Ich verfluche diesen Krebs und befehle ihm, Ihren Körper komplett zu verlassen.« Innerhalb von zwei Tagen bestätigten die Ärzte, dass es in seinem Körper keine Spur von Krebs mehr gab. Er kam in unsere Gemeinde, gab sein Zeugnis und lebte danach noch viele Jahre.

Erinnere dich, die Gaben sind eine Offenbarung des Geistes, die du nicht nach deinem Willen aktivieren kannst. Die Bibel sagt, wir sollen uns eifrig nach den Gaben sehnen – das ist es, was Gott dazu veranlasst, sie in unserem Leben immer häufiger in Erscheinung treten zu lassen. Aber bitte denk daran: Sie sind eine Offenbarung. Ich habe diese mutigen Worte zu Mr. Camphor unter einer solchen Offenbarung gesprochen. Innerhalb von zehn Minuten war sie wieder verschwunden. Ich war sofort wieder in demselben verletzlichen Zustand, in dem ich vor der Manifestation dieser Gaben gewesen war.

Ich möchte alle Gläubigen daran erinnern, dass wir unser Leben auf dem Wort aufbauen müssen. Wir brauchen Gottes Gnade und Salbung, um die einfache, klare Wahrheit zu lehren über Gottes Willen, alle zu heilen. Denn er hat bereits am Kreuz alle geheilt! Dies wird immer den Glauben erzeugen, ein Wunder von Gott zu empfangen, wenn die Menschen aufmerksam zuhören.

Das, was ich nun bezeugen möchte, ereignete sich, als ich ungefähr 27 Jahre alt war. Ich war seit vier Jahren gläubig und seit zwei Jahren Pastor. Ein Buch wie dieses gab es in jenen Tagen noch nicht. Ich musste einen Schritt nach dem anderen erlernen. Nora Hill ist eine der engsten Freundinnen von Glenda und mir. Eine liebe, treue Frau. Sie war auch eine sehr erfolgreiche Frau in der Geschäftswelt und außerdem Verwalterin in unserer Gemeinde in Südafrika. Als Nora die Wunder sah, die in unserer Gemeinde ausbrachen, fragte sie mich, ob ich ihrer Mutter mit Heilung dienen könnte. Ihre Mutter konnte seit vielen Jahren nicht mehr laufen und war auf einen Rollstuhl angewiesen. Ich nahm einen Freund mit. Granville Jackson war einer der Leiter unserer Gemeinde und wusste um Gottes Übernatürliches. Wir waren beide entspannt und zuversichtlich, denn wir hatten das erstaunliche Wirken der Gaben des Geistes schon oft miterlebt. Als wir aber bei ihr zu Hause ankamen, merkten wir keine Manifestation der Gaben! Innerlich wurde ich sehr verzweifelt. Ich flüsterte immer wieder in meinem Geist: »Okay, Herr, wann immer du bereit bist, lege den Schalter bitte um. Bitte! Bitte, bitte Herr!« Nichts! Da war nur diese dumpfe, tote, wirkungslose Atmosphäre. Dann erkannte ich, dass unsere »Patientin« keinerlei Haltung an den Tag legte, die sie für ein Wunder empfänglich machte oder sie eines erwarten ließ. Und schlimmer noch, sie ärgerte sich regelrecht über uns. Sie sagte: »Was glauben Sie eigentlich, wer Sie sind, junger Mann. Sie kommen in mein Haus und denken, Sie könnten ein Wunder an mir vollbringen? Mein Priester hat mir gesagt, dass Gott mich zu seiner Ehre zum Krüppel gemacht habe. Wenn ich in meinen Bridgeclub gerollt werde, sagen sie alle, wie heilig ich sei, weil ich dies alles seit Jahren erleide.«

An diesem Punkt stieg gerechtfertigter Zorn in mir auf – die Wahrheit ist, dass ich meine Beherrschung verlor, als ich solche

Lügen hörte! Ich sagte zu ihr: »Lady, Ihr Priester ist weit über seine Intelligenz hinaus gebildet. Sie sind keine heilige Person, Sie sind eine mürrische alte Dame! Ich frage Sie jetzt etwas: Wenn Sie nächste Woche ohne Hilfe zu all Ihren ungläubigen Freunden in Ihren Bridgeclub gingen, wer bekäme dann die Ehre? Gott oder Sie?« Sie antwortete: »Nun, ich nehme an, Gott.« Ich sagte: »Das stimmt! Glauben Sie denn an die Bibel?« Sie sah mich trotzig an und sagte: »Selbstverständlich tue ich das!«

Wieder wusste ich, dass sie log, denn Menschen, die sich auf ihre professionellen Priester verlassen, lesen die Bibel nicht selbst. Ich sagte: »Ich werde jetzt mit Ihnen durch die Bibel gehen und Ihnen die Wahrheit zeigen.« Ich öffnete das Wort. Ich habe sie buchstäblich vom ersten Buch Mose bis zur Offenbarung geführt. Alle Schriftstellen, die ich in diesem Buch verwende, führte ich auch ihr gegenüber auf. Sie schnaubte verärgert und sah auf ihre Uhr. Aber das Wort wird immer wirken, wenn man es wirken lässt.

Nach einer guten Stunde sah ich plötzlich eine Veränderung in ihren Augen; das große Momentum einer selbstverständlichen Wahrheit – Zeile für Zeile, folgerichtig im Zusammenhang und glaubwürdig – bewirkte, was das Wort immer bewirken wird: **Glauben!** Dann sah ich bei ihr erneut Zorn aufblitzen. Ich fragte: »Worüber sind Sie so zornig?« Sie sagte: »Ich habe gerade festgestellt, wie sehr mein Priester mich belogen hat!« Es ist an der Zeit, dass die Menschen auf der ganzen Welt erkennen, was für ein Lügner der Teufel ist! Ich sagte: »Lady, Sie haben Glauben empfangen. Ich kann es in Ihren Augen sehen.« Sie sagte: »Ja, das habe ich!«

Woher kam dieser Glaube? War das eine besondere Gabe? Nein. Glaube kommt vom Hören, dem Hören von Gottes Wort, der Botschaft von Christus. Granville und ich sprachen einen Heilungsbefehl über ihr aus – es braucht nur zehn Sekunden, wenn das Wort die kranke Person vorbereitet hat. Dann fragte ich sie:

»Möchte Sie, dass wir Ihnen aufhelfen?« Sie sagte: »Nein!«, stützte ihre Hände auf die Armlehnen des Rollstuhls, stand auf und lief im Haus umher. In der nächsten Woche ging sie in ihren Bridgeclub und Gott wurde verherrlicht, nicht sie! Vor dem Wunder hatte sie jemanden angestellt, der ihren Rollstuhl für sie schob. Nach diesem Wunder ließ sie diesen Angestellten in ihrem alten Rollstuhl Platz nehmen und schob ihn durch die Straßen ihrer Nachbarschaft, um so Gottes Wunder zu demonstrieren. Sie kam in unsere Gemeinde, um ihr Zeugnis zu geben – wofür sie einige Treppenstufen bis aufs Podium hinaufsteigen musste.

Die Tage kommen und sind schon da, dass die Welt die Herrlichkeit Gottes auf der verbliebenen Gemeinde sehen wird, die treu ist. Wer sind diese treuen, gläubigen Menschen? Diejenigen, die sich des Himmels stärker bewusst sind als der Erde. Diejenigen, die den Wegen Gottes gegenüber nicht unwissend sind. Diejenigen, die sich bereitwillig haben zurüsten lassen, um die Lügen des Teufels zu entlarven und die Güte unseres Vaters offenbar zu machen! Die Gaben des Geistes haben sich bei dieser Dame nicht so offenbart, wie sie es im Fall von Mr. Camphor taten. Ich wählte keine langatmigen Gebete als Mittel. Ich verließ mich stattdessen auf das Wort. Das Wort bringt den Glauben hervor, nicht deine Gebete. Es ist viel besser, einem Kranken siebzig Minuten lang das Wort zu verabreichen, gefolgt von zehn Sekunden Gebet, als siebzig Minuten kraftloses Gebet nach nur zehn Sekunden des Wortes!

5

Wie du in deinem ganzen Körper Gesundheit haben kannst

Je mehr Aufmerksamkeit und Ehre unser Herz den eindeutigen Zusagen des Wortes Gottes schenkt, das uns Heilung garantiert, desto mehr Wunder bringt das Wort in unserem Herzen hervor! Unser Herz kann so sehr mit den Zusagen des Wortes Gottes in Bezug auf Heilung gefüllt werden, dass für Unglaube und Zweifel kein Platz mehr bleibt. Das ist das simple Geheimnis! Jedes Mal, wenn du die Bibelstellen auf diesen Seiten liest, über das Wort nachsinnst, es durchdenkst und es in dein Herz aufnimmst, lass zu, dass es die Gedanken entfernt, die nicht da sein sollten, und sie durch die Klarheit und Einfachheit von Gottes Heilungszusagen in seinem Wort ersetzt. Das Wort bewirkt die Wunder. Da der Druck nicht auf dir liegt – du musst lediglich dein Herz mit den Zusagen des Wortes füllen –, wird das Wort ganz von selbst die Frucht der Wunder in deinem Leben und durch dein Leben für andere bewirken.

Wo fangen wir an?

Zuerst müssen wir uns darauf festlegen, dass das Wort Gottes wirklich das von Gott kommende Wort ist, sodass wir es nicht auf ein menschliches Wort reduzieren! Ich bin sehr verwundert, wenn mir gesagt wird, dass es eine ganze Reihe von Christen gibt, die nicht mehr wirklich glauben, dass Gottes Wort aus von Gott erzeugten Worten besteht. Sie glauben nicht, dass der Heilige Geist dem geschriebenen Wort die übernatürliche Vollkommenheit von Gottes Wahrheit eingehaucht hat. Es gibt nichts, was wir tun könnten, um solchen Menschen zu helfen, denn ohne die unbescholtene Integrität von Gottes Wort finden keine Wunder statt. Gottes Wort ist voll von seiner Gegenwart und Kraft. Er haucht seinem Wort ein, und sein Wort hat die Kraft zu bewirken, was es verspricht.

In 1. Thessalonicher schreibt Paulus – als ein Apostel der Gemeinde in Thessalonich, die er selbst gegründet hatte – begeistert von der wahre Kraft des Wortes Gottes, der guten Nachricht, an sie.

> *Darum danken wir auch Gott unablässig, dass ihr, als ihr das von uns verkündigte Wort Gottes empfangen habt, es nicht als Menschenwort aufgenommen habt, sondern als das, was es in Wahrheit ist, als Gottes Wort,* ***das auch wirksam ist in euch, die ihr gläubig seid****. — 1. Thessalonicher 2,13 SLT*

Das ist hier der Schlüssel. Es geht um das übernatürliche, von Gott erzeugte Wort. Die Zusagen in Gottes Wort in Bezug auf seinen Heilungswillen kommen von Gott selbst. Sie sind voll von seiner Kraft und **wirksam** in uns. Sobald wir das Wort Gottes zum Thema Heilung – und auch zu jedem anderen Thema – in uns aufgenommen haben, können wir uns schlafen legen, und das Wort wird Früchte tragen, es wird unser Denken verändern, es wird Wurzeln schlagen und Frucht bringen. Du musst dich nur vor dem Anti-Wunder-Geist in Acht nehmen, der versuchen wird, dich abzulenken oder dir die Sorgen dieses Lebens aufzubürden – oder du betest vielleicht für jemanden und er wird nicht geheilt und du hast den Impuls zu sagen: »Dieses Wort funktioniert wohl nicht!« Das ist nur der Anti-Wunder-Geist, der versucht, dich zu entmutigen.

Halte an dieser Wahrheit entschlossen fest: Das Wort Gottes wird ausnahmslos immer effektiv in dir wirken, wenn du sein Wort ehrst und es zu deiner **absoluten** Priorität machst, Gottes Wort in deinem Herzen zu bewahren.

In Markus 4,11 sagt Jesus, dass in diesem Gleichnis vom Samen des Wortes das ganze Geheimnis des Reiches Gottes offenbart ist. Wenn wir dieses Gleichnis vom Samen des Wortes Gottes, der in das menschliche Herz gesät wird, nicht verstehen, erklärt Jesus, werden wir weder das Reich Gottes noch irgendein anderes Gleichnis verstehen.

Lesen wir dazu Markus Kapitel 4:

Dann sagte Jesus zu ihnen: »Versteht ihr dieses Gleichnis nicht? Wie wollt ihr dann die anderen Gleichnisse verstehen? Der Sämann sät das Wort. Die am Weg aber sind die: Wenn das Wort gesät wird und sie es gehört haben, dann kommt der Satan und nimmt das Wort weg, das in ihr Herz gesät war. Genauso auch die, bei denen auf das Steinige gesät wurde: Wenn sie das Wort gehört haben, nehmen sie es sofort mit Freuden auf, aber sie haben keine Wurzel in sich, sondern sind wetterwendisch; wenn sich Trübsal oder Verfolgung um des Wortes willen erheben, so nehmen sie sofort Anstoß an mir. Diese sind es, bei denen unter die Dornen gesät wurde: Die das Wort hören, und die Sorgen dieser Welt und der Betrug des Reichtums und die Begierden nach anderen Dingen dringen ein und ersticken das Wort, und es wird unfruchtbar. Und diese sind diejenigen, bei denen auf gutes Land gesät wurde: Die das Wort hören und es annehmen und Frucht bringen, einer dreißigfach, einer sechzigfach und einer hundertfach.« — Markus 4,13–20

Beachte, wie der Teufel sofort kommt, um das Wort zu stehlen, sobald es gesät ist. Warum? Weil der Teufel festgestellt hat, dass das Wort Gottes, wenn es ins menschliche Herz gesät wird, ganz von selbst Frucht hervorbringt. Der Teufel kann das Wort nicht aus deinem Herzen ziehen, aber er wendet drei Taktiken an, um dich zu verwirren, damit du selbst das in dein Herz gesäte Wort zurückweist. Erkenne, dass der Teufel große Angst und enormen Respekt vor der Macht des Wortes Gottes hat, das Resultate hervorbringt, wenn es Zeit zum Aufkeimen hat. Sei auf der Hut. Bewahre das Wort fest in deinem Herzen!

Wenn du Kapitel 2 nimmst, das wir sorgfältig durchgegangen sind und in dem wir geklärt haben, dass es immer Gottes Wille ist, alle zu heilen, und wenn du es Woche für Woche liest, darüber nachsinnst und es für dich als den Willen Gottes annimmst, dann wird sein Wort Tag und Nacht wirksam in dir arbeiten. Es wird mächtige Ergebnisse bewirken, weil es kein menschliches Wort ist, sondern Gottes lebendiges, von ihm selbst eingehauchte Wort!

Wenn du dann Sprüche 4,20–22 vier oder fünfmal liest, wirst du deutlich erkennen, welchen Nachdruck der Heilige Geist auf das Wort Gottes in Bezug auf unsere Heilung legt! Konzentriere dich insbesondere auf diese Worte: *achte, neige, nicht aus deinen Augen weichen, bewahre sie, Leben sind sie, Heilung für ihr ganzes Fleisch.*

Mein Sohn, auf meine Worte achte, meinen Reden neige dein Ohr zu! Lass sie nicht aus deinen Augen weichen, bewahre sie im Innern deines Herzens! Denn Leben sind sie denen, die sie finden, und Heilung für ihr ganzes Fleisch.
— Sprüche 4,20–22 ELB

Das Wort *Heilung* an dieser Stelle (oder in anderen Übersetzungen *Gesundheit*) bedeutet wörtlich »heilsame Medizin« – Gottes Medizin. Sie ist ein extrem wirksames Mittel – sie bewirkt Gesundheit für deinen ganzen Körper. Gottes Wort verspricht dir, dass seine Medizin in deinem Leben wirksam sein wird. Sein Wort wird jedem Teil deines Körpers Gesundheit bringen!

Aus dieser Schriftstelle geht eindeutig und zweifelsfrei hervor, dass die Worte Gottes nur für diejenigen Leben sind, die sie finden, die auf sie achthaben, sie in ihrem Herzen bewahren, ihren Blick auf sie gerichtet halten. Das ist sehr wichtig. Es bedeutet nicht, das gesamte Wort Gottes kennen zu müssen. Die Wenigsten kennen das Wort Gottes in vollem Umfang. Es geht vielmehr darum, sich auf Gottes herrliche Zusagen zu konzentrieren, die er in Bezug auf Heilung macht. Wenn du dich auf diese wunderbaren Heilungszusagen fokussierst und dein Herz mit ihnen füllst, gibt es keinen Raum mehr für »Unkraut« und falsche, religiöse Traditionen! Das wahre Wort produziert Leben. Das Ergebnis ist Gesundheit für deinen ganzen Körper. Und »Körper« bedeutet, dass jeglicher Krebs verschwunden ist!

Ich habe schon oft gesehen, wie effektiv das Wort Gottes funktioniert, wenn Menschen – egal, wo und in welchem Land – seinem Wort diese Art von Aufmerksamkeit schenken! In unserer modernen Welt sind manche Leute der Auffassung, sie seien von diesem Prozess ausgenommen. Sie denken, sie besäßen eine höhere Autorität als das Wort Gottes. Es scheint, als wollten sie mit dem Finger schnipsen und einfach verlangen, dass Gott diesen Prozess umgeht, den er in seinem Wort so methodisch dargelegt hat. Sie wollen, dass Gott sich ihren Plänen und Vorlieben unterordnet. Sie versuchen, Gott dahingehend zu manipulieren, dass er sie heilt, während sie Gottes Verfahren zur Heilung unseres Körpers völlig ignorieren. Und ich muss leider sagen, dass dies auf sehr viele

Christen zutrifft. Leute, die unseren Dienst kennen, wissen, dass wir das Offensichtliche aussprechen und nicht versuchen, irgendwelche geheimnisvollen Lehren zu vermitteln. Wir werden sehr praktisch und ehren das Wort Gottes.

Wenn du dir also das hier Erläuterte zu Herzen nimmst und anfängst, über das Wort nachzusinnen, wenn du es in dir bewegst, es tief in dein Herz aufnimmst und mit anderen darüber sprichst, wird es in jedem Fall hundertprozentig wirken. Vielleicht klappt es nicht gleich am ersten Tag oder in der ersten Woche, aber lass mich dir sagen: Je länger du über das Wort nachsinnst und dein Herz damit füllst, desto leichter wird es dir fallen, einfach zu glauben. Du wirst automatisch danach handeln – denn das Wort selbst wird den Schritt des Glaubens bewirken. Es spielt keine Rolle, welche Art von ungesundem Fleisch wir haben, Gottes Medizin bringt Heilung in all unser Fleisch.

»Lass sie nicht aus deinen Augen weichen«, heißt es in Sprüche 4,21. Was bedeutet das? Du kannst nicht in zwei Richtungen gleichzeitig schauen. Halte deine Augen auf seine Zusage gerichtet, deinen ganzen Körper zu heilen, und sieh weg von negativen Symptomen! Nehmen wir als Beispiel noch einmal Kapitel 2. Dort haben wir anhand der höchsten Autorität, nämlich der Heiligen Schrift, bewiesen, dass es eindeutig immer Gottes Wille ist, zu heilen, weil er am Kreuz alle geheilt und allen vergeben hat. Diese Aufmerksamkeit dem Wort Gottes gegenüber wird dein Herz mit immer größerer Zuversicht erfüllen, dass Gott dich gesund sehen möchte. Darüber hinaus wirst du diese Worte, die in deinem Herzen sind, mit wachsender Zuversicht auch an andere Menschen weitergeben und ihnen mit Heilung dienen! Aber wie jeder andere auch wirst du immer wieder durch Prüfungen gehen! Sie kommen nicht von Gott, sondern von deinem eigenen Fleisch und vom Teufel. Du nimmst das Wort Gottes in dein Herz auf, du glaubst es und Heilung setzt bei dir ein. Du bist im Prozess und du gehst in die richtige Richtung. Aber manchmal will die Krankheit zurückkehren. Wenn du Gottes Wort in ausreichender Menge in dir hast, wird dich so etwas nicht verwirren. Du wirst das Wort vor deinen Augen behalten und dich nicht auf irgendwelche Symptome konzentrieren. Du leugnest nicht die Existenz der Symptome und tust auch nicht so, als wäre nichts, aber du verlierst nicht deinen Fokus und bewahrst das Wort in deinem Herzen, indem du es nicht aus den Augen lässt. Darauf bleibst du fest stehen. Je mehr du das übst und je mehr du das Wort Gottes in dich aufnimmst, umso einfacher wird es, das verspreche ich dir. Verweile also bei diesen Kapiteln, verankere sie stark und leuchtend in deinem Herzen und deinem Sinn! Bitte lies folgende Schriftstelle mit Sorgfalt und großer Aufmerksamkeit:

> *Als Paulus und Barnabas in Ikonium ankamen, geschah dort das Gleiche. Sie gingen, wie sie es immer taten, in die Synagoge und predigten den Leuten mit solcher Kraft, dass eine große Menge von Juden und Nichtjuden zum Glauben kamen. Einige der Juden weigerten sich zu glauben, und sie fingen an, die Gedanken der Nichtjuden zu vergiften, um die Gläubigen in Verruf zu bringen. Doch Paulus und Barnabas blieben noch lange Zeit dort und predigten mutig und furchtlos über den Herrn. Viele glaubten an den Herrn, denn er bestätigte seine Botschaft der Gnade mit Wundern und Zeichen, und Wundertaten geschahen durch die Apostel. Die Menschen in der Stadt waren darüber gespalten. Einige stellten sich auf die Seite der Apostel, andere auf die Seite derjenigen Juden, die sich zu glauben weigerten. Letztlich kamen die Oppositionsparteien mit ihren Leitern zusammen und schmiedeten einen Plan, wie sie Paulus und Barnabas*

schaden und sie zu Tode steinigen könnten. Als die Apostel davon erfuhren, flohen sie in die Gegend von Lykonien, in die Städte Lystra und Derbe und in die umliegenden Dörfer. Und sie fuhren fort, das Evangelium der Hoffnung zu predigen.

In Lystra trafen Paulus und Barnabas auf einen Mann, der von Geburt an nicht gehen konnte, denn er war an den Füßen verkrüppelt. Er hörte Paulus aufmerksam zu, als dieser predigte. Ganz plötzlich erkannte Paulus, dass dieser Mann in seinem Herzen Glauben hatte, geheilt zu werden. Er rief laut aus: »Du! Im Namen unseres Herrn Jesus, steh auf!« Sofort sprang der Mann auf seine Füße. Er stand das erste Mal in seinem Leben und lief umher! — Apostelgeschichte 14,1–10 TPT

Jahrelang hatten Paulus und Barnabas ihre Herzen mit den Heilungszusagen Gottes gefüllt. Sie hatten uns heutigen Christen gegenüber keine Vorteile. Aber sie sannen intensiv über Gottes Wort bezüglich Heilung nach und füllten ihre Herzen damit. Wir haben denselben neuen Bund, den auch sie schon hatten! Sie waren zu der Überzeugung gelangt, dass es immer Gottes Wille ist, zu heilen. Sie waren davon überzeugt, dass sie Gottes Zusagen klar und mutig aussprechen mussten.

Beachte, dass sie es in Apostelgeschichte 14 mit einem Anti-Wunder-Geist zu tun bekamen. Sie überwanden ihn jedoch mithilfe von Gottes Wort und mussten dann um ihres Lebens willen aus Ikonium fliehen, weil sie wegen der Gnade, die sie predigten, und der Zeichen und Wunder, die sich manifestierten, so verhasst waren. Sie flohen von Ikonium in die Stadt Lystra. Die Ereignisse in Lystra sind das perfekte Beispiel für die beiden Triebkräfte, die ein Wunder garantieren.

Das Wort der Heilung wirkte erfolgreich im Inneren von Paulus und Barnabas. Sie predigten das Wort mit Macht und

Überzeugung. Der verkrüppelte Mann war noch nie in seinem Leben gelaufen. Er war kein Jude und hatte keine Kenntnis über Gottes Wort. Aber er tat genau das, wozu Sprüche 4,20–22 auffordert. Die Apostelgeschichte lässt uns wissen, dass dieser Mann mit voller Aufmerksamkeit zuhörte. Es gibt Menschen, die Heilung wollen, aber wenn das Wort gepredigt wird, das die Heilung bewirkt, hören sie nicht mit ganzer Aufmerksamkeit zu. Folglich finden sie nicht das Wort des Lebens und werden auch nicht geheilt. Dann stellen sie all diese Fragen, warum keine Heilung stattfindet. Heilung wird immer stattfinden, wenn du das Wort Gottes wertschätzt, geduldig bist und das Wort zunehmend in dein Leben einbaust. Der verkrüppelte Mann ehrte das Wort, indem er mit voller Aufmerksamkeit dem, was Paulus predigte, zuhörte. Paulus wiederum predigte aus seinem Herzen heraus mit der Kraft des Wortes, die aus ihm hervorging. Das ist die eine wichtige Sache. Dieser Mann richtete seine Augen fest auf das Wort – fand Leben im Wort – und das Wort drang in ihn hinein, weil er aufmerksam war. Das Wort bewirkte ganz von selbst Glauben in dem verkrüppelten Mann und Heilung für sein ganzes Fleisch. Er stand auf übernatürliche Weise auf und lief umher. Paulus sagte einfach zu ihm: »Steh auf und geh!« Keiner half ihm auf. Er ist einfach aufgestanden. Er war zuvor noch nie gelaufen. Was hat ihn geheilt? Irgendeine mächtige Gabe in Paulus oder Barnabas? Nein! Es war ganz klar das Wort, das hier wirkte – die gute Nachricht, dass »Gott dich liebt«, dass »es sein Wille ist, alle zu heilen« und dass »er dich am Kreuz bereits geheilt hat«. Die gute Nachricht des Evangeliums bewirkte in diesem Mann, der aufmerksam zugehört hatte, »Leben für sein ganzes Fleisch«.

Daran ist nichts Kompliziertes. Wir sehen, wie dies offenbar so leicht geschieht. Es ist kein Mysterium. Es geschieht, weil die Bedingungen eingehalten werden. Ich reduziere das nicht auf eine

Formel, ich sage nur, dass die Bedingungen respektiert wurden. Wenn ein Prediger das Wort Gottes voll im Herzen trägt und wenn er in der Kraft des Geistes die Zusagen in Gottes Wort in aller Klarheit verkündet, schenken die Zuhörer dem Wort ihre volle Aufmerksamkeit und kommen zu der Erkenntnis, dass es das Wort ist, das die Heilung bewirkt. Es sind die Worte des Lebens, die in den Verheißungen enthalten sind – sie kommen in ihre Herzen, erfüllen ihre Herzen, und plötzlich können diese Menschen gemäß dem Wort handeln. Sie schenken dem Wort Aufmerksamkeit und finden Leben für ihr ganzes Fleisch.

Man beachte, dass Paulus noch während er predigte, sah – wahrnahm –, dass der Mann den Glauben hatte, geheilt zu werden (Vers 9). Wie konnte Paulus wissen, dass der verkrüppelte Mann den Glauben hatte, geheilt zu werden? So ist es Glenda und mir schon viele Male ergangen. Wir können tatsächlich spüren, wenn jemand in der Menge das Wort Gottes, das wir predigen, an sich zieht. Wir können es bis zu dem Sitzplatz der Person verfolgen. Warum? Wie? Ganz einfach. So jemand ist aufmerksam – neigt sein Ohr. Eine solche Person füllt ihre Augen mit Wahrheit. Sie hält das Wort in ihrem Herzen fest und findet Leben in den Worten. Traurig, dass andere in der Menge darauf warten, dass etwas Magisches passiert. Sie weigern sich zu sehen, dass die Heilung in Gottes Wort liegt. Sie wollen sich nicht auf sein Wort verlassen. Sie wollen sich lieber auf das Gebet eines Mannes oder einer Frau verlassen. Ihnen ist entgangen, dass unser Vater uns in erster Linie durch das Wort heilt! Das nächste Kapitel wird dazu beitragen, die Dinge klarer zu machen.

Es ist nicht kompliziert, und ich möchte dich wirklich ermutigen, diese Sache genau zu beachten.

6

Wie man die Bedingungen für Wunder anerkennt

In diesem Kapitel möchte ich eindeutig darlegen, dass unser Vater nie gewollt hat, dass Wunder für uns schwierig sind! Manche Menschen haben die Vorstellung, Wunder seien geheimnisvoll, kompliziert und verwirrend. Doch das ist keineswegs wahr! Wir müssen verstehen, dass unser Vater lediglich von uns verlangt, seine Bedingungen anzuerkennen!

Wenn Jesus in eine Synagoge ging, um zu predigen, gab es meistens drei Schritte oder drei Phasen, die er sehr klar und konsequent durchführte. Der erste Schritt war das Lehren, der nächste Schritt war das Predigen und der dritte Schritt war das Heilen von Kranken, woraufhin Wunder zu geschehen begannen.

Du kannst das in zahlreichen Versen in allen vier Evangelien lesen. Sieh es dir an:

Und Jesus ging in ganz Galiläa umher, lehrte in ihren Synagogen und predigte das Evangelium vom Reich und heilte jede Krankheit und jedes Gebrechen im Volk.
— Matthäus 4,23

Siehst du den Drei-Schritte-Rhythmus?

1. Der erste Schritt war hundertprozentiges Lehren. Lehren heißt Erklären! Es bedeutet, die Wahrheit schrittweise darzulegen, klar und einfach. Jesus legte zuerst die gute Nachricht vom Reich Gottes dar. Die Betonung liegt auf dem Lehren guter Nachrichten. »Gott liebt dich. Sein Wille ist es, dich zu heilen. Sein Reich ist auf dieser Erde, genau jetzt! Es ist für dich zum Greifen nah! Die gute Nachricht vom Reich Gottes bedeutet, dass er auf Erden tun will, was im Himmel gilt. Jedem im Himmel ist vergeben und jeder dort ist geheilt!« In diesen Heilungsversammlungen verkündete Jesus niemals schlechte Nachrichten! Er verurteilte die Menschen nie.

2. Dann, wenn sie mit Glauben und Erwartung zu reagieren begannen, ging er zum zweiten Schritt über und fing an zu predigen. Die Lehre erläutert die gute Nachricht, und die Predigt verkündet die gute Nachricht! Die Predigt inspiriert, entflammt, ermahnt und befähigt Menschen, Heilungen und Wunder zu empfangen.

3. Der dritte Schritt kam, sobald Jesus erkennen konnte, dass die Menschen durch sein Wort bereit waren, sich mit der Kraft Gottes zu verbinden. Er wirkte dann Wunder. Er rief Wunder über die Menschen aus oder legte ihnen die Hände auf. Wenn die Menschen diese einfache Bedingung, bestehend aus diesen drei Schritten, zuließen, wurden alle geheilt.

Ich bin in viele Gemeinden eingeladen worden, um für die Kranken zu beten. Und ich weiß noch, dass ich schon früh diese drei Schritte Jesu kennenlernte! Ich wusste instinktiv, dass viele der Menschen nicht bereit waren, ihre Heilung zu empfangen, weil ihr Glaube weder auf das Wort über die Güte Gottes noch auf die

Kraft seiner Gegenwart zur Heilung gründete. Sie verließen sich stattdessen auf meine Gebete! Wenn Menschen ihre Heilung empfangen und behalten wollen, müssen sie dieses Drei-Schritte-Programm Jesu durchlaufen. Ich lehrte also zunächst das klare Wort Gottes und die gute Nachricht. Dann, wenn ich die übernatürliche Veränderung im Raum spürte, begann ich zu predigen und die Menschen zu begeistern! In solchen Momenten geschahen dann einige der erstaunlichsten Wunder!

Überall in den Evangelien geschahen immer wieder Wunder, wenn Menschen diese drei Schritte Jesu als Bedingung akzeptieren. Leider gab es auch Gelegenheiten, bei denen die Menschen die drei Schritte von Jesus missachteten und als Voraussetzung ablehnten. Sie nahmen schon gleich an seiner Lehre Anstoß! Er hatte überhaupt keine Gelegenheit, zu den Schritten zwei und drei überzugehen! Und warum? Weil der Anti-Wunder-Geist die Herzen der Menschen vergiftete. Sie nahmen Anstoß an Jesu Lehre. So kam er überhaupt nicht dahin, dass er predigen und heilen konnte.

Sieh dir Lukas Kapitel 5 an.

> *Da geschah es eines Tages, dass er lehrte; und es saßen da Pharisäer und Gesetzeslehrer, die aus allen Dörfern in Galiläa und Judäa und von Jerusalem gekommen waren. Und die Kraft des Herrn war da, um sie zu heilen.*
> *— Lukas 5,17*

Es wird ausdrücklich gesagt, dass die Kraft des Herrn da war, um **sie** zu heilen! Die Kraft des Herrn war nicht einfach allgemein gegenwärtig, sondern sie war ausdrücklich da, um alle in dem Raum zu heilen, und dennoch wurde niemand dort geheilt! Und wieso nicht? Weil sie die an sich ganz einfachen Bedingungen Jesu nicht akzeptierten. Dieser Vers erklärt, dass Jesus lehrte. Er war gerade erst bei Schritt eins! Wenn du die nachfolgenden neun Verse liest, wirst du sehen, warum Jesus nicht zu Schritt zwei und Schritt drei übergehen konnte!

Jeder der Anwesenden war entweder ein Pharisäer oder ein Gesetzeslehrer. Wirklich jeder! Sie alle folgten dem Anti-Wunder-Geist und führten die Synagoge in einer hochgradig religiösen Tradition der Verurteilung. Sie alle dachten, Gott mache Menschen krank, um sie zu richten. Jesu Lehre über die gute Nachricht vom Reich Gottes empfanden sie nicht als Segen! Stattdessen fühlten sie sich von ihr bedroht! Sie nahmen Anstoß und begannen in ihren Herzen, Jesus zu widersprechen! Es ist nichts Falsches daran, während der Verkündung des Wortes Gedanken im Kopf zu bewegen, aber Argumente gegen seine Lehre über die Vergebung der Sünden zu suchen, ist sehr falsch! **Die Vergebung der Sünden ist immer Teil der guten Nachricht, die der Heilung vorausgeht.** Ihre Herzen waren durch strenge religiöse Traditionen vergiftet. Leider betraf das nicht nur einen Teil der Anwesenden, sondern gleich alle. Jesus kam bei ihnen also nie über den ersten Schritt hinaus. Das ist die erschütternde Wahrheit! Die Kraft des Herrn war da, um sie zu heilen. Es war Gottes Wille, sie zu heilen, aber keiner von ihnen wurde geheilt, weil sie arrogant waren und sich gegen die gute Nachricht vom Reich Gottes wehrten. Sie weigerten sich, die einfachen Bedingungen Gottes zu akzeptieren. Der Herr liebt die Menschen, aber er wird sich nicht der Rebellion und den religiösen Traditionen der Menschen beugen. Er wird nicht heilen, wenn er dafür gegen sein Wort und seine an sich so einfachen Bedingungen verstoßen muss. Wir sollten seine leicht erfüllbaren Bedingungen mit demütigem Herzen anerkennen und mit ihm kooperieren. Gott möchte, dass wir möglichst viele Menschen durch diese drei Schritte führen. Möge unser Verständnis von Gottes einfachen Bedingungen gegenüber allen Gästen und

Besuchern unserer Gemeinden so klar zum Ausdruck kommen, dass sie, wenn sie kommen und sehen, wie wir Gottes Wort loben und es achten, sich sicher fühlen und erkennen, dass Gott gut ist und häufig diese drei Schritte nutzt. Viele werden aufgrund unseres Beispiels, wie wir auf seine drei Schritte reagieren, geheilt werden.

In Lukas 4,14–30 ist die gleiche Verärgerung und derselbe religiöse Anti-Wunder-Geist zu beobachten, der sich gegen Jesus wendet und in dem Fall sogar versuchte, ihn zu töten.

Wir sollten uns niemals vor dem Anti-Wunder-Geist fürchten! Stärken wir die Gemeindekultur immer mehr, indem wir die Verheißungen des Wortes Gottes in Bezug auf Wunder achten. Wir sollten gegenüber der guten Nachricht vom Reich Gottes nur die allerbeste Einstellung haben und so viele Menschen wie möglich in ein Umfeld bringen, wo sie Freiheit verspüren. So können sie sich von unserer Aufrichtigkeit und unserer Freude an der guten Nachricht vom Reich Gottes beeinflussen lassen, damit alle geheilt werden können.

Wir müssen uns bewusst sein, dass viele Menschen in der heutigen Welt und Gemeinde nichts von den einfachen Bedingungen wissen, die Gott für Wunder benötigt. Die meisten Menschen verlassen sich nicht auf das Wort und auf den Herrn, wenn es um ihre Heilung geht. Sie verlassen sich einzig auf das Gebet des Predigers. Das ist ein großer Fehler. Wenn wir diese drei Schritte jedoch richtig verinnerlicht haben, können wir Menschen anleiten und liebevoll zu der Erkenntnis befähigen, dass Heilung nicht von einem Einzelnen ausgeht, der über besondere Gaben verfügt. Wunder geschehen, indem das Wort von Gottes Güte und die Kraft des Herrn empfangen wird!

Ich möchte dich an dieser Stelle an das Beispiel erinnern, das wir bereits behandelt haben:

Es geschah aber in Ikonion, dass sie zusammen in die Synagoge der Juden gingen und so redeten, dass eine große Menge der Juden und der Griechen gläubig wurde. Die ungläubig gebliebenen Juden aber erregten und erbitterten die aus den Nationen gegen die Brüder. So blieben sie nun eine lange Zeit dort und lehrten freimütig in dem Herrn, der für das Wort seiner Gnade Zeugnis gab und Zeichen und Wunder geschehen ließ durch ihre Hände. Die Menge der Stadt aber spaltete sich; einige waren für die Juden und einige für die Apostel. Als sich aber ein Ansturm derer aus den Nationen und der Juden und ihrer Obersten erhob, um sie zu misshandeln und zu steinigen, entflohen sie, als sie es erfuhren, in die Städte Lyakoniens, nach Lystra und Derbe und in deren Umgebung und predigten dort das Evangelium. Und es war ein Mann in Lystra, der hatte kraftlose Füße und musste sitzen; denn er war lahm von Mutterleib an und hatte noch nie gehen können. Der hörte Paulus reden. Und als dieser ihn ansah und merkte, dass er Glauben hatte, ihm könne geholfen werden, sagte er mit lauter Stimme: »Stelle dich auf deine Füße!« Und er sprang auf und ging umher. Als aber die Menschenmenge sah, was Paulus getan hatte, erhoben sie ihre Stimme und sagten auf Lyakonisch: »Die Götter sind den Menschen gleich geworden und zu uns herabgekommen.« — Apostelgeschichte 14,1–11

Du siehst hier, wie der Anti-Wunder-Geist versucht, die Gemüter der Menschen gegen Paulus und Barnabas aufzubringen und ihr Denken zu vergiften. Paulus und Barnabas lassen sich davon aber nicht einschüchtern und predigen weiter mutig das Wort Gottes. Wir können sehen, dass Gott bei Paulus und Barnabas keine Gaben einsetzte, um zu heilen! Gott benutzte die Botschaft der

Gnade, die Botschaft der guten Nachricht vom Reich Gottes – verkündet durch Paulus und Barnabas –, um Wunder zu wirken. In den Versen 9 und 10 ist deutlich zu sehen, dass ein verkrüppelter Mann dem Wort, das Paulus predigt, mit ganzer Aufmerksamkeit lauscht. Paulus hatte den zweiten Schritt erreicht und wusste, dass nun die Zeit für Schritt drei gekommen war! Er rief Wunder aus, und der verkrüppelte Mann stand auf und konnte gehen. In Vers 11 wird deutlich, dass diese Griechen genau so waren wie viele moderne Menschen heute. Sie glaubten einfach nicht, dass es die drei Schritte des Lehrens, Predigens und dann des Heilens gab. Sie konnten nicht erkennen, dass das Wort Gottes dieses große Wunder bewirkt hatte. Sie dachten, Paulus und Barnabas seien Götter! Wir müssen den Menschen helfen zu verstehen, dass ganz normale Menschen, die keine besonderen Heilungsgaben haben, als Mittler großer Wunder dienen können, indem sie die gute Nachricht lehren und danach predigen. Gott bestätigt dann sein Wort durch darauffolgende Wunder!

7

Was ist Glaube?

Wenn jemand zu dir sagt: »Für mich wurde schon so oft um Heilung gebetet, aber ich bin nie geheilt worden«, solltest du erwidern: »Weißt du überhaupt, dass es Gottes Wille ist, dich zu heilen?« Für gewöhnlich kommt als Antwort: »Ich weiß es nicht sicher. Ich schätze, das ist einfach eines dieser Dinge, die uns verborgen bleiben sollen.« Darauf kannst du freundlich erwidern: »Das ist der Grund, warum du nie geheilt wurdest. Du hast das Wort Gottes nie selbst gelesen. Du hast dich nur auf die Person verlassen, die für dich gebetet hat, aber du hast dich nicht auf den Herrn und seinen klaren Willen verlassen, dich zu heilen, der im Wort Gottes unmissverständlich zum Ausdruck kommt.« Frag die Person: »Glaubst du, dass es Gottes Wille ist, alle seine Zusagen einzuhalten?« Viele werden dazu »Aber sicher« sagen. Dann kannst du antworten: »Er hat versprochen, dich zu heilen. Ich kann dir seine Zusagen zitieren oder vorlesen, aber dann solltest du ihm auch glauben und dich heilen lassen.«

In 2. Mose 15,26 sagt Gott zu mehr als 3 Millionen Menschen: »Ich *bin* der Herr, der euch heilt.« Auf Hebräisch sagte er: »Ich bin Jahwe-Rapha« und das wiederum bedeutet: Ich bin der Herr, der sich nicht ändert! Er ist für immer der heilende, lebensspendende Herr. Größer als jede andere Macht im Universum.

Er hat unsere Sünden selbst an seinem Leib auf das Holz hinaufgetragen, damit wir, den Sünden abgestorben, für die Gerechtigkeit leben; durch seine Wunden seid ihr heil geworden. — 1. Petrus 2,24

Am Abend aber brachten sie viele Besessene zu ihm; und er trieb die Geister aus mit dem Wort und machte alle Kranken gesund, damit erfüllt würde, was durch den Propheten Jesaja gesagt wurde: Er hat unsere Schwachheiten auf sich genommen und unsere Krankheiten hat er getragen. — Matthäus 8,16–17

Du kannst sagen: »Jesus hat all unsere Sünden und Krankheiten am Kreuz weggenommen, denn es ist sein Wille, alle zu heilen, weil er am Kreuz alle geheilt hat.«

Beachte, was in Jakobus 5 steht: »Ist jemand krank?« Irgendjemand? Diese Verse zeigen eindeutig und unmissverständlich, dass Gott *alle* heilen will, die krank sind:

Ist jemand von euch krank? Er soll die Ältesten der Gemeinde zu sich rufen lassen; und sie sollen für ihn beten und ihn dabei mit Öl salben im Namen des Herrn. Und das Gebet des Glaubens wird den Kranken retten, und der Herr wird ihn aufrichten; und wenn er Sünden begangen hat, so wird ihm vergeben werden. — Jakobus 5,14–15 SLT

Gottes Wille lautet immer Heilung und Vergebung.

Preise den HERRN, meine Seele, und vergiss nicht alle seine Wohltaten! Der da vergibt alle deine Sünde, der da heilt alle deine Krankheiten. — Psalm 103,2–3 ELB

Viele Christen haben die Wohltaten vergessen, die er uns zusagt. Sein Wort verspricht immer wieder ganz klar, dass es *immer* sein Wille ist, uns zu vergeben und zu heilen! Glaube erwartet von Gott, dass er tut, was er in seinem Wort zugesichert hat, und ist sich dessen gewiss. Gott hat uns nie aufgefordert, Glaube auf etwas anzuwenden, von dem er uns nicht bereits in seinem Wort versprochen hat, es für uns zu tun! Behalte immer im Sinn, dass Gott von uns nie erwarten wird, ihm in einer Sache zu vertrauen, für die er uns nicht schon vorher seine Zusage gegeben hat. Deshalb sagt Römer 10,17:

> *Der Glaube kommt also durch das Hören, und das Hören durch das Wort Gottes. — Römer 10,17* KJV

Der Grund, warum Menschen keinen Glauben haben, geheilt zu werden, ist einfach der, dass sie nicht gehört haben, wie klar Gottes Wort verspricht, dass es immer sein Wille ist, zu vergeben und immer sein Wille, zu heilen!

Je weiter das Wort Gottes, das wie ein Samenkorn ist, in dein Herz eindringt, desto wirksamer wird es in dir arbeiten und alle Zweifel, Ängste und Unglauben beseitigen! Wenn wir uns über seine Verheißungen nicht im Klaren sind und wenn sein Wort der Verheißung unser Herz nicht erfüllt hat, wird unsere Bitte um Heilungsgebet oft in einer Enttäuschung enden. Aber sei getrost! An Heilung gibt es nichts Verwirrendes! Sie ist immer Gottes Wille für dich, und Heilung wird immer funktionieren, wenn wir die nötigen Voraussetzungen erfüllen:

1. Werde dir klar über Gottes Wille, alle zu heilen.
2. Lass das Wort dieser Verheißung dein Herz erfüllen.
3. Sei bereit, die Erfahrung zu machen, dass die Saat seines Wortes ganz von selbst Heilung in dir bewirkt.
4. Verlass dich nicht in erster Linie darauf, dass jemand für dich betet. Vertraue zuallererst auf die Zusage in Gottes Wort, dann wird das Gebet auch die gewünschten Ergebnisse bringen!

Seine Verheißungen sind jede für sich eine Offenbarung dessen, was Gott unbedingt für uns tun möchte. Wenn wir erst einmal zu dem Schluss gekommen sind, dass das »geschriebene Wort« nichts anderes ist als Gottes offenbarter Wille hinsichtlich all dessen, was er für uns tun möchte, dann werden wir sein Wort schätzen und uns – ohne zu wanken, zu zweifeln oder uns zu sorgen – fest darauf verlassen, dass Gott es erfüllt.

Vom ersten Buch Mose an bis zur Offenbarung hebt das Wort Gottes hervor, dass es immer sein Wille ist, alle Menschen zu heilen, ihnen zu vergeben, sie zu retten und sie von den Lügen und Krankheiten zu befreien, die allesamt vom Teufel kommen.

Wie Gott diesen Jesus von Nazareth gesalbt hat mit Heiligem Geist und Kraft; der ist umhergezogen und hat Gutes getan und alle gesund gemacht, die vom Teufel überwältigt waren, denn Gott war mit ihm. — Apostelgeschichte 10,38

Dann lehrte er in einer der Synagogen am Sabbat. Und sieh, eine Frau war da, die hatte seit achtzehn Jahren einen Geist der Krankheit; sie war verkrümmt und konnte sich gar nicht aufrichten. Als Jesus sie sah, rief er sie zu sich und sagte zu ihr: »Frau, du bist von deiner Krankheit gelöst!« Und er legte die Hände auf sie; sofort richtete sie sich auf und pries Gott.

Da antwortete der Oberste der Synagoge, unwillig, dass Jesus am Sabbat heilte, und sagte zu der Menschenmenge: »Es sind sechs Tage, an denen man arbeiten soll; an denen kommt und lasst euch heilen und nicht am Sabbat.« Da antwortete ihm der Herr: »Du Heuchler! Löst nicht jeder von euch am Sabbat seinen Ochsen oder seinen Esel von der Krippe und führt ihn zur Tränke? Sollte aber nicht diese, die eine Tochter Abrahams ist, die Satan, sieh doch, achtzehn Jahre lang gebunden hat, von dieser Fessel am Tag des Sabbats gelöst werden?« Und als er das sagte, mussten sich alle schämen, die gegen ihn gewesen waren. Und die ganze Menschenmenge freute sich über alle herrlichen Taten, die durch ihn geschahen. — Lukas 13,10–17

Dies ist ein Buch über Heilung, deshalb werde ich dir immer wieder Bibelstellen über Gottes Zusagen nennen. Ich möchte dich dazu anregen, sie in deiner Bibel nachzuschlagen und sie dir in einem Journal, auf Papier oder in einer App, festzuhalten. Lies sie regelmäßig und fülle dein Herz damit. Lies auch alle Schriftstellen, die ich hier für dich bereits aufgeschrieben habe.

Behalte die Weisheit von Sprüche 4,20–22 im Sinn:

Mein Sohn, achte auf meine Worte, und neige dein Ohr zu meiner Rede. Behalte sie im Auge, bewahre sie im Innersten deines Herzens. Denn sie sind Leben für alle, die sie finden, und gesund für ihren ganzen Leib. — Sprüche 4,20–22

Schau dir alle Argumente und Beweise an, die ich mithilfe der Autorität des Wortes Gottes zusammengetragen und ausgeführt habe, um Zweifel und Verwirrung wegzuwaschen und zu beseitigen. Baue diese leuchtende Klarheit in deinem Inneren auf. Sie wird dich glücklich machen!

Ihr werdet die Wahrheit erkennen, und die Wahrheit wird euch frei machen. — Johannes 8,32

Ich möchte dir in diesem Buch eine biblische Grundlage vermitteln, damit du den Mut entwickelst, Kranken und Bedrängten mit Heilung und Befreiung zu dienen. Es gibt heute Menschen, die Heilung lediglich für einen Nebeneffekt halten, für eine unbedeutende, unwichtige Sache! Dabei hat Jesus in seinem Dienst viel mehr Zeit damit verbracht, Kranke zu heilen und Dämonen auszutreiben als mit allem anderen, was er tat! Als Folge davon glaubten viele an ihn und wurden errettet! Wenn die Gemeinde heute die Wunder vollbrächte, die Jesus zu tun aufgetragen und befohlen hat, gäbe es Massen von Menschen, die an Christus glauben und ihm gerne nachfolgen würden. Bitte lies und studiere die folgenden Verse:

Und er rief seine zwölf Jünger zu sich und gab ihnen Vollmacht über die unreinen Geister, dass sie sie austrieben und jede Krankheit und jedes Gebrechen heilten. ... Geht aber und predigt: Das Himmelreich ist nahe gekommen. Heilt die Kranken, reinigt die Aussätzigen, weckt die Toten auf, treibt Dämonen aus. Umsonst habt ihr es empfangen, umsonst gebt es auch. — Matthäus 10,1.7–8

Und er bestimmte zwölf, bei ihm zu sein und damit er sie aussende, um zu predigen, und dass sie Vollmacht hätten, die Krankheiten zu heilen und die Dämonen auszutreiben. — Markus 3,14–15

Und er rief die Zwölf zu sich und fing an, sie je zwei und zwei auszusenden, und gab ihnen Macht über die unreinen

Geister. … Sie trieben viele Dämonen aus, salbten viele Kranke mit Öl und machten sie gesund. — Markus 6,7.13

Und er sagte zu ihnen: »Geht hin in die ganze Welt und predigt das Evangelium der ganzen Schöpfung. Wer glaubt und getauft wird, der wird gerettet werden; wer aber nicht glaubt, der wird verdammt werden. Die Zeichen aber, die denen folgen, die glauben, sind folgende: In meinem Namen werden sie Dämonen austreiben, mit neuen Sprachen reden, Schlangen aufheben; und wenn sie etwas Tödliches trinken, wird es ihnen nicht schaden; auf die Kranken werden sie die Hände auflegen, und sie werden gesund werden. — Markus 16,15–18

Er rief die Zwölf zusammen und gab ihnen Gewalt und Macht über alle Dämonen und dass sie Krankheiten heilen konnten. … Und sie gingen hinaus und durchzogen die Dörfer, predigten das Evangelium und heilten an allen Orten. — Lukas 9,1.6

Seht, ich habe euch Vollmacht gegeben, auf Schlangen und Skorpione zu treten, und über die ganze Macht des Feindes; und nichts wird euch schaden. — Lukas 10,19

Wahrlich, wahrlich, ich sage euch: Wer an mich glaubt, der wird die Werke auch tun, die ich tue, und wird größere als diese tun; denn ich gehe zum Vater. Und was ihr bitten werdet in meinem Namen, das werde ich tun, damit der Vater verherrlicht wird im Sohn. Wenn ihr etwas bitten werdet in meinem Namen, dann werde ich es tun. — Johannes 14,12–14

Wenn ihr in mir bleibt und meine Worte in euch bleiben, werdet ihr bitten, was ihr wollt, und es wird euch geschehen.
— Johannes 15,7

Aber ihr werdet Kraft empfangen, wenn der Heilige Geist auf euch kommen wird, und werdet Zeugen für mich sein in Jerusalem und in ganz Judäa und bis an das Ende der Erde.
— Apostelgeschichte 1,8

8

Die sieben Erlösungsnamen Gottes

Erlösung bedeutet, dass Gott seine Menschen rettet, wenn eine geistliche Macht uns tyrannisiert, knechtet und kontrolliert und als Folge Ohnmacht, Verwirrung, Furcht und Sklaverei verursacht hat. Die Macht Gottes erlöst uns von der bösen Macht, die uns zu zerstören versucht.

> *Sie dachten nicht an seine Hand, an den Tag, als er sie von den Feinden erlöste; wie er seine Zeichen in Ägypten getan hatte und seine Wunder im Land Zoan. ... Und sein Volk ausziehen ließ wie Schafe und sie wie eine Herde in der Wüste führte. Und er leitete sie sicher, sodass sie sich nicht fürchteten; aber ihre Feinde bedeckte das Meer.*
> *— Psalm 78,42–43.52–53*

Wenn Gott dich erlöst, bringt er dich sicher aus einer Lage heraus, in der du von einer Macht schikaniert, malträtiert, kontrolliert und versklavt wurdest, der du nicht zu entkommen wusstest. Gott hört dein Schreien, erlöst dich und macht deine Feinde zunichte. Gottes sieben Erlösungsnamen offenbaren, was deine Erlösung beinhaltet. Die gute Nachricht vom Reich Gottes muss auch die sieben Erlösungsnamen Gottes beinhalten. Gott hat viele Namen, aber nur sieben Erlösungsnamen; nicht mehr und nicht weniger als die vollkommene Zahl sieben. Sie ist die Zahl, die für

Ruhe steht und alle unsere menschlichen Nöte abdeckt. Kein einziger Mensch ist von irgendeinem der sieben Erlösungsnamen Gottes ausgeschlossen, denn alle sind in dem, was am Kreuz geschah, offenbart.

Gott sagt: »ICH BIN, der ICH BIN« (2Mo 3,14).

1. **ICH BIN Jahwe-Schammah** – das bedeutet *»Der Herr ist hier«* oder *»Der Herr ist allgegenwärtig«* (Hes 48,35); »Und die Kraft des Herrn war da, um sie zu heilen« (Lk 5,17).

2. **ICH BIN Jahwe-Schalom** – das bedeutet *»Friede«* (Ri 6,24). Friede ist nicht die Abwesenheit von Problemen, aber sein Friede wird mit allem fertig, was sich gegen dich erhebt – so wie Jesus zum Beispiel sagte: *»Friede, sei still«*, als die Sturmwellen gegen das Boot schlugen, in dem er und seine Jünger waren. Die Herrschaft seines Friedens ist für uns mit sehr viel Freude verbunden, aber den Teufel versetzt sie in Schrecken. In Römer 16,20 heißt es, dass der Gott des Friedens den Teufel unter *deinen* Füßen zermalmen wird. Wenn du also in Furcht, Sorge oder Panik verfällst und deinen Frieden verlierst, findet der Teufel das großartig. Aber Gott erlöst uns mit seinem Frieden.

> *»Die Strafe lag auf ihm, damit wir Frieden haben.«*
> *— Jesaja 53,5*

3. **ICH BIN Jahwe-Ra-ah** – übersetzt heißt das *»Der Herr ist mein Hirte«* (Ps 23,1). Er wurde unser Hirte, indem er sein Leben für die Schafe gab. In dieser Position bringt er uns den größten Trost. Er sagt: »Ich war tot, und siehe, ich lebe von Ewigkeit zu Ewigkeit, Amen! Und ich habe die Schlüssel des Totenreiches und des Todes« (Off 1,18 SLT).

4. **ICH BIN Jahwe-Jireh** – das bedeutet *»Der Herr versorgt«* (1Mo 22,8–14).

   Christus ist die Opfergabe, die am Kreuz für uns dargebracht wurde. Der Herr versorgt uns nicht nach unseren Bedürfnissen, sondern entsprechend seiner Herrlichkeit.

5. **ICH BIN Jahwe-Nissi** – was so viel wie *»Der Herr, dein Banner (Feldzeichen)«* oder *»Der Herr, unser Sieg«* bedeutet (2Mo 17,15). Am Kreuz hat Jesus die bösen Mächte der Krankheit und Leiden entwaffnet. Er triumphierte über Verdammnis und Furcht. Er befreite uns von den Flüchen des Gesetzes. Er besiegte jeden dämonischen Geist, einschließlich den Teufel und alle bösen Mächte.

> *Er tilgte alle Rechtsverstöße, die wir in unserer Akte hatten, und den alten Haftbefehl, der uns zur Anklage bringen sollte. Er hat alles ausgelöscht – unsere Sünden, unsere befleckte Seele –, er hat alles entfernt, und nichts davon kann wiederhergestellt werden! Alles, was wir einst in Adam waren, wurde an dieses Kreuz geheftet und dauerhaft dort festgenagelt, als öffentliches Zeichen der Aufhebung. Dann machte Jesus aus allen Mächten und Herrschaften der Finsternis ein öffentliches Spektakel, indem er ihnen jede Waffe und all ihre geistliche Autorität und Macht entzog, uns anzuklagen. Und dank der Kraft des Kreuzes führte Jesus sie als Gefangene in einem Triumphzug umher. Nicht er war ihr Gefangener, sondern sie waren seine Gefangenen! — Kolosser 2,14–15* TPT

6. **ICH BIN Jahwe-Zidkenu** – das bedeutet *»Der Herr, unsere Gerechtigkeit«* (Jer 23,6; 33,16).

Am Kreuz wurde Jesus um unseretwillen zur Sünde gemacht, indem er alle unsere Sünden auf sich nahm. Im Tausch gab er uns stattdessen das unentgeltliche Geschenk der Gerechtigkeit Gottes. Nun sieht Gott uns so, als hätten wir nie gesündigt und hätten schon immer als Gerechte gelebt.

> *Denn Gott war in Christus und versöhnte die Welt mit sich selbst und rechnete ihnen ihre Übertretungen nicht an und hat unter uns das Wort der Versöhnung aufgerichtet. … Denn er hat den, der von keiner Sünde wusste, für uns zur Sünde gemacht, damit wir in ihm Gottes Gerechtigkeit würden. — 2. Korinther 5,19.21*

7. **ICH BIN Jahwe-Rapha** – das bedeutet *»Ich bin der Herr, der dich heilt.«*

Das hat er am Kreuz für uns vollbracht, denn: »Er selbst nahm unsere Schwachheiten und trug unsere Krankheiten« (Mt 8,17 ELB).

Du fragst dich vielleicht, ob Gott derjenige ist, der Krankheit über uns bringt? Doch in 2. Mose 15,26 heißt es: »Ich will keine der Krankheiten auf dich legen, die ich auf Ägypten gelegt habe« – das ist die wörtliche Übersetzung des hebräischen Bibeltextes. Gott brachte den Ägyptern keine Krankheit. Aber wenn Menschen gegen Gott rebellieren und seine Bedingungen für Heilung und Gesundheit missachten, wird er nicht seine Integrität, seine Herrlichkeit oder seine Bedingungen aufgeben, um Krankheiten zu beenden. Er wird sie zulassen. Sein Wunsch ist es, dass die Menschen sich an ihn wenden und glauben, was am Kreuz geschehen ist. Er sagt: »Ich lege euch diese Krankheiten nicht auf, ich bin euer Heiler. Ich bin Jahwe-Rapha; ich bin nicht die Ursache eurer Krankheit, ich bin der, der euch heilt.«

> *Ehrt mich allein, den HERRN, euren Gott, dann werde ich dafür sorgen, dass es in eurem Land genug zu essen gibt und ihr reichlich Wasser habt. Ich werde auch alle Krankheiten von euch fern halten. Es wird dann in eurem Land keine Frau geben, die eine Fehlgeburt hat oder kinderlos bleibt. Niemand wird vor der Zeit aus dem Leben gerissen werden. — 2. Mose 23,25–26* GNB

Im Grunde sagt Gott hier: Du wirst mich ehren und anbeten, wenn du weißt, dass ich gut bin und dass ich dich liebe. Und wenn du das tust, werde ich folgende vier Dinge tun:

1. Ich werde dein Brot und dein Wasser segnen.
2. Ich nehme deine Krankheiten fort.
3. Niemand wird eine Fehlgeburt haben oder unfruchtbar sein.
4. Du wirst nicht jung sterben, sondern alt werden.

Wenn du die Geschichte Israels in dieser Zeitperiode liest, gibt es keine Berichte über sterbende Babys oder Unfruchtbarkeit – alle erreichten ein hohes Alter. Jahwe-Rapha übernahm die Führung über das ganze Volk. Für eine kurze Zeitspanne der Geschichte sehen wir, was passiert, wenn eine Gemeinschaft von Menschen Gottes wahrer Natur und Güte vertraut. Später wandte sich Israel von Gott ab und begann, Götzen und Dämonengötter anzubeten. Das Volk verlor die Segnungen Gottes. Wir haben jetzt einen besseren Bund, in dem die Gnade dir Zugang zu den Segnungen gibt.

Diese sieben Erlösungsnamen Gottes wurden gegeben, um die vollkommene Art und Weise aufzuzeigen, in der unser Gott durch das Kreuz mit allen in Beziehung tritt. Diese Namen offenbaren, dass Jesus gestern, heute und für immer derselbe ist und bleibt (Hebr 13,8). Jesus sagte, dass keiner, der zu ihm kommt, abgewiesen oder ausgestoßen wird. Diese Namen sind für immer als sein klarer Wille festgelegt und auf ewig im Himmel verankert. Sein Wort sagt: »Ich bin Jahwe-Rapha.« Niemand hat das Recht, dies in »Ich war Jahwe-Rapha« zu ändern. Es wäre ein Verbrechen gegen Gott, einen seiner Erlösungsnamen von »ICH BIN« in »ICH WAR« abzuändern.

Wir müssen die geschriebenen Verheißungen Gottes als seine direkten Botschaften an uns empfangen. Die Zusagen in seinem Wort sind genau dasselbe, als wenn er dir erschiene und sagte: »Es ist mein Wille, dich zu heilen, und ich habe deine Gebete gehört.«

Seine Barmherzigkeit hat uns bereits geheilt. Er verzögert unsere Heilung nicht, aber er wird auch nicht einfach seine Bedingungen aufheben. Er wartet auf den Glauben, der durch das Hören seines Wortes kommt (Röm 10,17). Wir haben kein Recht, von Christus ein »spezielles Zeichen« zu fordern, mit dem er uns wissen lässt, dass es sein Wille ist, uns zu heilen. Das offenbarte Wort ist sehr klar: Es ist *immer* Gottes Wille, uns zu heilen.

Christus lässt dich nicht auf deine Heilung warten. Wir sind es, die ihn warten lassen, weil wir seine vor über zweitausend Jahren ans Kreuz geschriebenen Zusagen nicht annehmen. Gott hat vor mehr als zweitausend Jahren all unsere Ungerechtigkeit auf Christus gelegt. Christus trug unsere Krankheiten und lud unsere Schmerzen auf sich (Jes 53). Gott wartet darauf, dass wir die Segnungen in Empfang nehmen, die er uns bereits gegeben hat.

Wenn wir glauben, empfangen wir!

»Darum sage ich euch: Alles, was ihr bittet in eurem Gebet, glaubt nur, dass ihr es bekommt, dann werdet ihr es erhalten.«
— Markus 11,24

Gottes Wort bildet die alleinige Basis für unseren Glauben, dass unser Gebet um Heilung erhört wird – noch bevor wir etwas sehen oder fühlen. Das Wort Gottes verfehlt nie seine Wirkung in uns, wenn wir es tatsächlich als Gottes Wort annehmen (1Thess 2,13). Die Frage ist nicht: »Habe ich genügend Glauben?«, sondern: »Ist Christus wahrhaftig?«, »Ist sein Wort wahr?«. Wenn du konsequent glaubst, dass du empfangen hast, als du betetest, wird auch immer alles geheilt – wenn auch nicht immer sofort.

Auf wessen Wort wirst du hören, nachdem du gebetet hast?

Im Garten Eden sagte Gott zu Adam: »An dem Tag, an dem du vom Baum der Erkenntnis des Guten und des Bösen isst, wirst du sicher sterben« (1Mo 2,17). Dann kam der Teufel und sagte: »Du wirst sicher nicht sterben« (1Mo 3,4). Unter dem neuen Bund der Gnade sagt Gottes Wort ganz klar: »Sie werden ihre Hände auf die Kranken legen und sie werden gesund werden« (Mk 16,18). »Gesund werden« bedeutet manchmal sofort und manchmal auch durch einen Prozess. Aber der Teufel will dir trotzdem das Gegenteil erzählen: dass du nicht gesund werden wirst.

Was ist vernünftiger: dem Teufel, dem Vater aller Lügen, zu glauben oder dem Herrn Jesus Christus? Als der Teufel versuchte,

Jesus in Versuchung zu führen, bekam er von Jesus nur das zu hören: »Es steht geschrieben ...«. Jesus ließ sich durch die Verdrehung von Gottes Wort durch den Teufel nicht verwirren.

Es gibt nur einen Weg, dem Teufel zu widerstehen, und der besteht darin, den Samen des Wortes Gottes konsequent im Herzen zu bewahren, bis er Heilung bewirkt. Als Christus am Kreuz sagte: »Es ist vollbracht«, war dies die präzise Feststellung einer unveränderlichen Wahrheit. Der Teufel versucht bis heute, uns zur Verleugnung dieser wunderbaren Kundgebung Jesu zu bringen. Die Wahrheit ist, dass unsere Erlösung von Krankheit – sowohl physisch als auch geistlich – durch den gekreuzigten Christus vollbracht wurde.

9

Die Kraft eines erneuerten Sinnes

Ich ermahne euch also, Brüder und Schwestern, kraft der Barmherzigkeit Gottes, eure Leiber als lebendiges, heiliges und Gott wohlgefälliges Opfer darzubringen – als euren geistigen Gottesdienst. Und gleicht euch nicht dieser Welt an, sondern lasst euch verwandeln durch die Erneuerung des Denkens, damit ihr prüfen und erkennen könnt, was der Wille Gottes ist: das Gute, Wohlgefällige und Vollkommene.
— Römer 12,1–2 EÜ

Die Erneuerung des Denkens bedeutet einfach, dass du Kenntnis über deine Rechte und Privilegien erlangst, die du als Bürger oder Bürgerin des Himmels im Hier und Jetzt vor deinem Vater hast. Im Grunde ist es so: Je umfassender unser Denken erneuert ist, desto besser können wir Gottes Willen, Wunder auf der Erde zu wirken, so wie es im Himmel festgeschrieben ist, unter Beweis stellen. Die Erneuerung unseres Denkens ist der wichtigste Schlüssel, um Wunder freizusetzen!

Erneuere!

Mein Sohn Ryan sagt oft, neu sei das, was wir noch nie zuvor gesehen oder erlebt haben. Wenn die Bibel jedoch sagt, dass wir unser

Denken erneuern müssen, dann meint sie damit, dass es irgendwann einmal in der fernen Vergangenheit im Garten Eden dieses Denken gegeben hat, das dann aber verloren ging. Wir werden nun aufgerufen, unser Denken dahingehend zu erneuern, dass es dem entspricht, was Gottes ursprüngliche Absicht war. Der Grund, warum dies nötig ist, liegt darin, dass ein Denkmuster den Verstand eines jeden Menschen vereinnahmt hat, das der Welt entsprechend anti-christlich und anti-göttlich ist und auch schon den ersten Adam verführt hat. Dieses falsche Denkmuster erstickt jegliches Wunder und hemmt die Macht des Reiches Gottes. Deshalb müssen wir in unserem Denken erneuert werden, um den vollkommenen Willen Gottes unter Beweis stellen zu können.

> *Denn obwohl wir in der Welt leben, kämpfen wir doch nicht nach dem Fleisch. Denn die Waffen unseres Kampfes sind nicht menschlich, sondern mächtig vor Gott zur Zerstörung von Festungen; wir zerstören damit kluge Anschläge und jede Höhe, die sich gegen die Erkenntnis Gottes erhebt, und nehmen alles Denken gefangen unter den Gehorsam Christi.*
> *— 2. Korinther 10,3–5*

Beachte, dass in den Gedanken eines Menschen, dessen Denken nicht erneuert ist, eine Festung existiert. Diese Gedanken sind »kluge Anschläge«. Es sind Lügen, die sich über die Wahrheit von Gottes Güte erhoben haben. Eine Festung ist eine fehlerhafte Vorstellung, die sich in unseren Denkmustern festgesetzt hat. Deshalb heißt es in Vers drei, dass es göttlicher Macht bedarf, um diese Festungen zu zerstören.

Eine »Festung« ist eine von Hoffnungslosigkeit durchtränkte Denkweise, die uns dazu bringt, scheinbar unabänderliche Situationen zu akzeptieren, von denen wir wissen, dass sie dem Willen

Gottes widersprechen. Es ist von entscheidender Bedeutung, dass Christen ihre Heimat in einer Gemeinde finden, in der Machtdemonstrationen göttlicher Kraft und der Geist der Offenbarung erlebbar ist. Der Theorie zugeneigte, vergeistigte, intellektuelle Gemeinden befreien Menschen nicht von den falschen Gedanken in ihrem Kopf – ganz im Gegenteil, sehr oft verstärken sie das falsche Denken noch.

> *Wir haben nicht den Geist dieses Weltsystems empfangen, sondern den Geist Gottes, damit wir all das, womit die Gnade uns so großzügig beschenkt hat, verstehen und erfahren können. Und wir benennen diese Wahrheiten mit den Worten, die uns durch den Geist vermittelt wurden und nicht mit Worten, die mit menschlicher Weisheit gelehrt wurden. Wir verbinden vom Geist geoffenbarte Wahrheiten mit geistgeoffenbarten Worten. Jemand, der auf einer rein menschlichen Ebene lebt, weist die Offenbarungen von Gottes Geist zurück, denn sie ergeben für ihn keinen Sinn. Er kann die Offenbarungen des Geistes nicht verstehen, denn sie können nur durch Erleuchtung des Geistes erkannt werden. Diejenigen, die im Geist leben, sind in der Lage, alle Dinge sorgfältig zu beurteilen, und sie unterliegen der Prüfung durch niemanden anderen als nur durch Gott. Denn wer hat jemals die Gedanken des Herrn Jahwe gut genug erkannt, um sein Ratgeber zu werden? Christus hat dies, und wir besitzen die Wahrnehmung Christi.* — *1. Korinther 2,12–16* TPT

Wir als menschliche Wesen bestehen aus Geist, Seele und Körper. Gott ist eine Geist-Person. Du bist eine Geist-Person. Gott begegnet uns nicht in unserer Seele (unserer Psyche) oder in unserem

Körper. Er begegnet uns im Geist. Als Adam[1] – der erste Mensch – auf der Erde weilte, hatte er einen Geist, eine Seele und einen Körper. Gott sagte zu Adam, dass er am Tag, an dem er vom Baum der Erkenntnis des Guten und des Bösen äße, gewiss sterben würde. Doch Adam hörte auf die Lüge des Teufels und aß von der Frucht dieses Baumes. Starb er? Ja! Auf der Stelle! »Aber Rob, er lief doch immer noch umher!« Schon, aber in seinem Geist starb er sofort. Er war der erste Mensch, der wiedergeboren wurde. Er wurde vom geistlichen Leben in seinem Geist zum geistlichen Tod in seinem Geist wiedergeboren. Sein Verstand glaubte die Lügen des Teufels und beherrschte und kontrollierte nun seinen toten Geist.

Jesus war der erste Mensch, der vom geistlichen Tod zu geistlichem Leben wiedergeboren wurde.

Denn die er zuvor ersehen hat, die hat er auch zuvor bestimmt, dass sie dem Bild seines Sohnes gleich sein sollten, damit er der Erstgeborene sei unter vielen Brüdern.
— Römer 8,29

Meine alte Identität wurde mit dem Messias mitgekreuzigt und lebt nicht länger; denn die Nägel seines Kreuzes haben mich mit ihm gekreuzigt. Und nun ist der Kern dieses neuen Lebens nicht länger mein eigener, denn der Gesalbte lebt sein Leben durch mich – wir leben in Einheit als Einer! Mein neues Leben wird durch den Glauben des Sohnes Gottes ermächtigt, der mich so sehr geliebt hat, dass er sich selbst

---

1 Die Bibel nennt den »ersten Adam« den »ersten Menschen«. Jesus wird der »letzte Adam«, der »zweite Mensch« genannt. Der erste Adam ist das Oberhaupt für alle, die (noch) nicht an Christus glauben. Christus ist das Oberhaupt aller Menschen, die glauben und in Christus lebendig gemacht wurden. (Lies hierzu Römer 5,12–21 und 1. Korinther 15,45–49.)

für mich hingab und sein Leben in meines hineinlegte!
— Galater 2,20 TPT

Als du also in Christus wiedergeboren wurdest, was hat sich da in dir grundlegend verändert?

Das Einzige, was sich in dir verändert hat, ist dein menschlicher Geist. Er wurde aus dem geistlichen Tod des ersten Adams herausgeholt und durch das Auferstehungsleben des letzten Adams geistlich lebendig gemacht. Dein Körper hat sich in nichts verändert. Er hat immer noch dieselbe Größe, dasselbe Gewicht, dasselbe Alter. Auch dein Verstand hat sich nicht automatisch verändert. Er ist immer noch voll von denselben alten Denkmustern.

Nun hast du also einen lebendigen Geist in deinem Inneren – vereint mit Christus – und bist erfüllt mit dem Glauben des Sohnes Gottes. Aber dein Verstand wird immer noch von Denkmustern beherrscht, die deinem wiedergeborenen Geist widersprechen. Damit sich die Kraft des Reiches Gottes manifestieren kann, indem du den Willen Gottes in Bezug auf Wunder und Heilungen unter Beweis stellst, musst du deinen Verstand so schulen, dass er umgewandelt und deinem wiedergeborenen Geist in Christus unterstellt wird. Dies ist das größte Geheimnis für das übernatürliche Leben eines Gläubigen. Du brauchst nicht mehr Glauben. Den hast du bereits in deinem wiedergeborenen Geist! Es ist der Verstand, der gegen die geistlichen Wahrheiten streitet. Dein Verstand ist nicht böse, er ist neutral, jedoch ist er darauf programmiert, nicht im Heiligen Geist zu leben und auch nicht von den Verheißungen des Wortes Gottes erfüllt zu sein.

Im Neuen Testament bezieht sich »das Fleisch« oft das Gegenteil des Übernatürlichen. Mit Fleisch ist Unglaube gemeint, der auf die eigenen physischen Fähigkeiten begrenzt ist. Fleischlich gesinnte Christen sind solche, die sich nicht von der Wahrheit der

Zusagen Gottes leiten lassen, sondern nur von ihren menschlichen Fähigkeiten beherrscht werden.

Wenn du von deinem Verstand und nicht von deinem wiedergeborenen Geist gelenkt wirst, wird es keine Wunder, keine übernatürliche Kraft, kein Leben und keinen Frieden geben.

Der nichterneuerte Verstand bedeutet den Tod für Wunder!

> *Denn die fleischlich sind, streben nach dem, was dem Fleisch entspricht; die aber geistlich sind, streben nach dem, was des Geistes ist. Aber fleischlich gesinnt sein bedeutet Tod, und geistlich gesinnt sein bedeutet Leben und Frieden. — Römer 8,5–6*

Wenn jedoch dein Verstand auf die Zusagen des Wortes Gottes hin erneuert wird, verändert das dein Denken. Dann wird der Glaube Christi in deinem wiedergeborenen Geist die bestimmende, befreiende Kraft deines Lebens sein.

Wie wurde der erste Adam vom Teufel betrogen?

Der erste Adam glaubte der Propaganda des Teufels, die sich gegen die Güte Gottes richtete. Der Teufel log und überzeugte Adam und Eva, dass Gott nicht gut sei und dass er ihnen Segnungen vorenthalte. Im Hinterkopf des heutigen Menschen ist dieser Argwohn gegenüber Gott immer noch vorhanden. Dein wiedergeborener Geist stellt Gottes Güte nicht in Frage, ein nicht erneuerter Verstand jedoch schon. Wenn wir dieses Problem erkennen, müssen wir den Entschluss fassen, uns vom Heiligen Geist leiten zu lassen, und müssen unsere Herzen mit den Zusagen aus Gottes Wort füllen. Dann wird unser Denken verändert und wir werden zunehmend in Weisheit und Zutrauen auf Gottes Güte wachsen.

Die reifen Kinder Gottes sind solche, die durch die Impulse des Heiligen Geistes bewegt werden. Und ihr habt nicht den »Geist einer religiösen Pflicht« erhalten, der euch in die Angst zurückführt, nicht gut genug zu sein. Ihr habt den »Geist der völligen Annahme« empfangen und seid in die Familie Gottes aufgenommen worden. Ihr werdet euch nie mehr verwaist fühlen, denn wie er in uns aufersteht, vereint sich unser Geist mit seinem, und wir können mit Worten zärtlicher Zuneigung sagen: »Geliebter Vater!« Denn der Heilige Geist macht Gottes Vaterschaft wahrhaftig für uns, indem er in unser Innerstes flüstert: »Du bist Gottes geliebtes Kind!«
— Römer 8,14–16 TPT

10

Die Zeichen eines erneuerten Sinns

Im letzten Kapitel haben wir darüber gesprochen, dass wir durch die Erneuerung unseres Denkens den Sinn Christi haben. Die Frage ist: »Wie sieht der Sinn Christi in uns denn aus?«

Jesus hat den Teufel für uns besiegt. Alles, was er tat, das tat er für uns. Er war nie in Eile. Er fürchtete sich nie und er zögerte auch nie. Denn er ist immer bereit und er ist sich immer sicher. Alles, was er sagte und tat, geschah mit völliger Zuversicht.

Wie die Bibel uns sagt, hat Jesus die Werke des Teufels zerstört. Er hat über den Teufel triumphiert. Alle Werke Satans wurden zerstört. Satan wurde die Autorität, die er von Adam und Eva gestohlen hatte, wieder weggenommen. Jesus nahm dem Teufel die Schlüssel der Hölle und des Todes ab. Er hat alle Krankheit, alles Leiden, alle Ungerechtigkeit, alle Strafen und Flüche des Gesetzes für uns auf sich genommen. Obwohl er reich war, wurde er arm – am Kreuz – um unseretwillen, damit wir durch seine Armut reich würden.

Jesu Triumph ist unser Triumph. Sein Sieg ist unser Sieg. Er hat das alles für uns getan. Er hat den Teufel für uns besiegt. Der Teufel würde uns liebend gern antun, was er Adam und Eva angetan hat; nämlich uns täuschen und uns unsere Autorität in Christus stehlen.

Lass dich nicht täuschen. Überlasse dem Teufel nicht deine von Gott gegebene Autorität in Christus. Du hast die Herrschaft über den Teufel. Erkenne, dass Jesus den Teufel auf ewig besiegt hat. Dies ist nicht der Garten Eden mit dem ersten Adam. Dies sind die Tage des neuen Bundes. Gott hat keinen bösen Teufel erschaffen. Luzifer rebellierte und verlor jegliche Autorität. Er täuschte Adam und Eva, um deren Autorität zu erlangen, die sie von Gott erhalten hatten.

Letzte Tage

Dies sind die Tage, in denen unser Feind, der Teufel, als besiegt, gerichtet und verurteilt zur Schau gestellt wird, als einer, über den der letzten Adam triumphiert hat. Jesus, der Christus, hat den Teufel für alle Zeit und Ewigkeit bezwungen und ist an den höchsten Ort im Himmel erhoben worden. Ihm wurde ein Name gegeben, der gleich in drei Reichen über jedem anderen Namen steht: im Himmel, auf der Erde und unter der Erde. Deshalb haben wir in Jesu Namen die völlige Herrschaft und Autorität über den Teufel!

Die Bibel sagt: »Wir sind sein Werk, geschaffen in Christus Jesus« (Eph 2,10) und »Wenn jemand in Christus ist, dann ist er eine neue Schöpfung« (2Kor 5,17). Sie sagt, wir sind Glieder seines Leibes, seines Blutes und seiner Gebeine. Was Christus ist, das sind wir in ihm geworden. Wir sind, was ER IST! Denn wie er an den höchsten Ort erhoben wurde, so auch wir in Christus. Wir sind gleichgestellte Erben und sitzen zusammen mit IHM (Eph 2,5–6).

Er hat uns weit höher gestellt, als Adam und Eva es waren. Jesus ist unser Bruder, Herr und Freund. Er liebt uns. Wir sind in ihm verborgen. Wir sind in ihn gekleidet. Er trug keine Sünde in sich und benötigte keine Vergebung. Er sah, dass alle Dinge möglich sind für diejenigen, die glauben. Er brauchte niemals Ratschläge. Er wusste, woher er gekommen war, nämlich von seinem Vater im Himmel. Er wusste, wer er war und wohin er zurückkehren würde – in den Himmel. Jesus empfand keinen Mangel. Er wusste genau, wie er mit dem Teufel und den Dämonen umgehen musste, und sie hatten entsetzliche Angst vor ihm. Wir sind in Christus Jesus neu erschaffen. Wir sind Glieder seiner Familie, Teilhaber seiner Fülle und all seiner Güter im Himmel und auf Erden. Er kannte keine Furcht und kein Gefühl des Besiegtseins. Er war Herr der Lage, als sie ihn festnahmen. Er schrak vor ihrer brutalen Behandlung nicht zurück. Er ist in dir und du bist in ihm.

Wenn du verkündest und erklärst, wer du bist, musst du auch erklären, wer Christus ist! Du bist in ihm und er ist in dir. Du wurdest in alles hineinversetzt, was er ist. Er sitzt zur rechten Hand des Vaters. Wenn du irgendetwas im Namen Jesu sagst, dann sagt Jesus es jetzt mit dir.

Auch Krankheit kommt vom Teufel und den Dämonen. So wie der Teufel und die Dämonen sich vor Jesus fürchten, so fürchten sie sich auch vor dir. Ich habe sie schon durch Menschen zu mir sprechen hören, wobei ihre Stimmen absolutes Entsetzen und Angst erkennen ließen. Sie fürchteten meine Gegenwart, weil ich in Christus bin – und du bist es auch. Diese Autorität ist es, die ihnen Angst macht und sie fliehen lässt. Fürchte dich niemals vor Dämonen. Jesus hat sie vollkommen besiegt. In Christus hast du die völlige Herrschaft über sie.

Als die siebzig Missionare zu Jesus zurückkamen, waren sie außer sich vor Freude und sagten zu ihm: »Herr, sogar die Dämonen gehorchten uns, als wir ihnen in deinem Namen befahlen!« Jesus antwortete: »Während ihr dientet, sah ich den Satan stürzen. Er fiel plötzlich wie ein Blitz vom Himmel zur Erde. Jetzt versteht ihr, dass ich euch meine volle Autorität gegeben habe, um sein Reich zu zertreten.

Ihr werdet jeden Dämon vor euch zertrampeln und jede Macht, die Satan besitzt, überwinden. Absolut nichts wird euch etwas anhaben können, wenn ihr in dieser Autorität lebt und handelt. Eure wahre Quelle der Freude ist jedoch nicht bloß die Tatsache, dass diese Geister sich eurer Autorität unterwerfen, sondern dass eure Namen in den Büchern des Himmels geschrieben stehen und dass ihr zu Gottes Reich gehört. Das ist die wahre Quelle eurer Autorität.«
— Lukas 10,17–20 TPT

Du lebst dein Leben heute in Christus gekleidet, in Christus neu erschaffen. Wenn du in seiner ganzen Autorität lebst und handelst, wirst du feststellen, wie viel Angst die Dämonen vor dir haben. Du hast seinen Namen und du hast seine Gerechtigkeit als Geschenk. Die Dämonen können dich nicht auf deine vergangenen Fehler hinweisen, denn Christi Gerechtigkeit bekleidet dich. Du gebietest Dämonen, und je klarer du das erkennst, desto deutlicher wirst du sehen, dass sie dich fürchten. Du sagst ihnen, sie sollen gehen, und die Person, die sie krank gemacht haben, ist geheilt. Führe keine Gespräche mit Dämonen. Frag sie nicht nach ihrem Namen. (Jesus tat dies nur einmal in Markus 5). Lass sie nicht zu viel reden. Befiehl ihnen mit fester Stimme: »Verschwindet!«

Es gibt keinen Grund, Dämonen zu fürchten – sie fürchten dich!

Denn er heilte viele, so dass alle, die geplagt waren, zu ihm hindrängten, um ihn zu berühren. Und wenn ihn die unreinen Geister sahen, fielen sie vor ihm nieder und schrien: »Du bist Gottes Sohn!« — Markus 3,10–11

Und als die Sonne unterging, brachten alle, die Kranke mit mancherlei Krankheiten hatten, sie zu ihm. Und er legte auf jeden von ihnen die Hände und machte sie gesund. Von vielen fuhren auch Dämonen aus und schrien: »Du bist Christus, der Sohn Gottes!« Und er bedrohte sie und ließ sie nicht reden; denn sie wussten, dass er Christus war. — *Lukas 4,40–41*

Und sie waren sehr erstaunt über seine Lehre; denn er lehrte sie wie einer, der Vollmacht hat, und nicht wie die Schriftgelehrten. Dort in ihrer Synagoge war ein Mann, besessen von einem unreinen Geist; der schrie: »Was haben wir mit dir zu schaffen, Jesus, Nazarener? Bist du gekommen, um uns zu verderben? Ich weiß, wer du bist: der Heilige Gottes.« Und Jesus bedrohte ihn und sagte: »Verstumme, und fahre aus von ihm!« — Markus 1,22–25

Und sieh, sie schrien: »Was haben wir mit dir zu tun, Jesus, du Sohn Gottes? Bist du hergekommen, um uns vor der Zeit zu quälen?« — Matthäus 8,29

Die Dämonen wissen, es wird die Zeit kommen, dass sie Tag und Nacht gequält werden, für immer und ewig. Sie wissen, dass sie dann nicht länger in der Lage sein werden, die Menschheit zu quälen. Deshalb zittern sie vor Angst. Dämonen fürchten sich, weil sie wissen, dass du den Namen Jesu hast. Deshalb werden wir erleben, dass völlig taube Menschen wieder hören, weil die Geister der Taubheit wissen, dass sie die Ohren der tauben Menschen verlassen müssen. Geister der Taubheit können hören – sie spüren die Kraft der Salbung und des Wortes Gottes und dann gehen sie.

Natürlich verlassen Dämonen nur ungern jemanden, den sie quälen. Aber vergiss niemals, dass Dämonen *wissen*, dass sie gegenüber deiner Bekleidung mit Christus und gegenüber seinem Namen keine Rechte haben.

Es gibt keinen Grund, Dämonen zu fürchten. Wenn wir demütige, vertrauensvolle Kinder sind, bereitet das Jesus überschwängliche Freude. Die Autorität über Dämonen bleibt den Stolzen verborgen, wird aber jenen offenbart, die sich selbst demütigen.

> *Als die siebzig Missionare zu Jesus zurückkamen, waren sie außer sich vor Freude und sagten zu ihm: »Herr, sogar die Dämonen gehorchten uns, als wir ihnen in deinem Namen befahlen!« Jesus antwortete: »Während ihr dientet, sah ich den Satan stürzen. Er fiel plötzlich wie ein Blitz vom Himmel zur Erde. Jetzt versteht ihr, dass ich euch meine volle Autorität gegeben habe, um sein Reich zu zertreten. Ihr werdet jeden Dämon vor euch zertrampeln und jede Macht, die Satan besitzt, überwinden. Absolut nichts wird euch etwas anhaben können, wenn ihr in dieser Autorität lebt und handelt.*
> *— Lukas 10,17–19 TPT*

Jedem demütigen Gläubigen ist Macht und Autorität über alle Dämonen gegeben und er sollte niemals Angst haben oder zögern, diese Autorität auszuüben. Lass dich von Mitgefühl dazu bewegen, Menschen zu befreien.

Krankheit kommt vom Teufel

Krankheit kommt niemals von unserem Vater, unserem Herrn Jesus Christus oder vom Heiligen Geist. Es ist wichtig, dass wir genau verstehen, dass Krebs etwas Lebendiges ist. Seine Lebensquelle ist der Teufel. Wann immer wir die teuflische Lebensquelle einer Krankheit oder eines Tumors zurückweisen und austreiben, stirbt das Gewächs bzw. der Tumor. Er zerfällt dann und wird vom Körper ausgeschieden.

Du fragst dich, wie ich das entdeckt habe?

Im Jahr 1981 gab es in unserer Gemeinde in Südafrika eine Frau namens Dawn. Sie erzählte mir, dass sie eine Geschwulst in ihrer Brust habe, die etwa so groß sei wie ein Taubenei. Ein Chirurg hatte einen Termin für eine Operation angesetzt, die drei Wochen später erfolgen sollte. Ganz offensichtlich wollte sie lieber ein Wunder als eine Operation. Ich betete für sie. Große Kraft kam über sie und sie fiel nach hinten. Am nächsten Morgen rief sie mich an, sehr enttäuscht, weil die Geschwulst noch da war. Am darauffolgenden Sonntag betete ich erneut für sie. Die Kraft Gottes kam auf beeindruckende Weise über sie. Am Montagmorgen rief sie mich an und war wieder enttäuscht. Die Geschwulst war immer noch da.

Ich sagte: »Dawn, Gott wird mir offenbaren, was zu tun ist!« Und das tat er!

Gott sagte: »Rob, da ist ein böser Organismus in diesem Tumor. Er ist die Quelle, die diesen Tumor am Leben erhält und wachsen lässt. Weise diesen bösen Organismus im Tumor im Namen Jesu zurück und der Tumor wird sehr schnell schrumpfen und zerfallen!«

Ich war total aufgeregt. Am nächsten Sonntag gehorchte ich Gott. Ich bat den Vater nicht, den Tumor zu entfernen. Stattdessen wies ich direkt diesen bösen Organismus im Tumor zurück. Wieder kam es zu einer dramatischen Freisetzung der Kraft Gottes. Am nächsten Morgen rief Dawn an. Sie war geradezu hysterisch glücklich. Sie konnte kaum sprechen, so aufgeregt war sie! Sie sagte, nachdem ich diesen teuflischen Organismus im Tumor zurückgewiesen hatte, sei sie am Abend zu Bett gegangen und konnte den Knoten immer noch ertasten. Als sie jedoch am Morgen aufwachte, war der Tumor vollständig verschwunden. Sie brauchte keine Operation mehr!

Ich bin oft sehr bewegt, wenn ich Menschen sehe, die unter dämonischem Bösen leiden. Sie haben Angst und sind verwirrt. Wenn wir in der Bibel und durch die Führung des Heiligen Geistes erkennen, dass wir den Sinn Christi haben und mit der Kraft und Autorität Christi bekleidet sind, dann heilt er!

Ich möchte Gottes Wege und Mittel noch besser kennenlernen. Ich bin ein Schüler, der unbedingt lernen will, wie man es noch besser machen kann. Ich bin von dem Wunsch beseelt, alle Gläubigen auszurüsten und ihnen zu zeigen, dass der Sinn Christi und der Dienst der Wunder die absolute Berufung eines jeden Gläubigen ist.

In Markus 16,17 sagt Jesus zu jedem von uns, die wir an Christus glauben:

> *Die Zeichen aber, die denen folgen, die glauben, sind folgende: In meinem Namen werden sie Dämonen austreiben.*
> *— Markus 16,17*

In Lukas 13 lehrte Jesus in der Synagoge. Da war eine verkrümmte Frau, die sich nicht aufrichten konnte. Die Bibel sagt, dass sie einen Geist der Krankheit hatte, der vom Teufel kam. Wenn Ärzte eine Diagnose für ihre Wirbelsäule stellen müssten, hätten sie vermutlich irgendeine wissenschaftliche Erklärung dafür, und das ist auch alles schön und gut. Aber die wahre Ursache war ein dämonischer Geist von Satan. Wirbelsäulenprobleme werden immer noch von Dämonen verursacht.

Er lehrte aber in einer der Synagogen am Sabbat. Und siehe, da war eine Frau, die seit 18 Jahren einen Geist der Krankheit hatte, und sie war verkrümmt und konnte sich gar nicht aufrichten. Als nun Jesus sie sah, rief er sie zu sich und sprach zu ihr: Frau, du bist erlöst von deiner Krankheit! Und er legte ihr die Hände auf, und sie wurde sogleich wieder gerade und pries Gott. Der Synagogenvorsteher aber war empört darüber, dass Jesus am Sabbat heilte, und er ergriff das Wort und sprach zu der Volksmenge: Es sind sechs Tage, an denen man arbeiten soll; an diesen kommt und lasst euch heilen, und nicht am Sabbattag! Der Herr nun antwortete ihm und sprach: Du Heuchler, löst nicht jeder von euch am Sabbat seinen Ochsen oder Esel von der Krippe und führt ihn zur Tränke? Diese aber, eine Tochter Abrahams, die der Satan, siehe, schon 18 Jahre gebunden hielt, sollte sie nicht von dieser Bindung gelöst werden am Sabbattag? Und als er das sagte, wurden alle seine Widersacher beschämt; und die ganze Menge freute sich über all die herrlichen Taten, die durch ihn geschahen. — Lukas 13,10–17 SLT

Dann wurde ein Mann vor Jesus gebracht, der einen dämonischen Geist hatte, der ihn sowohl blind als auch unfähig zu sprechen machte. Jesus heilte ihn sofort, und er konnte wieder sehen und sprechen! — Matthäus 12,22 TPT

Der Teufel verursacht auch heute noch Blindheit und Stummheit, und er lässt sich auch heute noch genauso leicht austreiben!

Als sie hinausgingen, brachten einige Leute einen Mann vor Jesus, der einen dämonischen Geist hatte und nicht sprechen konnte. Jesus trieb den Dämon aus ihm heraus und sofort sprach der Mann deutlich. Die Menge wunderte sich und sagte voller Erstaunen: »Solche Wunder haben wir in Israel noch nie gesehen!« — Matthäus 9,32–33 TPT

Als nun Jesus sah, dass die Menschenmenge zusammenlief, bedrohte er den unreinen Geist und sagte zu ihm: »Du stummer und tauber Geist, ich gebiete dir: Fahre von ihm aus und fahre nicht mehr in ihn hinein!« — Markus 9,25

Er beugte sich über sie und bedrohte das Fieber, und es verließ sie. Sofort stand sie auf und diente ihm. — Lukas 4,39

Danken wir Gott, dass die Medizin heute viele verschiedene Krankheitsbilder und Leiden beschreiben kann, aber die Wahrheit ist, dass hinter all diesen Krankheiten Dämonen stecken!

Und ihr wisst auch, dass Gott Jesus von Nazareth mit dem Heiligen Geist und mit Kraft gesalbt hat. Er zog umher, tat Gutes und heilte alle, die vom Teufel bedrängt waren, denn Gott war mit ihm. — Apostelgeschichte 10,38 NLB

»Ich sage euch diese zeitlose Wahrheit: Die Person, die mir im Vertrauen folgt und an mich glaubt, wird die gleichen mächtigen Wunder tun, die ich tue - und noch größere Wunder als diese, weil ich gehen und bei meinem Vater sein werde!« — Johannes 14,12 TPT

11

Paulus' Stachel im Fleisch

Wenn ich mich dennoch rühmen wollte, wäre ich zwar kein Narr, sondern würde die Wahrheit sagen. Aber ich verzichte darauf; denn jeder soll mich nur nach dem beurteilen, was er an mir sieht oder aus meinem Mund hört. Damit ich mich wegen der einzigartigen Offenbarungen nicht überhebe, wurde mir ein Stachel ins Fleisch gestoßen: ein Bote Satans, der mich mit Fäusten schlagen soll, damit ich mich nicht überhebe. Dreimal habe ich den Herrn angefleht, dass dieser Bote Satans von mir ablasse. Er aber antwortete mir: Meine Gnade genügt dir; denn die Kraft wird in der Schwachheit vollendet. Viel lieber also will ich mich meiner Schwachheit rühmen, damit die Kraft Christi auf mich herabkommt. Deswegen bejahe ich meine Ohnmacht, alle Misshandlungen und Nöte, Verfolgungen und Ängste, die ich für Christus ertrage; denn wenn ich schwach bin, dann bin ich stark.
— 2. Korinther 12,6–10 EÜ

Worin bestand Paulus' Stachel im Fleisch? Die inkorrekte Antwort auf diese Frage ist zur Tragödie geworden. Sie hat Millionen von Menschen des Wunders der Heilung beraubt. Eine Menge Leute haben diese Verse verdreht, um so ihre toten Traditionen des Unglaubens zu stützen. Sie lehren, der Stachel im Fleisch sei eine Krankheit gewesen, die Paulus von Gott auferlegt wurde. Paulus habe dreimal um Heilung gebeten, aber Gott habe sich geweigert, ihn zu heilen.

Das entspricht einfach nicht der Wahrheit. Die Bibel lehrt, dass der Ausdruck »Stachel im Fleisch« für menschlichen Widerstand oder Verfolgung steht. Hier ein Beispiel:

> *»Wenn ihr aber die Bewohner des Landes nicht vor euch her vertreibt, so werden euch die, die ihr von ihnen übriglasst, zu Dornen in euren Augen werden und zu Stacheln in euren Seiten und werden euch bedrängen in dem Land, in dem ihr wohnt. — 4. Mose 33,55*

Paulus sagt deutlich, dass der Stachel in seinem Fleisch ein Bote des Satans war – ein satanischer Engel, der ihn »mit Fäusten schlagen« sollte. Im Griechischen bedeutet dieser Ausdruck so viel wie »hin und her stoßen«, so wie Wellen, die ständig an die Bordwand eines Schiffes schlagen.

Wenn du die Apostelgeschichte und Paulus' Briefe liest, wirst du erstaunt sein, wieviel Widerstand und Verfolgung er erlebt hat. Worüber hatte Paul geschrieben, bevor er die Pein des Stachels in seinem Fleisch erwähnte, der von einem Boten des Satans kam? Beschrieb er eine schreckliche Krankheit, an der er litt? Nein! Paulus erwähnt mit keinem Wort eine Krankheit. Er schreibt vielmehr über die schrecklichen Verfolgungen, die er erleiden musste. Was war der Grund? Weil er das Evangelium der Gnade mit Zeichen und Wundern predigte! Der Anti-Wunder-Geist stachelte die Leute dazu an, Paulus zu attackieren. Das hat rein gar nichts mit Krankheit zu tun, sondern mit böswilligen, religiösen Menschen, die Paulus angriffen. Lies bitte die Kapitel 11 und 12 im 2. Korintherbrief:

Sie sind Diener Christi – jetzt rede ich ganz unvernünftig –, ich noch mehr: Ich ertrug mehr Mühsal, war häufiger im Gefängnis, wurde mehr geschlagen, war oft in Todesgefahr. Fünfmal erhielt ich von Juden die vierzig Hiebe weniger einen; dreimal wurde ich ausgepeitscht, einmal gesteinigt, dreimal erlitt ich Schiffbruch, eine Nacht und einen Tag trieb ich auf hoher See. Ich war oft auf Reisen, gefährdet durch Flüsse, gefährdet durch Räuber, gefährdet durch das eigene Volk, gefährdet durch Heiden, gefährdet in der Stadt, gefährdet in der Wüste, gefährdet auf dem Meer, gefährdet durch falsche Brüder. Ich erduldete Mühsal und Plage, viele durchwachte Nächte, Hunger und Durst, häufiges Fasten, Kälte und Nacktheit. Um von allem andern zu schweigen, dem täglichen Andrang zu mir und der Sorge für alle Gemeinden: Wer ist schwach und ich bin nicht schwach? Wer kommt zu Fall und ich werde nicht von brennender Sorge verzehrt? Wenn schon geprahlt sein muss, will ich mit meiner Schwachheit prahlen. Gott, der Vater Jesu, des Herrn, er, der gepriesen ist in Ewigkeit, weiß, dass ich nicht lüge. In Damaskus ließ der Statthalter des Königs Aretas die Stadt der Damaszener bewachen, um mich festzunehmen. Aber durch ein Fenster wurde ich in einem Korb die Stadtmauer hinuntergelassen und so entkam ich ihm.

Ich muss mich ja rühmen; zwar nützt es nichts, trotzdem will ich jetzt von Erscheinungen und Offenbarungen des Herrn sprechen. Ich kenne einen Menschen in Christus, der vor vierzehn Jahren bis in den dritten Himmel entrückt wurde; ich weiß allerdings nicht, ob es mit dem Leib oder ohne den Leib geschah, nur Gott weiß es. Und ich weiß, dass dieser Mensch in das Paradies entrückt wurde; ob es mit dem Leib oder ohne den Leib geschah, weiß ich nicht, nur Gott weiß es. Er hörte unsagbare Worte, die ein Mensch nicht aussprechen darf. Diesen Menschen will ich rühmen; meiner selbst will ich mich nicht rühmen, höchstens meiner Schwachheit. Wenn ich mich dennoch rühmen wollte, wäre ich zwar kein Narr, sondern würde die Wahrheit sagen. Aber ich verzichte darauf; denn jeder soll mich nur nach dem beurteilen, was er an mir sieht oder aus meinem Mund hört. Damit ich mich wegen der einzigartigen Offenbarungen nicht überhebe, wurde mir ein Stachel ins Fleisch gestoßen: ein Bote Satans, der mich mit Fäusten schlagen soll, damit ich mich nicht überhebe. Dreimal habe ich den Herrn angefleht, dass dieser Bote Satans von mir ablasse. Er aber antwortete mir: Meine Gnade genügt dir; denn die Kraft wird in der Schwachheit vollendet. Viel lieber also will ich mich meiner Schwachheit rühmen, damit die Kraft Christi auf mich herabkommt. Deswegen bejahe ich meine Ohnmacht, alle Misshandlungen und Nöte, Verfolgungen und Ängste, die ich für Christus ertrage; denn wenn ich schwach bin, dann bin ich stark. — 2. Korinther 11,23–12,10 EÜ

Schreckliche, brutale Verfolgung ja, aber Paulus erwähnt nicht ein einziges Mal eine Krankheit! Er war ein demütiger Mann, den Gott mächtig gebrauchte. Er weckte Tote auf und predigte das Evangelium mit mächtigen Zeichen und Wundern! Paulus stellte fest, dass er sich aufrichtig an seiner Schwachheit erfreuen konnte. Er ehrte Gott als die Quelle seiner Stärke in Zeichen und Wundern. Das Wort, das Paulus hier gebraucht – »Schwachheit« in der Übersetzung –, ist dasselbe wie in folgendem Vers:

Genauso kommt auch der Geist unserer Schwachheit zu Hilfe. Denn wir wissen nicht, was wir beten sollen, wie es sich gebührt; sondern der Geist selbst tritt für uns ein mit unaussprechlichen Seufzern. — Römer 8,26

Er spricht darüber, wie der Heilige Geist uns in unserer Schwachheit hilft zu beten, weil wir nicht immer wissen, wofür wir beten sollen. Das Wort »Schwachheit« ist NICHT gleichbedeutend mit dem Wort »Krankheit«. Die Verfolgungen bedeuteten, dass ein satanischer Bote die Menschenmengen dazu anstachelte, Paulus zu beschimpfen, ihn zu entmutigen und ihm das Leben durch Schwierigkeiten, Mühsal und Verfolgungen schwerzumachen. Paulus sagte, dass ihm Gottes Gnade genüge, um sich an all den Widerständen zu erfreuen, weil er dies alles für Christus und dessen Ziel tue. Das ist authentisches apostolisches Christentum. Eindeutig hat Paulus den Vater nicht darum gebeten, ihn von einer Krankheit zu heilen, sondern darum, ihn von dieser bösartigen Verfolgung zu befreien. Die Antwort des Vaters war: »Meine Gnade ist genug für dich, denn meine Kraft wird in der Schwachheit vollendet.«

Warum nimmt der Vater die Verfolgung nicht weg? Die Antwort lautet:

Alle, die gottesfürchtig leben wollen in Christus Jesus, werden Verfolgung erleiden. — 2. Timotheus 3,12

Wenn du an die Fülle der Gnade und die Macht des Wortes Gottes und die Kraft des Heiligen Geistes glaubst und leidenschaftlich für den Auftrag und die Berufung Christi lebst, wirst du einigen Widerstand erleben! Gnade wird dir die Fähigkeit geben, dich auch über Beschimpfungen und solche Verfolgungen zu freuen, weil es um Christi Willen geschieht.

Weißt du, unser Vater wird niemals in den freien Willen von Menschen eingreifen. Wir haben vollkommene Autorität über Dämonen, aber wir haben keine Autorität über den freien Willen von Menschen. Nichts am Kreuz bezeugt, dass Gott uns von Verfolgung erlöst hat. Aber es wird uns gesagt, dass er unsere Krankheiten und Gebrechen weggenommen hat und wir durch seine Striemen geheilt sind. Wenn unser Vater Menschen davon abhalten wollte, uns gegenüber gemein, hart oder beleidigend zu sein, müsste er ihnen entweder ihren freien Willen nehmen oder sie töten. Bedenke, dass Paulus – als Saulus, bevor er an Christus gläubig wurde – Christen verfolgte und einige von ihnen wegen ihres Glaubens sogar töten ließ. In Apostelgeschichte 7 war er Zeuge, wie Stephanus für seinen Glauben zu Tode gesteinigt wurde. Bald darauf hatte Paulus eine übernatürliche Begegnung mit Christus und wurde radikal gerettet. Als Paulus und Silas später in Philippi zu Unrecht eingesperrt wurden, weil sie einen Dämon aus einer Frau ausgetrieben hatten, und sie ausgepeitscht wurden, bis ihre Rücken blutig waren, kam keine Bitterkeit gegen Gott in ihnen auf. Stattdessen priesen sie Gott um Mitternacht, und die Herrlichkeit des Herrn kam auf sie herab und ließ das Gefängnis erbeben! Alle Gefängnistüren sprangen auf. Der Gefängniswärter und seine ganze Familie wurden in jener Nacht gerettet! Die Stadtdiener entließ Paulus und Silas aus dem Gefängnis, und die Gemeinde von Philippi wurde gegründet. Sie wurde zu einer gesunden, gedeihenden Gemeinde.

Menschen, die sagen, Gott habe ihnen Krankheit als einen Stachel im Fleisch gegeben, sagen damit, dass es Gottes Wille für sie sei, krank zu sein, und dass Gott sie nicht heilen wolle. Kannst du erkennen, wie dumm das ist? Sie sollten dann aber auch nicht zum Arzt gehen, um sich behandeln zu lassen, wenn es doch Gottes Wille, dass sie krank bleiben. Denn das würde den Arzt zu einem

Rebellen machen, der gegen Gottes Willen verstößt. Viele Menschen, die glauben, dass ihre Krankheit ein Stachel im Fleisch ist, der von Gott dort platziert wurde, sind oft monatelang oder gar jahrelang außer Gefecht gesetzt und aufgrund ihrer Krankheit nicht in der Lage, Gott zu dienen. Diese selben Menschen sagen, Paulus Stachel im Fleisch sei eine Krankheit von Gott gewesen. Und das, obwohl Paulus mit aller Kraft arbeitete und überall in der bekannten Welt predigte! Paulus diente Christus voller Kraft mehr als vierzig Jahre lang und war bereit, für die Ziele Gottes immer weiter zu gehen!

In Galater 4,13–14 sagt Paulus, dass der Grund, warum er geblieben war und ihnen gepredigt hatte, sein schlechter Gesundheitszustand gewesen sei. Was meinte er damit, als er sagte, er sei krank gewesen? Er schrieb an die Gemeinde in Galatien. In Galatien lagen die Städte Lystra, Derbe und Ikonium.

> *Einige der Juden, die sich in Antiochien und Ikonium gegen Paulus und Silas gestellt hatten, kamen an und hetzten die Menge gegen sie auf. Sie steinigten Paulus und schleiften seinen Körper aus der Stadt, und ließen ihn wie tot zurück. Als die Gläubigen Paulus umringten, stand er wunderbarerweise auf! Paulus erhob sich und ging sofort in die Stadt zurück. Am nächsten Tag verließ er mit Barnabas die Stadt und ging nach Derbe. — Apostelgeschichte 14,19–20* TPT

Paulus war nach der Steinigung entweder bewusstlos oder er war tot und wurde wieder auferweckt. Wie würdest du aussehen, wenn du bei den Galatern ankämst, um zu predigen, nachdem du 24 Stunden zuvor gesteinigt und wie tot zurückgelassen worden wärst? Paulus hatte kein Augenleiden oder irgendeine Krankheit, er war gerade GESTEINIGT worden! Stell dir vor, wie du aussehen würdest, nachdem man dir Steine ins Gesicht und auf deinen Körper geschleudert hat, bis man dich schließlich für tot hält. Und doch predigte Paulus innerhalb von 24 Stunden der Gemeinde in Galatien die herrliche Botschaft der Gnade vom gekreuzigten Christus. Sieh auch, was er predigte, nachdem er gesteinigt und wie tot zurückgelassen worden war.

> *An jedem Ort, an den sie kamen, stärkten sie die Leben der Gläubigen und ermutigten sie, ihren Glauben zu vertiefen. Und sie lehrten sie: »Es ist notwendig, dass wir in das Reich Gottes eintreten. Denn das ist der einzige Weg, denn nur so werden wir unsere vielen Prüfungen und Verfolgungen überstehen.« — Apostelgeschichte 14,22 TPT*

Paulus machte sehr deutlich, dass ein Bote des Satans versuchte, ihn aufgrund der Fülle der Offenbarung, die er von Gott empfangen hatte, zu quälen. Viele der Menschen, die argumentieren, Paulus' Stachel im Fleisch sei eine Krankheit gewesen, die ihm von Gott gegeben wurde, und behaupten, Gott mache uns krank, haben keine Fülle der Offenbarung – sie haben nur tote religiöse Traditionen.

Paulus demonstrierte ein Evangelium der Zeichen und großen Wunder. Diejenigen, die glauben, Gott mache krank, haben sehr wenige Zeichen und Wunder; oft haben sie weder Zeichen noch Wunder.

> *Der Gerechte muss viel leiden; aber der Herr hilft ihm aus dem allem. — Psalm 34,20*

Das habe ich zu euch gesagt, damit ihr Frieden in mir habt. In der Welt habt ihr Angst; aber seid getrost, ich habe die Welt überwunden. — Johannes 16,33

In unseren Tagen ist es lebensnotwendig, dass wir eine Generation heranbilden, die sich über zwei Dinge im Klaren ist:

1. Dass unser liebender Vater uns niemals krank macht. Er ist Jahwe-Rapha. Er ist immer unser Heiler!
2. Dass es keinen Grund gibt, verwirrt zu sein, wenn es in dieser Welt zu Schwierigkeiten, Ärgernissen und Verfolgungen kommt!

Überall auf der Welt ist unser Gott dabei, seinen Heiligen Geist zur Errettung von Scharen von Menschen auszugießen! Das Volk Gottes wird am Tag seiner Kraft bereit sein. Wir scheinen hell mit der Offenbarung eines durch und durch guten Gottes und eines abgrundtief bösen Teufels. Wir müssen aus dem Ruhen in seiner Gnade heraus widerstandsfähig sein. Wir müssen mutig sein und bereit, um Christi Willen Schwierigkeiten zu ertragen. Wir müssen mutig sein und bereit, um Christi willen Nöte zu ertragen und uns über Kränkungen, Schwierigkeiten und Verfolgung zu freuen; wir werden in seiner Kraft vollkommen gemacht in unserer Schwachheit, während wir als Verwalter der übernatürlichen Kraft Gottes dienen.

Darum kann ich mich rühmen in Christus Jesus, in dem, was Gott betrifft. Denn ich würde es nicht wagen, von etwas zu reden, das Christus nicht durch mich gewirkt hat, um die Nationen zum Gehorsam zu bringen durch Wort und Werk, in Kraft von Zeichen und Wundern, in der Kraft des

Geistes Gottes, sodass ich von Jerusalem aus und ringsumher bis nach Illyrien das Evangelium von Christus vollkommen ausgerichtet habe. Dabei war es für mich eine Ehrensache, das Evangelium nicht dort zu predigen, wo Christi Name bekannt war, damit ich nicht auf einen fremden Grund baue.
— Römer 15,17–20

12

Was ist mit Hiob?

Im letzten Kapitel haben wir uns mit der Frage beschäftigt, worin Paulus' Stachel im Fleisch bestand. Diese Thematik steht eindeutig im Kontext des neuen Bundes und so haben wir sie auch behandelt. Wir haben festgestellt, dass die Bibel durchweg klar sagt, dass dieser Stachel **nicht** gleichbedeutend mit einer Krankheit oder einem Leiden war. Vielmehr handelte es sich um einen Boten - nicht von Gott, sondern von Satan gesandt –, mit dem Auftrag, Paulus in seinem Dienst durch Verfolgung zu behindern und ihn zu entmutigen. Paulus fand bei Gott alle Gnade, die er brauchte, und erlebte einen höchst bemerkenswerten, fruchtbaren, freudvollen und erfolgreichen Dienst, der dank der reichen Offenbarung, die Gott ihm gab, vielen Menschen zugutekam - und der uns auch heute noch reichlich segnet! Wir lassen uns von Paulus' bemerkenswertem Beispiel inspirieren.

Ich bin davon überzeugt, dass die Lektüre dieses Buches dich beleben und anspornen wird und dass du nie wieder verunsichert sein wirst, was die Geschehnisse um Hiob angeht.

Wenn wir Hiob studieren, gilt es, ein äußerst wichtiges Ziel zu erkennen, welches wir mit Bedacht umreißen und verdeutlichen müssen. Wenn wir nämlich bei unserer Auseinandersetzung mit Hiobs Geschichte das Ziel und den Kontext außer Acht lassen, geraten wir unweigerlich in eine Falle. Man kann das Buch Hiob nicht aus seinem Zusammenhang reißen und erwarten, dass man zu einer hilfreichen und klaren Schlussfolgerung kommt. Jesus sagte in Johannes 8,32 (SLT): »Ihr werdet die Wahrheit erkennen, und die Wahrheit wird euch frei machen.« Leider lassen sich viele Christen von Hiobs Geschichte verwirren. Weil sie sich keine Klarheit darüber verschaffen, was das eigentliche Ziel bei der Beschäftigung mit dem Buch Hiob ist, sind sie am Ende bedrückt und verunsichert. Daher möchte ich das Ziel nun in aller Deutlichkeit formulieren!

Das Ziel unserer Studie ist die Feststellung, ob eine Erfahrung, wie sie Hiob gemacht hat, unter dem neuen Bund, also einem »besseren Bund, der sich auf bessere Verheißungen stützt« (Hebr 8,6), möglich ist oder nicht. Es ist zu bedenken, dass Hiob etwa 1520 Jahre vor Christus lebte. Hiob lebte in einer Zeit, in der die Menschen nur eine teilweise oder unvollkommene Offenbarung über Gott hatten. Jesus ist die vollkommene Offenbarung Gottes gegenüber den Menschen, denn er ist »das Ebenbild des unsichtbaren Gottes« (Hebr 1,3).

In Apostelgeschichte 17,30 schreibt Paulus, dass Gott in jenen Zeiten der unvollständigen Offenbarung des Gottesbildes über die menschliche Unwissenheit bezüglich der wahren Natur Gottes hinweggesehen hat!

In Hiob 1,8 sagte Gott, dass Hiob so vollkommen und aufrichtig war, wie Gott es in Anbetracht der begrenzten Offenbarung, die Hiob zu jener Zeit hatte, von ihm erwarten konnte. Eines der herausragenden Merkmale der Vollkommenheit des neuen Bundes besteht darin, dass »die vollkommene Liebe die Furcht« vor Bestrafung austreibt. Obwohl Hiob im Rahmen seines begrenzten Wissens vollkommen war, hatte er dennoch große Angst. In Hiob 3,25 heißt es: »Denn was ich gefürchtet habe, ist über mich gekommen.«

Es ist sehr wichtig, dass wir zweifelsfrei wissen, dass Hiob nicht als Vorbild für das Leben irgendeines anderen Menschen auf dieser Welt dient. Die Geschehnisse des Buches Hiob wiederholen sich nirgendwo sonst in der Bibel. Das Wichtigste von allem ist, dass Hiobs einzigartige Erfahrung für einen Gläubigen des neuen Bundes schlicht unmöglich ist!

Der Grund für Hiobs Probleme war eine zweifache Herausforderung durch Satan.

1. Die erste Herausforderung bestand in der Behauptung, dass ein Mensch, der all seines Besitzes beraubt wird, Gott nicht treu bleiben könne (Hiob 1,11).
2. Da es ihm nicht gelang, Hiobs Integrität zu zerstören, forderte Satan Gott ein zweites Mal heraus, mit der Behauptung, dass ein Mensch Gott nicht treu bleiben und ihm vertrauen werde, wenn man ihn seiner Gesundheit beraubt (Hiob 2,5).

Man beachte, dass bei beiden Gelegenheiten nicht Gott Hiob mit Unheil oder Krankheit schlug, sondern der Teufel! Gott entfernte zwar die Schutzbarriere um Hiob, aber sei dir sicher, ausgehend von der klaren Autorität dessen, was Gott uns im neuen Bund gegeben hat, dass Gott **seinen Schutz niemals von uns abziehen kann und wird!** Wir werden dies mit absoluter Eindeutigkeit anhand des neuen Bundes beweisen. Gott selbst hat Hiob nie geschlagen. Der Teufel tat es! Und wieder scheiterte der Teufel, denn Hiob weigerte sich, Gott zu verfluchen oder ihn zu verwerfen.

Kannte Hiob die Quelle seiner Probleme? Hiob gab zu, dass er völlig verwirrt war (Hiob 10,15). Er dachte, Gott wolle ihn brechen (Hiob 9,17). Hiob glaubte, dass es Gottes Pfeile seien, die ihn vergifteten! (Hiob 6,4). Er ging davon aus, dass er von Gott entblößt (Hiob 19,9) und zerstört worden war (Hiob 19,10). Hiob dachte, Gott betrachte ihn als Feind (Hiob 19,11). Er war überzeugt, Gott habe ihn in die Hände böswilliger Menschen gegeben (Hiob 16,11). Hiob gab zu, dass er nichts von alldem verstand (Hiob 42,3).

Hiob erkannte nicht, dass Satan die Quelle seiner Probleme war – dass Satan derjenige ist, der stiehlt, tötet und zerstört.

Hiob wurde nicht von Gott versucht und auf die Probe gestellt. Gott hatte Satan deutlich zu verstehen gegeben, dass er wusste, dass Hiob treu war. In seiner Verwirrung dachte Hiob, er werde von Gott geläutert und versucht (Hiob 23,10). Aber es war nicht Gott, der Hiob versuchte oder prüfte. In Hiob 2,3 stellt Gott klar, dass Hiob der untadeligste und aufrichtigste Mensch auf Erden war (in jener Zeitperiode der Geschichte), der Gott fürchtete und das Böse scheute. Satan war derjenige, der versuchte, Hiob gegen Gott aufzubringen. Satan wollte Hiob dazu bringen, Gott untreu zu werden und Gott sogar zu verfluchen. Genau hier müssen wir sehen, wie widernatürlich und falsch es ist, wenn religiöse Traditionen heutzutage behaupten, dass Gott uns, die Gläubigen des neuen Bundes, durch eine Hiobserfahrung führt, um uns zu läutern und uns heiliger zu machen.

Stelle dir selbst folgende Fragen:

1. Seit wann ist der Teufel der Läuterer der Kinder Gottes?
2. Seit wann wird einem abscheulichen, bösen, unheiligen Wesen die Verantwortung übertragen, uns zu heiligen?

Der Teufel ist Gottes Feind. Wäre der Teufel bemüht, Gottes Volk heiliger zu machen, würde er damit gegen seine eigenen Interessen verstoßen. Wir wissen ganz sicher, dass Hiob durch den Teufel nicht geläutert oder heiliger gemacht wurde. Denn wäre Hiob durch diese Vorgänge geläutert und heiliger gemacht geworden, wäre er mit einem Gefühl der Sauberkeit, Reinheit und Ganzheit hervorgegangen. Doch genau das Gegenteil geschah. Am Ende des Prozesses sagte er: »Darum spreche ich mich schuldig und tue Buße in Staub und Asche« (Hiob 42,6).

Unter dem neuen Bund ist Jesus derjenige, der uns läutert und veredelt. In Epheser 5,25–27 heißt es, dass er uns mit dem Wasser seines Wortes wäscht und uns als eine strahlende, herrliche Gemeinde vor sich hinstellt. Seine Worte sind voller Gnade und Hoffnung. Seine Korrekturen an uns sind erlösend. Seine heilende Liebe zieht uns in Gehorsam und Treue hinein. Welch eine Tragödie, dass solche falschen Lehren über das Buch Hiob die Gläubigen des neuen Bundes in derart viel Verwirrung über unseren Herrn gestürzt haben. Unser Jesus ist dem Teufel in keiner Weise verpflichtet. Jesus hat den Teufel auf ganzer Linie bezwungen und besiegt!

Ist Hiobs Erfahrung ein Schema des Leidens? Nein! Sie hat sich niemals wiederholt. Hat Hiobs Erfahrung eine Herausforderung dargestellt? Ja, Satans Herausforderung – mit der Behauptung, dass ein Mensch sich von Gott abwenden werde, wenn er alles verliert. Hiob hat diese Herausforderung gemeistert und den Sieg davongetragen. Hier ist eine äußerst wichtige Frage: »Kann eine solche Erfahrung unter dem neuen Bund gemacht werden?« Nein! Nicht von einem informierten, auf dem Wort Gottes gegründeten und dem neuen Bund angehörenden Gläubigen.

In Lukas 10 sagt Jesus uns, den Gläubigen des neuen Bundes, dass er uns all seine Autorität gegeben hat, das Reich des Teufels zu zertreten – jeden Dämon vor uns zu zertrampeln und jegliche Macht Satans zu überwinden. Er sagt, dass uns absolut nichts etwas anhaben kann, wenn wir in dieser Autorität leben und handeln!

Hiob hatte nicht die Offenbarung von Jakobus 4,7: »Widersteht dem Teufel, dann flieht er von euch.« In 1. Johannes 3,8 heißt es: »Dazu ist der Sohn Gottes erschienen, um die Werke des Teufels zu zerstören.« In Apostelgeschichte 10,38 (NLB) ist zu lesen: »Und ihr wisst auch, dass Gott Jesus von Nazareth mit dem Heiligen

Geist und mit Kraft gesalbt hat. Er zog umher, tat Gutes und heilte alle, die vom Teufel bedrängt waren, denn Gott war mit ihm.« In Johannes 14 sagte Jesus seinen Jüngern, bevor er ans Kreuz ging, dass der Fürst dieser Welt komme, dass der aber keine Macht über ihn habe, weil er nichts gegen ihn in der Hand hatte. Jesus sagt: »Der Teufel kann mich nicht antasten, denn ich bin vollkommen« (Joh 14,30 TPT).

Jetzt sind wir, du und ich, in Christus, dem Vollkommenen. Der Teufel hat kein Recht, gegen uns vorzugehen! Jesus kam, um die Gefangenen zu befreien; er ist nicht gekommen, um Menschen zu Gefangenen des Teufels zu machen!

Wir müssen den schwindenden Einfluss des Teufels und die immense Autorität der Gläubigen des neuen Bundes von der Zeit Hiobs bis zur Gegenwart sehen. Jesus sagte: »Alle Autorität im Himmel und auf der Erde ist mir gegeben. Deshalb geht und macht alle Nationen zu Jüngern« (Mt 28,18).

Was macht Jesus im Himmel? Er hat alle Dämonen und den Teufel besiegt. Er ist im Himmel, bis jeder böse Geist unter seine Füße gelegt ist.

> *Er aber hat sich, nachdem er ein einziges Opfer für die Sünden dargebracht hat, das für immer gilt, zur Rechten Gottes gesetzt, und er wartet hinfort, bis seine Feinde als Schemel für seine Füße hingelegt werden. Denn mit einem einzigen Opfer hat er die für immer vollendet, welche geheiligt werden. — Hebräer 10,12–14 SLT*

Verschaffen wir uns einen kurzen Überblick über die zunehmenden Beschränkungen, die dem Teufel von der Zeit Hiobs bis heute auferlegt wurden.

Im Buch Hiob heißt es: »Woher kommst du?«, fragte der HERR den Satan. Der Satan antwortete dem HERRN: »Ich bin auf der ganzen Erde herumgezogen« (Hiob 1,7 NLB). Diese Antwort vermittelt das Bild eines sehr entspannten Teufels. Ein Bild der Gelassenheit! Einfach auf der ganzen Welt herumzuspazieren ist ein Ausdruck von Zufriedenheit. Es scheint hier, als liefe alles gut für Satan. Er hat die Menschen zur Rebellion gegen Gott überredet, hat einen Fluch in Noahs Familie gebracht. Die Israeliten waren in Ägypten in der Sklaverei gefangen. Mose hütete die Schafe seines Schwiegervaters im hintersten Winkel der Wüste. Doch allmählich gibt es Einschränkungen für Satan. Er wird von einigen Bereichen immer weiter ausgegrenzt, während Gott der Menschheit nach und nach immer mehr von seinem Wesen offenbart. Gott offenbart größere Verheißungen und die Beziehung der Menschen zu Gott verändert sich zum Positiven.

In 2. Mose 23,25 wird Satan eine weitere Beschränkung auferlegt, als Gott dem Volk Israel verspricht, dass er Krankheit aus ihrer Mitte wegnehmen werde. In Psalm 91,5–6 schränkt er Satan noch weiter ein. Er erklärt, dass wir als solche, die im Schutz des Höchsten leben, im Schatten des Allmächtigen, vor Seuchen (Krankheiten) geschützt werden. In den Versen 9 und 10 sagt Gott, dass kein Unheil über dich kommen wird und kein Unglück sich deinem Zelt (deiner Wohnung) nähern wird. Unser Leben ist jetzt in Christus verborgen (Kol 3,3–4). Während Gott die Bereiche seines Schutzes ausweitet, wird Satan weiter eingeschränkt und ausgeschlossen. Nie wieder wird ein Mensch, um den Gott einen Schutzwall errichtet hat, von Satan angetastet werden. Im neuen Bund ist dieser Schutz dauerhaft! Diejenigen, die in Christus sind, sind nun mit Christus vereint und fürchten keine Versklavung durch das Böse. »Aber in allem überwinden wir weit, durch den, der uns geliebt hat« (Röm 8,37).

Die volle Waffenrüstung Gottes besteht in der vollkommenen Offenbarung, dass wir von Kopf bis Fuß in Gnade gehüllt sind! Der Schild des Glaubens löscht alle feurigen Pfeile des Bösen aus!

»Der Böse tastet ihn nicht an.« — 1. Johannes 5,18

Der Teufel kann dich nicht antasten, deswegen schießt er Pfeile auf dich. Aber der Schild des Glaubens hält jeden dieser Pfeile auf. Der Teufel spaziert nicht länger entspannt auf der Erde umher, wie er es in den Tagen Hiobs getan hat. Vielmehr geht der Teufel »umher wie ein brüllender Löwe und sucht, wen er verschlingen kann« (1Petr 5,8 SLT)

Hierzu gibt es zwei Dinge zu beachten:

1. Er kann nicht verschlingen, wen er will!
2. Es gibt immer mehr Gläubige, die ihre Autorität und ihre Stellung in Christus verstehen. Sie wissen, dass Gott uns keine Krankheit auferlegt. Gott hat uns am Kreuz geheilt und uns vollkommen vergeben! Für diejenigen, die in Christus sind, gibt es keine Anklage oder Verurteilung.

Der Teufel hält nach Menschen Ausschau, die unter religiösen Gesetzen der Verurteilung und Schuld stehen. Er kann nur Menschen verschlingen, die er erfolgreich anklagen, verurteilen, beschämen und ängstigen kann. Das sind die Menschen, die dem Teufel die Erlaubnis geben, sie zu verschlingen! Aber diejenigen, die wissen, dass sie in Christus gerecht sind, widerstehen dem Teufel. In Afrika ist ein brüllender Löwe ein frustrierter Löwe. Er ist unsicher und ängstlich und hofft, seine Beute erschrecken zu können. Der Teufel ist ein zahnloser Löwe. Er ist wie eine Maus mit einem Megaphon oder Verstärker. Fürchte dich nicht vor seinem Brüllen. Er fürchtet sich vor dir!

Denn Er, der in euch ist, ist größer als jener, der in der Welt ist. — 1. Johannes 4,4 EÜ

Du bist von oben her kommend neu geboren. Jeder Gläubige kann in Christus sagen, was Christus gesagt hat:

1. Es kommt der Fürst dieser Welt, und in mir hat er nichts – d. h. in mir hat er keine Handhabe, gegen mich hat er keinen Anklagegrund, keine Möglichkeit des Zugriffs (Joh 14,30 SLT).
2. Das Reich Gottes ist inwendig in dir (Lk 17,21).
3. Gott geht mit dir und bleibt in dir! (2Kor 6,16).
4. Du bist voll des allmächtigen Gottes.

In Hiobs Tagen war der Teufel zufrieden und entspannt. Heute ist er frustriert. Heute hat ein Gläubiger vollkommene Macht über alle Macht des Teufels, sobald er Folgendes versteht: Jesu vollbrachtes Werk am Kreuz, Jesu Auferstehung vom Tod als Herr und Jesu Erhöhung an den höchsten Ort im Himmel, versehen mit aller Autorität im Himmel und auf Erden und einem Namen, der höher ist als jeder andere Name!

Noch ein letztes Wort zu Hiob. Wenn du an Christus glaubst, musst du dich entscheiden: Bist du ein Jünger Hiobs oder ein Jünger Jesu? Im Buch Hiob sagte Hiob: »Der Herr hat gegeben, der Herr hat genommen« (Hiob 1,21). In Johannes 10,10 (NLB) sagt Jesus: »Ein Dieb will rauben, morden und zerstören. Ich aber bin gekommen, um ihnen das Leben in ganzer Fülle zu schenken.« Wenn ein Diener Gottes bei einer Beerdigung Hiob 1,21 zitiert, widerspricht er damit direkt Jesus. Eine solche Person stürzt Menschen hiermit in eine Passivität, die zwar sehr heilig und demütig anmutet, aber dennoch auf einer Lüge basiert! Sie stellt die wahre Natur unseres Vaters völlig falsch dar. Sie verkennt Christus und das Kreuz Christi. Unser Vater gibt uns keine Kinder, die er uns dann wieder wegnimmt. Traurigerweise verwerfen viele Christen Jesus als Vorbild und folgen lieber dem passiven Verhalten Hiobs. Dieses führte Hiob in die Irre und endete mit 74 Anschuldigungen gegen Gott, die allesamt Lügen waren. Geistliche, emotionale und mentale Passivität sind Haltungen, die dem Teufel nichts entgegensetzen. Sie akzeptieren Böses als etwas Gutes. Jesus war dem Teufel gegenüber niemals passiv. Vielmehr ging er äußerst aggressiv gegen Krankheit und Leiden vor.

13

Zwei Gesetze, die Wunder garantieren

Acht sehr klare Einsichten darüber, wie man wunderwirkende Kraft empfängt und weitergibt

Das Prinzip, wie man mit göttlicher Heilungskraft in Berührung kommt und sie weitergibt, ist von entscheidender Bedeutung für einen anhaltenden übernatürlichen Dienst. Das Ziel dieser Unterweisung ist es, die wenig hilfreiche Vorstellung zu beseitigen, dass die im Grunde ganz unkomplizierte Übertragung göttlicher Kraft, die leicht alle vorhandenen Krankheiten zu überwinden vermag, von einem »Geheimnis« umgeben sei. Das Prinzip, das diese Übertragung göttlicher Kraft steuert, ist so konsistent und vorhersehbar wie das Prinzip, das Elektrizität überträgt oder leitet! Der Anti-Wunder-Geist versucht krampfhaft, von der kindlichen Einfachheit, mit der diese Wunderkraft übertragen wird, abzulenken und sie zu verkomplizieren, indem er sie in ein dämonisches Leichentuch der Unsicherheit hüllt.

Diese Zwiespältigkeit hat viele Christen in Wankelmütigkeit und Unentschlossenheit versklavt.

Ein solcher Mensch denke nicht, dass er etwas von dem Herrn empfangen werde. Ein Zweifler ist unbeständig auf allen seinen Wegen. — Jakobus 1,7–8

Eine längere Zeitspanne der Zwiespältigkeit führt zu anhaltender Enttäuschung, die schließlich Passivität und Resignation gegenüber weiteren Täuschungen hervorruft.

John G. Lake begann einen der bemerkenswertesten, beständigsten Wunderdienste, der ab dem Jahr 1905 immer mehr an Dynamik gewann. Er konnte weit über eine halbe Million bestätigter Heilungsfälle verzeichnen. Er war Jurist und kein Mediziner, wurde aber dennoch vom Staat Washington als Arzt zugelassen, weil so viele Menschen geheilt wurden. Er eröffnete ein Krankenhaus, in dem keine Medikamente verabreicht und keine Operationen durchgeführt wurden – stattdessen vermittelte er, wie göttliche Heilkraft weitergegeben wird, und erlebte, dass viele Patienten geheilt wurden. Er sah auch zahlreiche Menschen vom Tod auferstehen. John G. Lake schrieb Jahre später diese erstaunlichen Worte nieder, mit denen er den großen Unglauben der bestehenden Kirche seiner Zeit ansprach:

> *»Menschen, die mit dem Heilungsdienst nicht vertraut sind, fällt kaum etwas schwerer auf der Welt als zu verstehen, dass der Geist Gottes eine* ***greifbare****, reale, lebendige* ***Größe*** *ist, so* ***real*** *wie* ***Elektrizität****. Genauso real wie jede andere Naturgewalt. Ja, und sogar noch viel mehr! Sie ist das Lebensprinzip, das in jedem Bereich hinter allen Erscheinungen des Lebens steht.«* — Gordon Lindsay (Hrsg.): John G Lake Sermons on Dominion Over Demons, Disease & Dead. Faithful Editions, LLC (2015)

Mr Lake erklärte weiter: **Wenn** Menschen diese einfache Wahrheit verstehen lernten, **dann** würden Heilungen und Wunder völlig normal und verlässlich erwartbar werden.

Wir müssen erkennen, dass Gott in diesem Universum Gesetze aufgestellt hat. Das Gesetz der Schwerkraft ist ein gleichbleibendes Prinzip. Gott setzt die zuverlässige Gültigkeit des Gesetzes der Schwerkraft niemals außer Kraft. Das Gesetz des Auftriebs ist die Kraft, die immer dann wirkt, wenn ein Flugzeug mit ausreichend Geschwindigkeit eine Startbahn entlangrollt; sie schafft Aufwind unter den Tragflächen, sodass das Flugzeug abheben kann. Das Gesetz des Auftriebs funktioniert immer. Der Pilot muss sich nie fragen: »Wird das Gesetz des Auftriebs diesmal funktionieren?« Alle Gesetze, die Gott geschaffen hat, sind gleichbleibend und ihre Wirksamkeit vorhersehbar. Das Gesetz des Auftriebs hebt das Gesetz der Schwerkraft nicht auf – es überwindet dieses Gesetz lediglich!

Nun sagt Römer 8,2: »Das Gesetz des Geistes des Lebens in Christus Jesus hat mich frei gemacht vom Gesetz der Sünde und des Todes.« An welchem Punkt kam das Gesetz der Sünde und des Todes in diese Welt?

> *»Deshalb, wie durch einen Menschen die Sünde in die Welt* ***gekommen*** *ist und der Tod durch die Sünde, ist der Tod zu allen Menschen durchgedrungen, weil sie gesündigt haben.«*
> *— Römer 5,12*

Als die Sünde in die Welt kam, zog infolgedessen der geistliche und physische Tod ein. Genau zu dem Zeitpunkt traten Krankheit und Leiden in die Welt ein!

Durch den letzten Adam – Jesus – ist jedoch der Geist des Lebens in die Welt **gekommen**!

> *Denn wenn infolge der Übertretung des einen der Tod zur Herrschaft kam durch den einen, wie viel mehr werden*

die, welche den Überfluss der Gnade und das Geschenk der Gerechtigkeit empfangen, im Leben herrschen durch den Einen, Jesus Christus! Also: Wie nun durch die Übertretung des einen die Verurteilung für alle Menschen kam, so kommt auch durch die Gerechtigkeit des Einen für alle Menschen die Rechtfertigung, die Leben gibt. — Römer 5,17–18 SLT

Höre dies laut und deutlich: Es gibt ein verlässliches Gesetz des Lebens in Christus Jesus, das absolut konsistent und ständig verfügbar ist und in der Lage, Krankheit und Leiden zu zerstören und zu vernichten! Dieses Gesetz des Lebens hebt das Gesetz der Sünde und des Todes auf dieser Erde nicht auf, sondern überwindet es! Es macht uns frei! Heilung wird in der Bibel nie als etwas mit wechselndem Erfolg dargestellt. Heilung ist in der Bibel niemals Zufallsprodukt. Heilung ist nicht selektiv, sie ist nicht nur für einige wenige Menschen, die sie »verdienen«. Heilung wird in der Bibel **niemals** als geheimnisvoll und wechselhaft dargestellt.

Heilung wird in der Bibel als hundertprozentig konsistentes Gesetz des Geistes und des Lebens offenbart, das mit göttlicher Kraft fließt und Heilung und Befreiung bewirkt.

Wenn meine oder deine Erfahrungen nicht mit der Wahrheit des Wortes Gottes übereinstimmen, dann sollten wir die Wahrheit des Wortes Gottes nicht an unsere Erfahrungen anpassen, sondern unsere Erfahrungen an seine ewige Wahrheit.

Die Gesetze der Schwerkraft und des Auftriebs sind nicht voreingenommen. Die Gesetze, die Gott geschaffen hat, fragen nie danach, wie moralisch du bist, an welche Religion du glaubst, welche Hautfarbe du hast usw. Das Gesetz des Auftriebs oder das Gesetz der Schwerkraft wird für dich stets gleichbleibend und vorhersehbar funktionieren.

Warum haben Christen nicht das gleiche Zutrauen in das Gesetz des Geistes des Lebens, uns vom Gesetz der Sünde und des Todes zu befreien?

Es gibt ein Gesetz, das die Elektrizität regelt. Wenn du mit nassen Fingern in die Steckdose greifst, wirst du eine **spürbare Begegnung** mit dieser Kraft haben! Das Gesetz der Elektrizität wird nicht von deiner Unmoral aufgehalten. Es ist nicht voreingenommen. Wenn du deinen Finger in die Steckdose steckst, wirst du absolut sicher, ohne jegliche Ausnahme, jedes Mal zu spüren bekommen, wie der Strom in dich fließt.

Die Bibel zeigt uns vom ersten Buch Mose bis zur Offenbarung ständig, konsequent und vorhersehbar folgende Wahrheit: Sobald du mit Gottes Kraft in Berührung kommst, wird sie in dich hineinfließen. Die Kraft Gottes wird dich nie fragen, ob du sie verdienst oder nicht!

Wo liegt also das Problem? Warum stellen so wenige Christen diese Verbindung her und warum ist es für Nichtchristen oft einfacher, diese Verbindung herzustellen?

Ein Großteil der Christen lebt nach wie vor nicht unter dem Gesetz des Geistes und des Lebens. Sie verlassen sich auf das Gesetz der Verdammnis. Das Gesetz des Geistes und des Lebens in Christus bedeutet: »So gibt es nun keine Verdammnis für die, die in Christus Jesus sind. Denn das Gesetz des Geistes, der lebendig macht in Christus Jesus, hat dich frei gemacht von dem Gesetz der Sünde und des Todes« (Röm 8,1–2).

Wenn du nachts nach Hause kommst, den Lichtschalter drückst und das Licht angeht, sagst du nicht: »Das ist ein Wunder! Heute muss ich besonders heilig gewesen sein. Ich habe heute genügend gute Dinge getan und es erfolgreich vermieden, Böses zu tun!« Nein, das wäre doch verrückt! Das Licht geht einfach aufgrund eines stets vorhersehbaren Gesetzes an, das die Übertragung elektrischer Energie regelt. Das Gleiche gilt für die Heilungskraft Gottes. Sie wird ungehindert in jeden fließen, der sich mit der Kraft Gottes verbindet. Gottes heilende Kraft fließt immer aus dem am Kreuz vollbrachten Werk, kontinuierlich, ohne von Gottes Seite aus jemals zu versiegen! Du würdest nie fasten und beten, bevor du das Licht einschaltest. Du würdest nie denken: »Oh, ich hoffe, dass es diesmal klappt, denn ich bin nicht sicher, ob ich genügend gefastet oder gebetet habe.«

Wenn du nun den Lichtschalter betätigst und das Licht nicht angeht, denkst du nicht: »O nein, es gibt wohl zu viel Sünde in meinem Leben!« Du denkst auch nicht: »O weh, das Kraftwerk existiert nicht mehr. Die Tage des Stroms sind nun vorbei!« Nein! Die Stromquelle hat sich nicht verabschiedet! Normale Menschen, die nicht durch religiöse Traditionen verkorkst sind, gehen einfach zum Sicherungskasten und sehen nach, ob der Schutzschalter ausgelöst hat. Wenn ja, legt man den Schutzschalter um und das Licht geht wieder an. Bei der Mehrheit der heutigen Christen ist die geistliche Sicherung durch endlose falsche Lehren zum Thema Heilung ausgeschaltet worden. Es wäre sehr dumm und arrogant, anzunehmen, dass das Kraftwerk nicht mehr in Betrieb ist, nur weil deine Sicherung abgeschaltet hat.

Seit Tausenden von Jahren fließt die Kraft Gottes mit derselben Intensität wie zu der Zeit, als Jesus auf dieser Erde gelebt hat. Aber Millionen von Christen denken traurigerweise, dass die Zeit der Wunder vorbei sei. Von wegen! Gott hat die Verbindung von seiner Seite aus zu keiner Zeit abgebrochen! Er wird das am Kreuz vollbrachte Werk niemals aufheben!

Ich möchte dir ein weiteres lebensnotwendiges Gesetz in der Bibel zeigen. Denk daran, dass ein Gesetz ein Prinzip ist, das stets gleichbleibend und vorhersehbar wirkt bzw. zutage tritt, was bedeutet, dass dieses Gesetz keine Geheimnisse und keine

Ungewissheit kennt. Die meisten Leute wissen gar nicht, dass es ein Gesetz des Glaubens gibt.

Die Frau in Markus 5 führt auf wunderbare Weise vor Augen, wie einfach und absolut konsistent das Gesetz des Glaubens zu jeder Zeit ist.

> *Wo bleibt nun das Rühmen? Es ist ausgeschlossen. Durch welches Gesetz? Durch das Gesetz der Werke? Nein, sondern durch* ***das Gesetz des Glaubens****. — Römer 3,27 SLT*

Die Aussage dieser Bibelstelle ist eindeutig! Wenn uns Heilungswunder auf der Grundlage von Gesetzeswerken oder unserer eigenen Werke oder unserer Heiligkeit gegeben würden, könnten wir arrogant und prahlerisch werden. Das Gesetz des Glaubens – das Gesetz des Geistes und des Lebens in Christus Jesus – hat uns vom Gesetz der Sünde und des Todes befreit. Es hat uns frei gemacht von Verdammnis. Es hat uns davon befreit, Heilung erarbeiten oder uns verdienen zu müssen. Und es hat uns freigemacht von Furcht, Stolz und Ruhmsucht.

Das Gesetz des Glaubens kann zuverlässig, vorhersehbar und ausnahmslos immer mit der lebendigen Kraft Gottes in Verbindung treten, weil es sich niemals rühmt oder sich auf irgendeine Eigenleistung verlässt. Das Gesetz des Glaubens fühlt sich niemals ungeeignet, die spürbare Übertragung von Heilungskraft zu empfangen. Es greift einfach mutig und zuversichtlich nach dieser Kraft und fordert sie ein, ohne sich zu brüsten oder überheblich zu sein. Das Gesetz des Glaubens weiß mit absoluter, unerschütterlicher Gewissheit, dass Gottes heilende Kraft greifbar und übertragbar ist.

Das Gesetz des Glaubens weiß, dass der lebendige Strom der göttlichen Heilkraft und des göttlichen Lebens in einem solchen

Maße spürbar und wahrnehmbar ist, dass der physische Körper sie wahrnehmen kann, und dass er von der greifbaren Gegenwart und Kraft Gottes durchdrungen wird, die in den Körper strömt und die Krankheit zerstört! Die Salbung ist himmlische Materie. Die Salbung ist die Substanz und das Wesen der Person Gottes, die deinen physischen Körper spürbar und wahrnehmbar mit einer Kraft durchflutet, deren Ursprung bzw. Quelle **nicht** in dieser gefallenen Welt liegt. Es ist die Vollkommenheit und Atmosphäre des Himmels, die dich umgibt. Es ist der Wille Gottes im Himmel, der auf Erden geschieht. Er ist unkompliziert, vorhersehbar und steht im Einklang mit dem Gesetz des Glaubens. So wie Elektrizität immer durch Kupfer fließt, so fließt auch die Salbung immer durch das Gesetz des Glaubens. Elektrizität wurde im wahrsten Sinne des Wortes von Gott erschaffen, um den Menschen in der natürlichen Welt nützlich zu sein. Die Salbung ist Gottes Elektrizität; sie ist die nicht erschaffene, ewig existente, lebendige Kraft, die immer verfügbar ist, um die Menschen auf der Erde zu segnen und ihnen zu nützen. Ohne natürliche Elektrizität würde die Welt heute furchtbar leiden. Doch wie viel schlimmer ist es für die Menschen dieser Erde, so wenig über die himmlische Elektrizität zu wissen? Wenn Menschen die Wege Gottes, die beständigen Gesetze des Geistes und des Lebens in Christus Jesus und das Gesetz des Glaubens nicht kennen, hat das für die Menschheit schreckliche Konsequenzen.

Schau dir diese erstaunliche Frau in Markus 5 gut an. Sie hatte so viele Benachteiligungen und **keine** Lehrer, die ihr das, worüber wir hier sprechen, hätten klar machen können. Sie hat es ganz allein entdeckt. Infolge ihres Beispiels fanden viele andere die Lösung für ihre Krankheiten und ihre Leiden!

Suche beim Lesen folgender Verse nach Hinweisen auf das Gesetz des Glaubens – das Gesetz des fließenden göttlichen Lebens.

(Wenn du mehr Hinweise siehst als ich, teile sie mir bitte mit, damit ich sie in zukünftige Ausgaben dieses Buches aufnehmen kann.)

Nachdem Jesus im Boot wieder herübergefahren war, versammelte sich eine große Menschenmenge um ihn, als er am See war. Und sieh, da kam einer der Synagogenvorsteher, mit Namen Jairus; als er ihn sah, fiel er ihm zu Füßen und bat ihn eindringlich: »Meine Tochter liegt im Sterben; komm und lege deine Hände auf sie, damit sie gesund wird und lebt.« Und er ging mit ihm; es folgte ihm eine große Menschenmenge, und sie bedrängten ihn. Da war auch eine Frau, die hatte seit 12 Jahren ständige Blutungen und hatte viel erlitten von den Ärzten und hatte ihren ganzen Lebensunterhalt dafür verbraucht, aber es hatte ihr nichts geholfen, sondern es war noch schlimmer mit ihr geworden. Als sie von Jesus hörte, kam sie in der Menschenmenge von hinten heran und berührte sein Gewand. Denn sie sagte: »Wenn ich nur sein Gewand berühre, werde ich gesund werden.« Sofort vertrocknete die Quelle ihrer Blutung; und sie spürte es am Leib, dass sie von ihrer Plage geheilt war. Auch Jesus spürte sofort an sich selbst, dass eine Kraft von ihm ausgegangen war, und wandte sich in der Menschenmenge um und sagte: »Wer hat meine Kleider berührt?« Seine Jünger sagten zu ihm: »Du siehst, dass dich das Volk bedrängt, und sagst: Wer hat mich berührt?« Da sah er sich um nach der Frau, die es getan hatte. Die Frau aber fürchtete sich und zitterte, denn sie wusste, was an ihr geschehen war, kam und fiel vor ihm nieder und sagte ihm die ganze Wahrheit. Er sprach aber zu ihr: »Meine Tochter, dein Glaube hat dir geholfen; geh hin in Frieden und sei geheilt von deiner Plage!« — Markus 5,21–34

Nachdem du diesen Bibelabschnitt gelesen hast, findest du hier einige Hinweise auf die unkomplizierten, gleichbleibenden Gesetze des göttlichen Lebensflusses, die uns allen zugänglich sind:

1. Jesus wusste nicht, wer ihn berührt hatte, aber er fühlte die spürbare, eindeutig erkennbare Kraft, die von ihm ausging.
2. Die Kraft floss aus ihm heraus, bevor er wusste, ob die Person Heilung verdiente oder nicht. Die Kraft Jesu und die Kraft auf dir und mir, auf unseren Händen, unserer Stimme, unseren Augen und unserer Kleidung, wird mühelos und mächtig ohne Vorurteile oder einschränkende Auslese zu und in jeden fließen, der uns berührt, so wie diese Frau Jesus berührt hat!
3. Die Kraft floss, ohne dass Jesus ja oder nein gesagt hätte!
4. Jesus hat noch nicht einmal für sie gebetet!
5. Es ist offensichtlich, dass es nicht von Gott abhängt, ob wir geheilt werden oder nicht. Gott lässt den »Stromschalter« von seiner Seite aus immer an!
6. Sie hat nicht um Heilung gebettelt. Sie hat auch nicht versucht, sich ihre Heilung zu verdienen. Sie nahm sie einfach. Sie steckte ihren Finger in die himmlische Steckdose!
7. Achte darauf, mit welcher Deutlichkeit die Bibel beschreibt, wie greifbar und deutlich wahrnehmbar die göttliche Elektrizität ist. In Vers 29 heißt es: »Sie spürte es am Leib, dass sie von ihrer Plage geheilt war «, und in Vers 30 ist zu lesen, auch Jesus, als sie ihn von hinten an seiner Kleidung berührte, »spürte sofort an sich selbst, dass eine Kraft von ihm ausgegangen war, und wandte sich in der Menschenmenge um.« Er spürte nicht, dass sein Gewand berührt worden war, sondern er nahm den spürbaren Strom göttlicher Elektrizität wahr, der von ihm ausging, um in sie hineinzufließen.

Wenn du diese Erfahrung einmal gemacht hast, wirst du danach stets in der Lage sein, die spürbare Kraft Gottes, die von dir ausgeht oder in dich hineinfließt, zu erkennen und wahrzunehmen. Es ist normal und von grundlegender Wichtigkeit für jeden, der an Christus glaubt, dies zu wissen und darin zu leben!

8. Jesus sagte in Vers 34 zu ihr: »Meine Tochter, dein Glaube hat dir geholfen.« Wo hat diese Frau, die zwölf Jahre lang gelitten und all ihr Geld für Ärzte ausgegeben hatte, und der es trotzdem nicht besser, sondern schlechter ging, dieses Gesetz des Lebens und das Gesetz des Glaubens entdeckt? In Vers 27 heißt es: »Als sie von Jesus hörte.« Und Römer 10,17 sagt: »So kommt der Glaube aus dem Hören, das Hören aber durch das Wort Christi.« Wir wissen nicht, was sie über Jesus gehört hat. Von den Pharisäern hatte sie sicherlich zu hören bekommen, dass Gott Menschen wegen ihrer Sünden mit Krankheit straft. Über Jesus könnte sie gehört haben, dass er alle Menschen heilte, von denen die Pharisäer sagten, sie seien unrein: Aussätzige und Prostituierte.

Tatsächlich vergab Jesus allen, predigte allen die gute Nachricht vom Reich Gottes und heilte alle. Tragisch ist, dass sie zwölf Jahre lang aufgrund des Unglaubens leiden musste, den das religiöse System lehrte. Die Saat des zwölf Jahre andauernden Leidens dieser Frau wurde zur Gnadenoffenbarung für Tausende leidende Menschen, die geheilt werden konnten. Und auch heute noch werden Tausende Menschen aufgrund ihres erstaunlichen Beispiels geheilt.

In Vers 24 lesen wir, dass eine große Menge von Menschen ihn umdrängte. Das heißt, viele von ihnen drängten sich so nah an ihn heran, dass sie ihn berührten. Hier ist die Frage: Warum wurde keiner von ihnen geheilt?

Die Mehrheit der heutigen Christen hätte darauf eine schnelle Antwort parat: »Weil es nicht Gottes Wille ist, alle zu heilen.« Das ist eine ungöttliche Behauptung, die hier schon widerlegt wurde. In den vorangegangenen Kapiteln haben wir anhand von Gottes Wort eindeutig gesehen, dass es *immer* der Wille Gottes ist, *alle* zu heilen. Jetzt werden wir ein weiteres Mal sehen, dass es Gottes Wille war, alle zu heilen, die ihn mit Absicht berührten, wie es der Fall war, als diese Frau ihn berührte und geheilt wurde. Die Menschenmenge, die Jesus berührte, hatte dieselben Fehlinformationen wie viele heute. Sie hatten keine Ahnung davon, wie die Salbung fließt. Das war nicht ihre Schuld. Ihre religiösen Leiter hatten ihnen nichts darüber beigebracht, wie das Reich des Übernatürlichen funktioniert. Stattdessen kontrollierten sie die Massen mithilfe von Scham- und Schuldgefühlen. Sie berührten Jesus mit abgeschalteten »Glaubenssicherungen«, weil sie jahrelang falsch über die vollkommene Güte der Natur Gottes informiert worden waren. Auch heute gibt es viele, die geheilt werden wollen, aber ihr Verstand und ihr Herz sind voller Widersprüche, die sie daran hindern, diese Verbindung zur himmlischen Kraft Gottes herzustellen.

Hier ist die überaus gute Nachricht für all die kostbaren Menschen von damals und von heute: Der Same des zwölf Jahre währenden Kummers dieser Frau wurde zur Offenbarung für Tausende von anderen Menschen, die dadurch erfahren haben, wie einfach der Zugang zu dieser greifbaren Kraft ist und wie leicht sie sich in den eigenen Körper übertragen lässt. Sie lernten von ihrer Offenbarung! Lesen wir ein paar Verse aus dem nächsten Kapitel, das auf das Wunder dieser Frau folgt. Schauen wir, ob das, was ihr widerfuhr, Gottes Wille ist, der allen widerfahren soll.

Und als sie aus dem Schiff traten, erkannten die Leute ihn sogleich, durchliefen die ganze umliegende Gegend und fingen an, die Kranken auf den Liegematten dorthin zu tragen, wo sie hörten, dass er sei. Und wo er in Dörfer oder Städte oder Gehöfte einkehrte, da legten sie die Kranken auf die freien Plätze und baten ihn, dass sie nur den Saum seines Gewandes anrühren dürften. Und alle, die ihn anrührten, wurden gesund. — Markus 6,54–56 SLT

Beachte, dass es in Vers 56 heißt: Sie »baten ihn, dass sie nur den Saum seines Gewandes anrühren dürften. Und **alle**, die ihn anrührten, wurden gesund«. Mit anderen Worten: Ganz gleich, wie viele ihn berührten, sie wurden alle gesund. Dies beweist einmal mehr, dass wir, wenn wir Gottes einfache biblische Gesetze der Berührung und Übertragung beachten, feststellen werden, dass es immer Gottes Wille ist, zu heilen. Das Berühren seines Gewandes war kein Ritual – es geschah aus einer Offenbarung heraus. Als die Massen in Markus 5 ihn berührten, floss keine Kraft in sie, weil ihre Berührung nur ein leeres Ritual war. Doch nun, dank der Offenbarung, wurden alle gesund, die ihn berührten. Überall auf der Erde schüttelt die Gemeinde dieser Tage hohle Rituale und Lügen ab und lässt es zu, dass die Saat unseres Kummers zur Gnade der Offenbarung wird, die den Segen der Heilung für unzählige Menschen bringt.

Im Jahr 1981 offenbarte mir der Heilige Geist diese Wahrheiten, aber erst später in den 1980er Jahren eröffnete mir Gott diese einfachen Gesetze der Berührung und Übertragung auf einer höheren Ebene. Ich wurde eingeladen, in der Stadt Durban zu predigen. Die Konferenz dort stand unter dem Titel: »Wir sehen ein neues Südafrika.« Ich erwähne den Namen der Veranstaltung nur deshalb, weil es heute noch lebende Personen gibt, die dort anwesend waren und bestätigen können, was ich hier schreibe. Gott redete sehr deutlich zu mir und sagte, ich solle über das Gesetz der Berührung und Übertragung seiner spürbaren Kraft predigen und danach alle nach vorne rufen, die Heilung wünschten. Er sagte: »Befrage nicht eine einzige Person über ihren Zustand.« Dann sagte er noch: »Lauf die Reihe entlang und berühre jede nach vorne gekommene Person nur für einen kurzen Moment. Sie werden wie diese blutflüssige Frau reagieren. Sie werden nicht passiv bleiben.« Sie ließ ihrem Glauben Taten folgen. Sie forderte die Kraft Gottes ein. Sie ergriff die Initiative. Ich lief also eine lange Reihe von Menschen entlang. Die Kraft Gottes auf mir war deutlich spürbar. Jede Person, die ich kurz berührte, zog die Kraft auf eine Weise aus mir heraus, wie ich es noch nie zuvor erlebt hatte. Sie forderten die Kraft ein. Sie ergriffen sie, wie die Frau es getan hatte. Es war so faszinierend zu spüren, wie die Kraft Gottes aus mir herausströmte und unmittelbar auf jede Person überging, die ich kurz berührte. Ich legte einer Menge Menschen so schnell die Hände auf, dass innerhalb weniger Minuten alles vorbei war.

Mein Co-Pastor, David Lipalski, kam zu mir gerannt und sagte: »Rob, alle Arten von Wundern sind fast augenblicklich geschehen!« Da war eine Frau, die auf einem Auge völlig blind gewesen war und nun sehen konnte! Sie weinte und lachte vor Freude. Gehörlose ohne Trommelfell konnten plötzlich hören. Am nächsten Abend konnten wir gar nicht alle Leute reinlassen, so groß war die Menge. Ich rief die Verlorenen nach vorne und eine große Anzahl kam.

Wo immer man Wunder und die Herrlichkeit Gottes erlebt, sprengt Gott die normale Religion und zeigt, wozu er imstande ist! Ich lernte an jenem Tag Folgendes: Sobald Menschen von Ritualen zur Offenbarung übergehen, sind selbst die größten Wunder nicht schwer zu empfangen.

In Markus 5 wurde nur eine Person geheilt. In Markus 6 wurden durch dieselbe Dynamik alle geheilt. Was hatte sich geändert? Die Offenbarung des Prinzips von Berührung und Übertragung. Wenn wir lange Zeit unsere Hände auf Menschen legen und nur wenig geschieht, dann deshalb, weil sie nicht wie die blutflüssige Frau glauben. Diese Frau wartete nicht darauf, dass Jesus für sie betete. Sie ergriff die Initiative. Sie zog die Kraft in sich hinein! Die Gemeinde, die in diesen Tagen nach Erweckung hungert, wird Rahmenbedingungen und eine übernatürliche Atmosphäre schaffen, in der die Menschen durch Offenbarung sehen, wie einfach das Prinzip von Berührung und spürbarer Kraftübertragung abläuft. Lass es kommen, Herr! Die Erde schreit nach Befreiung!

14

Warum sind Wunder so wichtig?

Vor kurzem hatten Glenda und ich eine Telefonkonferenz mit einer ganz besonderen Gruppe von Leitern in den USA. Es ist immer eine Freude, mit diesen Brüdern und Schwestern zu sprechen. Einer dieser Leiter, der an den Heilungsversammlungen in Knoxville (Tennessee) teilgenommen hatte, bei denen Glenda und ich im Juli 2020 gepredigt und gedient hatten, erzählte mir eine bemerkenswerte Geschichte. Er hatte zu einer dieser Veranstaltungen einen Freund mitgebracht, der eine ernste Lebererkrankung hatte, damit ich für ihn betete. Als ich die physische Erscheinung dieses Mannes sah, wusste ich, dass er nicht mehr weit vom Tod entfernt war. Trotz seines sehr schwachen Zustands hatte er die lange Reise aus einem anderen Bundesstaat unternommen, um an dem Treffen teilzunehmen. Als ich ihm die Hände auflegte, gingen mir zwei Gedanken durch den Kopf: »Wenn mein Gebet für diesen Mann fehlschlägt, wird er bald sterben!« Und der zweite Gedanke war: »Das ist dieselbe Krankheit, die den Menschen getötet hat, den ich am meisten liebte, meinen Vater.« Die gute Nachricht ist, dass dieser Mann, der dem Tod so nah war, geheilt wurde. Unmittelbar nachdem ich für ihn gebetet hatte, begann sich seine Leber zu erholen. Die Ärzte waren fassungslos und nahmen ihn von der Transplantationsliste. Was für eine Freude war es für mich, als ich dies hörte. Ich hatte mich oft gefragt, was aus diesem lieben Mann geworden war, denn ich war so tief bewegt gewesen, als ich für ihn betete. Es ist immer eine unbeschreibliche Freude, solche guten Nachrichten zu bekommen. Hier ist der entscheidende Punkt: Bete weiter um Zeichen, Wunder und Heilung, ohne jemals aufzugeben. Der Grund ist ganz einfach – Gottes überwältigende Liebe zu den Menschen.

Genau hierin liegt der wichtigste Aspekt – wenn wir von der Liebe Gottes zu den Menschen erfüllt sind, werden sie es spüren und auf den Dienst Christi in uns reagieren! Setze weder dich noch sie unter Druck, dass sie geheilt werden müssen. Liebe sie einfach. Lerne so viel du kannst von dem, was ich in diesem Buch geschrieben habe, aber am wichtigsten ist, dass du aus Liebe mit Heilung dienst. Lass dich niemals von deinem Stolz, deinem Ego oder deiner Unsicherheit leiten; deine Motivation sollte immer die Liebe zu den Menschen sein. Sag den Leuten: »Deine Sünden sind alle vergeben und vergangen. Du stehst vor Gott, ohne dass irgendeine Sünde dich von Gott trennt!« Verurteile weder dich selbst noch sie, wenn sie nicht sofort geheilt werden. Liebe sie, ermutige sie und hilf ihnen, mehr Klarheit über das biblische Wort zu bekommen. Es ist immer Gottes Wille, sie zu heilen. Hilf ihnen zu verstehen, wie einfach es ist, seine Heilungskraft zu empfangen. Gib ihnen die acht Hinweise aus dem letzten Kapitel, die zeigen, wie einfach es ist, Heilung aus freien Stücken anzunehmen, so wie es die blutflüssige Frau in Markus 5 getan hat. Lass sie weder Schuld noch Tadel spüren. Erzähl ihnen bitte nicht, dass es die Sünde in ihrem Leben ist, die ihre Heilung verhindert. Hilf ihnen, zunehmend Klarheit über Gottes Gnade zu gewinnen und darüber, dass sie bereits am Kreuz geheilt wurden (Jes 53,4–5; Mt 8,16–17). Wenn du von Liebe erfüllt bist und für Menschen gebetet hast, werden sie voller Dank sein, auch wenn sie nicht sofort geheilt werden. Gib niemals auf. Die Liebe treibt die Furcht aus und öffnet die Herzen der Menschen, um die Wunder Gottes zu empfangen!

Ich habe dieses Kapitel bewusst mit einer sanften Ermutigung begonnen, denn du wirst nur dann weiterkommen und immer mehr Heilungen und Wunder sehen, wenn du nicht aufgibst. Zu viele vergessen, dass unser Beweggrund die Liebe zu den Menschen sein sollte, nicht unser Ego! Viel zu oft ziehen sich Menschen aus einem Heilungsdienst zurück, weil sie schmerzlich enttäuscht sind, wenn Menschen nicht geheilt werden.

Ich verstehe diesen Schmerz der Enttäuschung und die tiefe Trauer, wenn Menschen sterben, für die man gebetet hat. Vor fünfunddreißig Jahren wollte ich aufhören, für Kranke zu beten. Obwohl ich viele wunderbare Heilungswunder miterlebt hatte, konzentrierte ich mich auf den Schmerz meines Versagens. Das hätte mich beinahe zerstört. Nur dank Gottes Gnade und Sanftheit mir gegenüber wurde mir klar, dass ich selbstsüchtig, egozentrisch und hartherzig war. Ich kehrte in göttlicher Reue um und gab meinem himmlischen Vater das Versprechen, dass ich für den Rest meines Lebens weiter das Ziel verfolgen würde, zu seiner Ehre Zeichen und Wundern zu sehen. Infolge dieser Entscheidung habe ich erlebt, wie Tausende Menschen geheilt wurden, und viele von ihnen wurden daraufhin gerettet. Jedes Mal, wenn sich ein Gläubiger von Wundern zurückzieht, wird das Evangelium verwässert und die Fortschritte beim Voranbringen des Reiches Gottes werden geschmälert oder gehen sogar verloren. Der Heilige Geist sagt: »In diesen Tagen erwecke ich eine Armee von Liebenden, die frei von ihrem Ego und von Stolz sind. Sie werden sich der höchsten Ebene der übernatürlichen göttlichen Erkenntnis hingeben, um die Wege Gottes zu erlernen. Sie werden zunehmend dazu ausgerüstet und ausgestattet werden, die Wunder des Reiches Gottes auf dieser Erde offenbar werden zu lassen.«

Lass mich erklären, warum Gemeinden, die nicht um die Manifestation mächtiger Zeichen und Wunder ringen und darauf drängen, schließlich in Verruf geraten und ihre Integrität in Bezug auf ihr Zeugnis und ihre Bestimmung auf Erden verlieren werden. Hier ist die eigentliche Sache, die jede Gemeinde und jeder Gläubige in Christus mit großer Klarheit wissen muss: Unser Gott will durch die Macht von Zeichen und Wundern offenbart werden! Unser Gott möchte immer als ein Gott der großen Zeichen und Wunder offenbart und geehrt werden. Sie sind sein bevorzugtes Mittel, wenn es darum geht, seine prophetischen Zusagen zu schützen, bereitzustellen und zu erfüllen. Er möchte, dass seine Menschen in ihrem Vertrauen auf seine Güte wachsen. Er hat Freude daran, uns seine Macht zu offenbaren, mit der er uns hilft. Gottes Zeichen und Wunder führen sein Volk aus der Bedeutungslosigkeit zu Wohlergehen, Geltung und Einfluss Ungläubige sind nicht daran interessiert, Christen zu sehen – sie sind daran interessiert, die Macht unseres Gottes demonstriert zu sehen!

Dies ist eine sich ständig wiederholende Geschichte. Wann immer Gottes Volk Gott nicht an erste Stelle setzt und darauf vertraut, dass er sich in seiner Macht offenbart, endet das stets in einer Katastrophe und dem Niedergang des Volkes Gottes. Böse geistliche Mächte, die eigentlich unterlegen sind, haben es stets darauf abgesehen, uns zu unterdrücken. Immer wenn Gottes Volk in Unglauben und Respektlosigkeit gegenüber Gott verfällt, wird es von unterlegenen bösen Mächten erobert und versklavt, sodass es vom Bösen beherrscht wird.

Welchen Sinn macht es, wenn die Gemeinde der Welt erzählt, dass wir an einen lebendigen Gott glauben, die Welt aber nicht zu sehen bekommt, wie unser lebendiger Gott sich in seiner Macht zeigt? Welchen Sinn hat das Gebet, wenn Gott nicht mit Krafterweisung antwortet? Unser Gott will tun, was wir selbst nicht tun können! Ich glaube, dass wir überall auf der Welt erleben werden, wie die Macht des lebendigen Gottes die unterlegene und unrechtmäßige Macht des Bösen entlarvt. Jede Gemeinde, die die Macht Gottes nicht durch Zeichen und Wunder demonstriert, wird von einer bösen geistlichen Macht gefangen genommen werden, die ihr eigentlich unterlegen sein sollte. Aber jene Gemeinde, die Gott anruft und glaubt, wird befreit und in einen weiten Raum des Einflusses, der Gunst und des Segens versetzt werden.

> *Aber die Ägypter behandelten uns schlecht, bedrückten uns und legten einen harten Dienst auf uns. Da schrien wir zu dem Herrn, dem Gott unserer Väter: und der Herr erhörte unser Schreien und sah unser Elend, unsere Angst und Not. Und der Herr führte uns aus Ägypten mit mächtiger Hand und ausgestrecktem Arm und mit großem Schrecken, durch Zeichen und Wunder, und brachte uns an diesen Ort und gab uns dieses Land, ein Land, in dem Milch und Honig fließt.*
> *— 5. Mose 26,6–9*

Man beachte, dass Gott großen Schrecken über die Ägypter brachte. Ist unser Gott grausam? Nein! Die Ägypter hatten sich völlig bösen Geistern hingegeben und unterdrückten Israel. Wenn Gott seine Gemeinde auf der ganzen Welt befreit, wird er den bösen Geistern großen Schrecken einjagen. Am Hof des Pharaos befahl Gott Mose, Aaron zu sagen, er solle seinen Stab zu Boden werfen. Als Aaron das tat, wurde der Stab zu einer Schlange. Da befahl der Pharao seinen Zauberern, ihre vielen Stäbe hinzuwerfen, und alle Stäbe wurden zu Schlangen. Dann verschlang Aarons Schlange all die bösen Schlangen und wurde wieder zu einem Stab!

Die Gemeinde hat eine überlegene Macht, aber wenn wir uns nicht behaupten und für Zeichen und Wundern einstehen, werden wir gefangen genommen werden. Wenn wir vereint dastehen und an Zeichen und Wundern festhalten, werden wir mit Sicherheit erleben, wie Städte, Regionen und ganze Nationen befreit werden. Elia musste den bösen Propheten Baals fest widerstehen, denn sie hatten durch einen unrechtmäßigen bösen Geist Einfluss über Israel gewonnen. Sie hatten das Volk Gottes von dem lebendigen Gott mit seiner unvergleichlichen, überlegenen Macht weggelockt. Es ist traurig, Gemeinden zu sehen, die im Unglauben gefangen sind. Sie haben nichts als natürliche Worte, Rituale und leere Zeremonien. Das beleidigt den lebendigen Gott. Er hat Erbarmen mit uns. Er wird immer Befreier berufen, die mutig aufstehen, um die Gemeinde zu Zeichen und Wundern zurückzuführen. Ohne Zeichen und Wunder wird Gott die Gemeinde nicht bestätigen. Gott benötigte Jesus, um durch Wunder bestätigt zu werden!

> *Hört zu, ihr Menschen aus Israel! Ihr alle wisst, dass Gott durch Jesus von Nazareth große Taten, Wunder und Zeichen wirkte und ihn dadurch vor euch allen bestätigte. Ihr aber habt ihn mit der Hilfe von Menschen, die das Gesetz Gottes nicht kennen, ans Kreuz nageln und ermorden lassen. Damit erfüllte sich, was bei Gott lang zuvor beschlossen war. Doch Gott hat ihn aus den Schrecken des Todes befreit und wieder zum Leben auferweckt, denn der Tod konnte ihn nicht festhalten. — Apostelgeschichte 2,22–24* NLB

Die Bibel lehrt, dass das Heil, das wir in Christus beanspruchen, durch Zeichen, Wunder und eine Vielzahl von Wundertaten bestätigt werden muss.

> *Wie können wir da meinen, wir könnten davonkommen, wenn wir der Botschaft von unserer Rettung gegenüber gleichgültig bleiben, die durch Jesus, den Herrn, selbst verkündet wurde? Sie wurde uns von denen bezeugt, die seine*

Worte hörten, und Gott selbst bestätigte die Botschaft durch Zeichen und Wunder und viele Beweise seiner Macht und durch die Gaben des Heiligen Geistes, die er nach seinem Willen schenkte. — Hebräer 2,3–4 NLB

Letztendlich ist das Evangelium nicht das Evangelium, wenn es keine Kraft durch Zeichen und Wunder hervorbringt.

Denn ich würde nicht wagen, von etwas zu reden, das Christus nicht durch mich gewirkt hat, um die Nationen zum Gehorsam zu bringen durch Wort und Werk, in Zeichen und Wundern, in Kraft des Geistes Gottes, sodass ich von Jerusalem aus und ringsumher bis nach Illyrien das Evangelium von Christus vollkommen ausgerichtet habe. — Römer 15,18–19

Es ist kein Zufall, dass du heute lebst. Dies ist eine entscheidende Zeit auf der Erde. Der Himmel beobachtet die Entscheidungen, die wir in unseren Herzen treffen. Wir leben in einer Zeit der großen Teilung. Gott selbst wird diese bewirken. Er ist dabei, das apostolische Volk des Glaubens und der Reinheit von der abtrünnigen Kirche des Unglaubens abzutrennen. Er, der allmächtige Gott, wird den Unterschied deutlich erkennbar machen.

15

Wie Gott dich für Wunder salbt

Dies ist für jeden Gläubigen unerlässlich, um anderen mit Heilung zu dienen. Sobald du den Zweck dieser mächtigen Salbung erkennst, wird sie über dich kommen. Die gute Nachricht ist, dass diese Salbung für immer auf dir und bei dir bleiben wird. Das bedeutet nicht, dass du ständig von der spürbaren Kraft dieser Salbung überwältigt sein wirst. Diese Salbung ruht absichtlich zu bestimmten Zeiten, damit du dein Leben auf vernünftige Weise führen kannst. Doch wann immer sich eine Gelegenheit für Wunder bietet, wird diese Salbung sofort aufflammen und dir zur Verfügung stehen, um sie an Kranke zu übermitteln und eine Übertragung des himmlischen Einflusses auf ihr Leben herbeizuführen. Die Salbung weiß genau, was zu tun ist, um jemanden zu heilen. Die Salbung weiß genau, worauf sie bei einer Person, für die du betest, abzielen muss. Oft werden Menschen von mehr Dingen geheilt, als sie ursprünglich erbeten haben. Es ist ein solches Privileg und eine solche Freude, die Segnung der Wunderheilung auf Menschen freizusetzen. Es bereitet oft so viel Vergnügen. Die Salbung ist die Kraft und Gegenwart Gottes, die sich durch dich manifestiert. Die Salbung ist superintelligent. Du musst ihr keine Anweisungen geben, was sie tun soll – du selbst hast nichts weiter zu tun, als die Salbung auf Menschen zu übertragen.

Die Frau, die zwölf Jahre lang an einem Blutfluss litt (Markus 5) verstand die Intelligenz dieser Salbung. Sie wusste, dass die Salbung sofort wissen würde, wie sie ihr Problem lokalisieren und heilen konnte. Sie sagte der Salbung nicht, was zu tun war. Sie wusste, wenn sie das Gewand Jesu erwartungsvoll und mit einem Verständnis für die Salbung berührte, würde diese die Heilung ganz von selbst bewirken. Bevor sie Jesus berührte, ruhte die Salbung auf Jesus. Jesus spürte die Salbung nicht bewusst, aber sobald die Frau sein Gewand berührte, wurde die Salbung sofort aktiv. Dann nahm Jesus wahr, wie die Salbung spürbar aus ihm herausfloss, und die Frau spürte, wie die Salbung in sie hineinfloss!

Dies setzte dem zwölfjährigen Leiden ein sofortiges Ende! Oh, welch eine Freude und wie einfach es war. Was für ein Wunder der Salbung Gottes. Es ist eine der größten Gnadengaben unseres Vaters an uns, Heilung so einfach zu machen. Immer mehr Gläubige werden in diesen Tagen zu ihrem Erstaunen die Gnade dieser Salbung entdecken! Wir werden wie Kinder dieses einmalige, unsichtbare, aber spürbare Leben Gottes empfangen. Dieses Leben hat kein Problem damit, Krankheiten auszulöschen, Wucherungen zu entfernen, neue Körperteile zu schaffen und Dämonen auszutreiben!

Wir werden mit dieser heiligen Salbung genauso leicht umgehen, wie ein Elektriker mit Elektrizität umgeht, weil er die einfachen Gesetze kennt, von der sie geregelt wird. Wenn die Gemeinde erkennt, dass diese Salbung schon über 2000 Jahre lang verfügbar ist, wird es für sie beschämend sein. Ich möchte dich ermutigen, nicht beschämt zu sein – lass dich stattdessen ermächtigen. Finde zu einer ganz einfachen Art, den Menschen zu erklären, wie diese Kraft übertragen wird, aber auch, wie sie empfangen werden kann. Mehr ist nicht zu tun. Den Rest wird die Salbung machen; im Grunde ist es die Salbung, die *alles* macht. Je mehr sich die Menschen der Salbung öffnen, desto schneller ist das Problem beseitigt.

Wie konnte eine solch eindeutige, selbstverständliche biblische Wahrheit im 21. Jahrhundert verschleiert und verdunkelt werden? Könnte es sein, dass der Teufel verzweifelt versucht, das Denken der Menschen gegenüber der klaren Wahrheit der Gnade, dem Fluss der Salbung und der Herrlichkeit Gottes zu verblenden? Sowohl Jesus als auch Paulus bezeichnen den Teufel als den »Gott dieses Zeitalters«. Lesen wir dazu 2. Korinther 4,3–4 (TPT):

Auch wenn unsere Botschaft des Evangeliums verschleiert ist, so ist sie doch nur für diejenigen verschleiert, die zugrunde gehen. Denn ihr Denken ist durch den Gott dieses Zeitalters verblendet und hält sie im Unglauben. Ihre Blindheit hindert sie daran, das Morgenlicht der wunderbaren Botschaft von der Herrlichkeit Jesu Christi zu sehen, der das göttliche Ebenbild Gottes ist.

Wenn du die Wörter »Unglauben«, »verblendet« und »zugrunde gehen« siehst, solltest du dabei nicht an unerrettete Menschen denken, die verloren sind. In Kapitel 4 spricht Paulus großteils über den Dienst des Todes, der Verdammnis bringt und die Herrlichkeit Gottes verblassen lässt. Er spricht über das auf Steintafeln geschriebene Gesetz. Paulus sagt, dass es dieser Schleier ist, die satanische Verblendung des Verstandes, der die Menschen daran hindert, die Gnade zu sehen, den freien Fluss der Salbung, Wunder und die Herrlichkeit Gottes! Paulus sagt, dass dieser Schleier den Verstand und das Herz der Menschen abstumpfen lässt – das kann auch für Christen gelten! Viele sind stumpf, wenn es um die Salbung geht. Sie begeistern sich für unwichtige Dinge, aber wenn es um Gnade, Herrlichkeit, Wunder und die Vermittlung der Salbung geht, sind ihr Herz und ihr Verstand stumpfsinnig-blind! Keine Reaktion, komplett abgeschaltet! Diese satanischen

Scheuklappen sind eine Sache, bei der wir einer Menge Menschen helfen müssen, und zwar liebevoll und mit Weisheit. Wir können auch für uns selbst beten. Zum Beispiel so: »Herr, wenn es in meinem Denken einen Bereich gibt, der blind für deine Salbung ist, öffne meinen Verstand, damit ich deine Gnade und Liebe sehe. Öffne meinen Geist, damit ich mich mit Christus gekreuzigt, mit Christus auferweckt und mit Christus identifiziert sehe.« Bete das über dich selbst, bis der Geist Gottes – der Geist der Weisheit und der Offenbarung – dich vollständig von den dämonischen religiösen Schleiern befreit hat.

Die blutflüssige Frau war zu 100 Prozent frei von irgendwelchen Schleiern. Wie das? Sie hatte genug von dem, was die Pharisäer, die Schriftgelehrten und die Ärzte sagten. Sie hatten sie Jahre ihres Lebens gekostet. Der Schleier fiel schließlich von ihr ab, als sie die Offenbarung Jesu erlebte. Ihr Verstand wurde kristallklar. Plötzlich wurde die Wahrheit über die Salbung selbstverständlich, offensichtlich und einfach. Sie erkannte, dass sie aufgrund der Gnade qualifiziert war, zu empfangen. Sie befreite sich von jahrelanger religiöser Propaganda, Lügen, Täuschung und Gehirnwäsche. Sie befreite sich von jahrelanger Einschüchterung. Sie befreite sich von den Normen der Gesellschaft, die sie zwölf schmerzhafte Jahre lang beherrscht hatten. Sie durchbrach die teuflische Schwerkraft, die sie vorzeitig ins Grab gezogen hätte. Unterschätze nicht, was es diese Frau gekostet hat, zu erkennen, was die Salbung ist und wie sie jedem aus Gnade zufließt, der sie empfangen will!

Machen wir uns zwei dringliche Tatsachen bewusst, die in einem Nu die Katastrophe in eine Bestimmung und Zukunft verwandeln können. Geistige Blindheit ist viel schwerer zu erkennen als die physische Blindheit unserer Augen. Wenn jemand auf seinen Augen völlig blind ist, weiß er es. Wenn wir geistig blind sind, wissen wir nicht immer sofort, dass einiges von dem, was wir denken und glauben, falsch sein könnte, dass es ein Hindernis ist, eine Blockade, die uns davon abhält, die Kraft der Salbung zu empfangen oder zu übertragen.

Hier kommt eine wundervolle, gute Nachricht: Der Heilige Geist beginnt uns darauf aufmerksam zu machen, dass unser Verstand Ballast mit sich herumschleppt, der den Fluss des Lebens blockiert. Wir erkennen, dass Gott uns liebt. Da gibt es keine Verurteilung, nur Mitgefühl. Wir wissen, dass der Heilige Geist der allmächtige Geist der Gnade und Wahrheit ist. Jesus sagte, der Heilige Geist werde uns in alle Wahrheit führen. Wir erkennen, dass eine Entdeckungsreise für uns beginnt.

Das Begeisternde daran ist, dass dein Freiwerden andere inspirieren wird. Wie wir gesehen haben, wurden die Massen, als sie miterlebten, wie die blutflüssige Frau durch die spürbare Übertragung geheilt wurde, alle von dieser Offenbarung ergriffen, und zahlreiche Menschen hatten Teil an ihrem Segen. Bitte denke immer daran, dass dein Durchbruch zum Durchbruch für andere wird!

Lass mich dir mein Zeugnis darüber geben, wie der Heilige Geist mich von Täuschung und Abstumpfung befreit hat. Wenn du siehst, wie blind ich in meinem Denken war, wirst du erkennen, dass es für jeden Hoffnung gibt.

Ich war bereits seit zwei Jahren als Pastor im Vollzeitdienst tätig. Ich war siebenundzwanzig Jahre alt. Es gab keine spürbare Salbung auf meinem Leben oder in der Gemeinde, die ich leitete. Es gab keine Heilungen. Unsere Gottesdienste waren herzlich und wir waren aufrichtig, aber wir erwarteten keine Wunder. Warum eigentlich nicht? Ich liebte Jesus. Ich lehrte die Leute, wie man von neuem geboren wird, aber ich hatte einen blinden Fleck in meinem Denken. Ich war anhand der sogenannten Fünf Punkte des Calvinismus indoktriniert worden. Einfach zusammengefasst bedeutet dies, dass Gott vollkommen souverän ist und dass alles, was er vor der Zeit vorherbestimmt hat, geschehen wird. Dies ist kein Kapitel über den Fünf-Punkte-Calvinismus, sondern ein Kapitel, das beweisen soll, dass der Fluss der Salbung zum Erliegen kommt, wenn unser Verstand durch falsche Lehren getäuscht wird. Mein »Verstand« war mehr und mehr davon überzeugt, dass alles, was Gottes Wille war, automatisch geschehen würde, und alles, was nicht Gottes Wille war, automatisch nicht zustande käme. So denken heute viele Christen! Das ist kein Glaube, das ist Fatalismus. Es ist passive Resignation. Es ist die gefährliche Vorstellung, dass alles, was mit uns oder um uns herum geschieht, automatisch Gottes Wille ist. Heilig und demütig zu sein bedeutet also, Krankheit, Unglück oder Katastrophen als Gottes Willen zu akzeptieren. Wenn Gott nicht wollte, dass es geschieht, hätte er es automatisch verhindert. Das ist ein sehr gefährliches Denken.

Es gibt viele Bibelstellen des neuen Bundes, die offenbaren, dass es Gottes vollkommener Wille ist, dass alle gerettet werden, doch sieh dich um – die Mehrzahl der Menschen ist nicht automatisch gerettet! Wir haben in den vorangegangenen Kapiteln wiederholt gesehen, dass es immer Gottes Wille ist, dass alle geheilt werden. Doch die Menschen werden nicht automatisch geheilt. Dieser Fatalismus versetzt die Christen des neuen Bundes in eine Haltung, in der sie dem Teufel nicht widerstehen können. Der Teufel ist dann frei, zu stehlen, zu töten und zu zerstören, und Gott bekommt die Schuld für die dämonischen Übeltaten. Christen, die sich für heilig und demütig halten, unterwerfen sich am Ende dem Teufel und glauben, sie unterstellten sich Gott. In einer solchen Täuschung kann es keine Manifestation der Wunderkraft Gottes geben! Das betrübt Gott so sehr.

In seiner Gnade erschien er mir auf eine extrem mächtige Art und Weise. Seine Gegenwart presste mich gegen die Wand meines

Gemeindebüros. Er sprach laut zu mir in meinem Geist und er stellte mir drei Fragen. Meine Antworten machten deutlich, wie getäuscht und blind mein Verstand geworden war. Dann stellte er mir sanft und freundlich eine vierte Frage, wie ein perfekter Schachspieler. Er trieb mich mit seiner Deutlichkeit in die Enge. Meine Verwirrung verflüchtigte sich. Mein Denken wurde befreit. Ich wusste plötzlich mit absoluter, eindeutiger Sicherheit, dass sein Wille nicht automatisch geschieht. Er gab mich von der Wand frei. Er sprach mit fester, aber sanfter Stimme: »Auf deinem Tisch liegt eine Bibel. Nimm sie und lies Hebräer 3,19 bis 4,2.« Er sagte zu mir: »Es war mein ewiger, vollkommener und vorherbestimmter Wille, dass Israel in das verheißene Land einzieht und siegreich ist und meinen Segen und meine Gunst genießt. Doch wegen ihres Unglaubens haben sie das Land nicht betreten.« Er sagte: »Wie viel deutlicher muss mein Wort werden, um dich zu überzeugen, dass mein Wille nicht automatisch geschieht? Mein Wille ist es, dass mein Volk in die Fülle der Verheißungen des neuen Bundes eintritt, aber ihr Verstand ist verblendet worden, genau wie der deine. Viele Menschen haben ein Herz, das mit Unglauben gefüllt wurde!«

Mein Vater sprach nicht streng mit mir. Sein Ton war bestimmt, aber sanft. Vergiss bitte nicht, dass er der allmächtige Gott ist. Er liebt seine Menschen und er hat einen heiligen Zorn gegen alles, was sie verführt. Er sagte zu mir: »Rob, Kenneth Hagin kommt nach Südafrika, um hier zu dienen. Ich möchte, dass du nach Johannesburg fliegst und an allen drei Tagen seine Morgen- und Abendgottesdienste besuchst. Versäume keine einzige Versammlung. Ich werde ihn gebrauchen, um dein Herz mit der Offenbarung des einfachen Glaubens zu erleuchten, und du wirst nie mehr derselbe sein.« Ich hatte keine Ahnung, wie radikal sich mein Leben verändern würde!

In der ersten Versammlung saß ich ganz hinten und sah und hörte Kenneth Hagin zu. Ich war anfangs überrascht, wie gereizt und kritisch ich ihm gegenüber war. Es schockierte mich geradezu. Langsam wurde mir klar, dass wir Menschen unsere Identität und Gemeinschaft in dem finden, was wir glauben, auch wenn es nicht der Wahrheit entspricht. Wir haben Angst vor Ablehnung. Manche sind sogar bereit, im Unglauben oder Irrtum zu leben, um von Menschen akzeptiert zu werden. Das ist die ultimative Täuschung und ein Verrat an Gott.

Am zweiten Tag begann die Salbung des Geistes, die Lügen in meinem Denken zu zerstören. Kenneth lehrte das Wort Gottes auf eine so unmissverständliche und einfache Weise. Er erklärte Schriftstellen, die ich zuvor zwar schon gelesen hatte, aber plötzlich wurde mir ihr Zusammenhang und ihre Bedeutung richtig klar. Ich wurde innerlich lebendig. Die Offenbarung des Glaubens war sehr lebhaft und kindlich. Dann beobachtete ich, wie er für die Kranken betete, und zwar in einer Weise, wie ich es nie zuvor gesehen hatte. Er sprach zu den Menschen über das in Berührung kommen mit der Salbung und ihre Übertragung. Sobald die Leute diese grundlegende Wahrheit verstanden hatten, lief er schnell die Reihe entlang und legte den Wartenden kurz die Hände auf, und es war offensichtlich, dass eine gewaltige Kraft auf sie übertragen wurde.

Nun, ich wollte unbedingt in die vorderste Reihe gelangen. Ich war so hungrig, voller Begeisterung und heiliger Neugier. Das war eine andere Sphäre, von der ich mir nie hätte vorstellen können, dass sie zugänglich ist. Das Wort Gottes stand im Mittelpunkt und wurde geehrt. Ich hätte mich beinahe mit einem Platzanweiser angelegt, weil ich näher herankommen wollte. Schließlich saß ich in der ersten Reihe, beobachtete jede Bewegung und achtete auf jedes Wort. Plötzlich, während Kenneth noch predigte, hörte ich die Stimme des Herrn in meinem Geist: »Rob, du kannst tun, was Kenneth tut. Steh auf, erhebe deine Hände und ich werde dich mit der Salbung salben, die auf Kenneth ist!« Man hatte mir beigebracht, dass es sich nicht gehört, aufzustehen, wenn jemand predigt. Ich hungerte jedoch so sehr danach, dass ich einfach leise aufstand und meine Hände erhob. Was als nächstes passierte, hatte ich noch nie erlebt. Flüssiges Feuer floss auf meine Hände und rann den ganzen Weg meine Arme hinunter und umhüllte meine Schultern. Ich hatte keine Ahnung, was da passierte. Es war nicht wie die Taufe im Heiligen Geist mit dem Sprechen in anderen Sprachen, wie ich sie drei Jahre zuvor erlebt hatte. Was da auf mich übertragen wurde, hat mich nie mehr verlassen. Diese Übertragung ist für jeden Gläubigen in Christus verfügbar. Wenn du hier immer noch am Lesen bist, zeigt das, dass du hungrig bist. Mach dich bereit, es gehört dir!

Am folgenden Sonntag kehrte ich in meine Gemeinde zurück, die so trocken war und fast keine Wunder erlebte. Ich predigte alles, was ich Kenneth hatte sagen hören. Während ich predigte, nahm ich zum ersten Mal die spürbare Salbung Gottes wahr. Unsere Gemeinde hatte mich noch nie so erlebt. Ich rief alle, die Heilung wollten, in eine Reihe nach vorne. Die Leute standen dicht gedrängt, als ich ihnen die Hände auflegte. Sie erlebten genau das, was ich durch Kenneth geschehen gesehen hatte. Leute riefen voller Überraschung laut aus: »Ich bin geheilt!« Dann hörte ich die Stimme Gottes in meinem Geist: »Bitte alle, aufzustehen und ihre Hände zu erheben, um eine Segnung zu empfangen.« Das hatten wir noch nie zuvor getan. Sofort wehte der Wind Gottes durch die Versammlung. Bis auf wenige Ausnahmen wurden alle Anwesenden von den Füßen gehoben und nach hinten geworfen. Niemand wurde verletzt. Alle waren in tiefer Ehrfurcht vor der majestätischen Präsenz des allmächtigen Gottes in diesem Raum.

Kühn rief ich alle Ungläubigen auf, nach vorne zu kommen und Jesus als Herrn zu bekennen. Diejenigen, die sich angesprochen fühlten, drängten nach vorne. Alle diese Neubekehrten kamen in der nächsten Woche wieder. Das war 1981. Soweit ich weiß, sind alle noch immer in der Nachfolge Gottes!

Jede Gemeinde auf diesem Planeten, die sich das wünscht, ist nur einen Schritt davon entfernt! Es brauchte in diesem Fall nicht mehr, als dass der Pastor, Rob Rufus, sich von seinem falschen Glaubenssystem abwandte und eine neue Richtung einschlug. Das öffnete die Tür für die Salbung, die mein Denken befreite. Diese Salbung steht jedem Gläubigen in Christus zur Verfügung. Diese Salbung hat Glenda und mich um die ganze Welt in Länder und Städte geführt, von denen wir zuvor noch nie gehört hatten. Wo immer wir hinkommen, wünschen sich fast alle dasselbe – die sichtbare Kraft und Gegenwart des Herrn! Ich möchte Gemeindeglieder auf der ganzen Welt ermutigen, dass dies Gottes Wille für einen jeden von euch ist! Ja, die Leiterschaft muss sich demütigen, diese Salbung ergreifen und an sie heranführen, aber ihre Kraft kann nicht aufrechterhalten werden, wenn nicht die gesamte Gemeinde leidenschaftlich dafür brennt und hungrig danach ist, Gottes Macht und Gegenwart verstärkt zu erleben. Mögen viele Menschen Gottes bereit sein, von ihrem falschen Glaubenssystem umzukehren, damit der Herr der Herrlichkeit seinen Willen verwirklichen kann!

16

Wie man mühelos Gottes Wunderkraft erlebt

Okay, ich weiß, diese Kapitelüberschrift klingt völlig übertrieben. Hier ist eine Frage: Glaubst du wirklich, dass Jesus einem angsterfüllten Ringen nach Gottes wunderwirkender Kraft verfallen war? Denkst du, dass er dreieinhalb Jahre lang jeden Tag aufwachte und sich fragte, ob sein Vater wohl ausreichend übernatürliche Kraft für den neuen Tag bereitgestellt hatte? Nein! Jesus fühlte sich nie von so etwas belastet. Er sagte: »Mein Joch ist sanft und meine Last ist leicht.« Eines seiner größten Abschiedsgeschenke an seine Jünger war dies: »Meinen Frieden gebe ich euch.«

Hier ist das eigentliche Problem: Wann immer jemand sich im falschen System bewegt, wird dies sein Denken durcheinanderbringen, es beeinträchtigen und verkomplizieren. Adam bewegte sich einst in einem himmlischen System. Dann aber stieg er zu einem System ab, das ihn im Schweiße seines Angesichts arbeiten ließ. Wenn wir zulassen, dass ein schwaches und nutzloses System die Dynamik bestimmt, wie wir auf dieser Erde Wunder wirken, wird das zu einer Tragödie. Ich sage deshalb Tragödie, weil viele der Gläubigen, die sich aufmachen, um anderen mit den übernatürlichen Dingen des Reiches Gottes zu dienen, sich bald schon unzulänglich, erschöpft, schwach und nutzlos zu fühlen beginnen. Gestatten wir dem Geist Gottes, den Finger auf das wahre Problem zu legen, denn kein an Christus Glaubender ist untauglich oder nutzlos. Vielmehr ist das System, unter dem wir zu wirken versuchten, kraftlos und unbrauchbar. Das ist Gottes eigene Ansicht dazu. Fällt dir auf, wie oft ich in den letzten Sätzen das Wort »nutzlos« verwendet habe? Es ist meine tiefe Überzeugung, dass einer der Hauptgründe, warum so viele Gläubige unwillkürlich vor einem Lebensstil der Zeichen, Wunder, Heilungen und Kraftwirkungen zurückscheuen, darin liegt, dass sie es immer nur innerhalb eines schwachen und nutzlosen Systems versucht haben. Im richtigen System ist man nicht schwach und nutzlos. Man ist nur schwach und nutzlos in einem schwachen und nutzlosen System.

Ich bin der festen Überzeugung, dass die Mehrheit der Christen, ohne sich dessen bewusst zu sein, sich unter einem schwachen und nutzlosen System um Wunder bemüht. Viele von ihnen scheitern und verurteilen sich dann selbst. Beim Schreiben dieses Kapitels spüre ich das reichliche Erbarmen und die große Liebe Christi zu diesen Menschen. Es sind mutige Gläubige, die sich mit treuem Herzen aufgemacht haben, um Gott zu gehorchen. Diejenigen, die in den Himmel gegangen sind, haben eine große Belohnung für ihre Treue erhalten. Was diejenigen angeht, die noch hier sind, so glaube ich prophetisch, dass der Herr sie segnen und entschädigen wird, sobald sie in ein überlegenes System aufsteigen. Der lebendige Gott bricht gewaltig über die Erde herein, um viele Gläubige und zukünftige Neubekehrte von der Täuschung zu befreien, sich in einem schwachen und nutzlosen System abmühen zu müssen. Lass mich dir hierzu die offenkundige biblische Wahrheit in der Heiligen Schrift zeigen:

> *Die frühere Bedingung für das Priestertum wurde dadurch aufgehoben, weil sie schwach und nutzlos war. Denn das Gesetz machte nichts vollkommen. Nun ist eine bessere Hoffnung an seine Stelle getreten. Und sie zeigt einen Weg, auf dem wir zu Gott kommen. — Hebräer 7,18–19* NLB

Die alte Ordnung der Priesterschaft wurde als schwach und kraftlos beiseitegeschoben. Denn das Gesetz hat niemanden jemals vollkommen gemacht. Aber an seine Stelle ist eine viel bessere Hoffnung getreten, die uns die Zuversicht gibt, Vertrautheit mit Gott zu erleben. — Hebräer 7,18–19 TPT

Nun aber hat er einen viel höheren Dienst erlangt, in dem Maß, als er auch der Mittler eines besseren Bundes ist, der sich auf bessere Verheißungen stützt. — Hebräer 8,6

Gott nennt den auf dem Gesetz basierenden alten Bund ein »schwaches und nutzloses System«, während der neue Bund auf der Gnade, dem Segen und der Gunst unseres Hohenpriesters Jesus beruht, dem Mittler eines besseren Bundes mit besseren Verheißungen. Der eine Bund ist schwach und nutzlos (die meisten modernen Christen haben aufrichtig versucht, in diesem System übernatürlich zu wirken!). Der andere Bund bietet uns freigiebig einen überragenden Vorteil: die innere Ruhe, dass wir mühelos mit wunderwirkender Kraft versorgt werden. Der neue Bund umfasst eine kontinuierliche, frei fließende Versorgung mit Kraft. Das Gesetz fordert und nimmt von uns. Gnade versorgt uns mit ihren Ressourcen der Offenbarung, Weisheit und erfrischenden Wunderkraft.

Wie können wir den wesentlichen Unterschied zwischen diesen beiden Bündnissen klar definieren? Tatsächlich ist das ganz einfach! Der alte Bund ist intrinsisch, der neue Bund ist extrinsisch. »Intrinsisch« bedeutet, dass die Leistung aus dem Inneren des Menschen kommt. »Extrinsisch« bedeutet, dass jemand anderes außerhalb von dir die Leistung erbringt. Unter dem alten Bund musst du als Erster etwas tun, danach tut Gott etwas. Gemäß dem System des alten Bundes, das schwach und nutzlos ist, wird Gott dich segnen und Wunder wirken, wenn du die Gesetze vollkommen befolgst. Wenn du das Gesetz nicht absolut perfekt einhältst, kommen die Flüche des Gesetzes über dich und bringen den Fluss der wunderwirkenden Salbung und die Kraft des Segens zum Erliegen.

Hier ist das Problem: Selbst wenn du das Gesetz zu 99 Prozent erfüllst, jedoch an einem Prozent scheiterst, verurteilt dich das Gesetz des alten Bundes trotzdem für die Übertretung des *gesamten* Gesetzes!

> *Und wer alle Gesetze bis auf ein einziges befolgt, ist genauso schuldig wie einer, der alle Gesetze Gottes gebrochen hat.*
> *— Jakobus 2,10* NLB

> *Wer dagegen auf das Gesetz vertraut, um vor Gott gerecht zu werden, steht unter einem Fluch. In der Schrift heißt es: »Verflucht ist jeder, der nicht alle Gebote beachtet und befolgt, die im Buch des Gesetzes geschrieben stehen.« Deshalb ist klar, dass niemand je durch das Gesetz vor Gott gerecht gesprochen wird. Denn die Schrift sagt: »Durch den Glauben hat ein Gerechter Leben.« Dagegen sagt die Schrift über den Weg des Gesetzes: »Wenn du durch das Gesetz Leben finden willst, musst du alle Gebote des Gesetzes erfüllen.« Doch Christus hat uns vom Fluch des Gesetzes gerettet; am Kreuz nahm er den Fluch auf sich. Denn in der Schrift heißt es: »Verflucht ist jeder, der an einem Holz hängt.« Durch die Tat von Jesus Christus hat Gott allen Völkern den Segen geschenkt, den er Abraham zugesagt hatte. So empfangen wir den Heiligen Geist durch den Glauben, wie Gott es versprochen hat. — Galater 3,10–14* NLB

Viele Söhne und Töchter Gottes haben versucht, unter den Bedingungen dieses alten Bundes, der schwach und nutzlos ist, Wunder zu wirken. Heute möchte ich jedem, der unter diesem System gewirkt hat, in Liebe sagen: »Du sollst wissen, dass deine Ernsthaftigkeit im Himmel belohnt wird.« So wie ich und viele andere, wussten wir es nicht besser. Viele von uns wurden in dieses System hinein wiedergeboren. Viele unserer Lehrer genauso. Jetzt sagt der Geist Gottes überall auf der Erde: »Kommt rüber in die Freiheit, in den freien Fluss des übernatürlichen Lebens, der niemals versiegt.«

Der neue Bund ist extrinsisch. Das bedeutet, alles ist von außen her erfolgt. Wir hatten nichts damit zu tun. Im neuen Bund handelt Gott als Erster. Ist dir aufgefallen, dass Gott, als er den Gnadenbund mit Abraham schloss, Abraham in Schlaf versetzte (1Mo 15)? Du hast geschlafen, als Gott den neuen Bund schloss, tatsächlich warst du noch nicht einmal geboren. Der Grund, warum der neue Bund so viel besser ist, liegt darin, dass Gott den neuen Bund nicht mit uns geschlossen hat. Er wurde außerhalb von uns geschlossen und hatte nichts mit uns zu tun. Der unfehlbare Vater schloss den Bund mit seinem unfehlbaren Sohn am Kreuz, und der unfehlbare Heilige Geist verwaltet diesen neuen Bund. Er ist extrinsisch. Alles geschah außerhalb von dir. Es hatte nichts mit dir zu tun.

Der neue Bund wurde innerhalb der Vollkommenheit der Dreieinigkeit geschlossen. Um den neuen Bund scheitern zu lassen, müssten die Glieder der Dreieinigkeit scheitern. Nun ist das Grundthema des neuen Bundes, dass du und ich in Christus sind. Zu welchen Privilegien und Höhen er auch aufsteigt, steigen wir in ihm mit auf. Denn wir sind mit ihm in seinem Tod, seiner Auferstehung und seiner Erhebung an den höchsten Ort vereint worden. Damit du verloren gehen oder vom Vater getrennt werden könntest, müsste Jesus schon sündigen, was jedoch unmöglich ist.

Jesus schloss den Bund mit dem Vater unabhängig von uns. Du bist jetzt voll und ganz in Jesu Leistung geborgen. Wenn es in Römer 8 heißt, dass du nun ein gleichgestellter Erbe mit Christus und ein Erbe Gottes bist, dann ist das kein Scherz. Es bedeutet, dass der Fluss des Geistes auf und durch Christus gleichermaßen auf dir und mir liegt, da wir in Christus sind. Es gibt nichts, was wir tun könnten, um uns das zu erarbeiten oder es zu verdienen.

Nur um das klarzustellen: Die meisten Christen leben weder ganz im neuen Bund noch ganz im alten Bund. Wir neigen dazu, irgendwo dazwischen zu leben. Es ist, als befänden wir uns in einem permanenten Zustand der Unsicherheit. Es ist wie eine religiöse Schizophrenie, die uns von einem lähmenden Cocktail aus altem und neuem Bund trinken lässt, in dem alles vermischt und verschwommen ist. Ich mache mich nicht über irgendjemanden lustig, der sich in diesem Zustand befindet, denn ich habe ihn selbst am eigenen Leib erfahren. Ich kenne die Qualen! Ich beschreibe sie aus persönlicher Erfahrung. Folgendes solltest du verstehen: Der Heilige Geist will dich immer in die Klarheit des neuen Bundes hineinziehen. Der Teufel versucht stets, dich zurück in das schwache und nutzlose System zu zerren. Wir müssen den Entschluss fassen, uns vollständig auf das Denken des neuen Bundes einzulassen. Widerstehe jeglicher Einschüchterung, selbst wenn sie von aufrichtigen Menschen, Freunden oder Familienangehörigen ausgeht. Das Leben im neuen Bund ist ein Leben der Salbung, die zu dir, in dir und durch dich fließt. Du kannst anderen nur offenbaren, was der Heilige Geist dir offenbart hat!

Was ist die primäre Kraft, die uns dazu befähigt, Gott zutiefst und innig zu kennen? Sind es Experten, die dich ständig über die Eigenschaften Gottes belehren? Nein! Du kannst all das umgehen und tiefe, kraftvolle Begegnungen mit der Gegenwart Gottes erleben. Wie? Ganz einfach. Indem du dich ein für alle Mal entscheidest, aus dem schwachen und nutzlosen System auszusteigen und dir bewusst machst, dass im neuen Bund alle deine Sünden – vergangene, gegenwärtige und zukünftige – für immer ausgelöscht sind.

> *»Und es wird keiner mehr seinen Nächsten und keiner mehr seinen Bruder lehren und sagen: ›Erkenne den Herrn!‹ Denn es werden mich alle kennen, vom Kleinsten bis zum Größten unter ihnen; denn ich werde gnädig sein gegen ihre Ungerechtigkeiten, und an ihre Sünden und ihre Gesetzlosigkeiten werde ich nicht mehr gedenken.« Indem er sagt: »Einen neuen«, hat er den ersten [Bund] für veraltet erklärt; was aber veraltet ist und sich überlebt hat, das wird bald verschwinden. — Hebräer 8,11–13 SLT*

Ist dir klar, dass dieses schwache und nutzlose System unser Gewissen niemals von der Sünde befreien kann? Der Teufel liebt diese Tatsache, denn er ist der Ankläger und er weiß, dass Menschen, die sich ständig verurteilt fühlen, Gott nicht erkennen und auch nicht in seiner Salbung und Kraft fließen können.

Sieh nur, wie deutlich der neue Bund die Nutzlosigkeit des alten Systems aufzeigt:

> *Weil das Gesetz nur einen Schatten von den zukünftigen Heilsgütern, nicht das Wesen der Dinge selbst darstellt, kann es niemals die vollkommen machen, die mit denselben, regelmäßig dargebrachten, alljährlichen Opfern hinzutreten. Hätte sonst das Opfern nicht aufgehört, weil die, die den Gottesdienst verrichten, kein Sündenbewusstsein mehr hätten, wenn sie einmal gereinigt wären? Vielmehr geschieht dadurch alle Jahre eine Erinnerung an die Sünden.*

Denn es ist unmöglich, durch das Blut von Stieren und Böcken Sünden wegzunehmen. — Hebräer 10,1–4

Und jetzt sieh dir den weitaus überlegenen Bund Jesu an:

In diesem Willen sind wir ein für alle Mal geheiligt durch das Opfer des Leibes Jesu Christi. Und jeder Priester dient jeden Tag, um den Gottesdienst zu verrichten und immer wieder dieselben Opfer darzubringen, die niemals Sünden wegnehmen können. Dieser aber, da er ein Opfer für die Sünden dargebracht hat, das für immer gilt, hat sich nun zur Rechten Gottes gesetzt und wartet seitdem, bis seine Feinde als Schemel seiner Füße hingelegt werden. Denn mit einem Opfer hat er die, die geheiligt werden, für immer vollendet. — Hebräer 10,10–14

Und ich werde nicht mehr an ihre Sünden und ihre Ungerechtigkeiten denken. Wo aber Vergebung derselben ist, braucht es für die Sünde kein Opfer mehr. — Hebräer 10,17–18

Achte auf den Zusammenhang mit Vers 18. Jesus muss nicht wieder und wieder geopfert werden. Sein einmaliges Opfer hat uns in Gottes Augen für immer und ewig vollkommen gemacht!

Traurigerweise reißen einige Leute mit verborgenen Absichten die Verse 26 bis 29 aus ihrem deutlichen Kontext in Hebräer 10. Worin besteht dieser Kontext? Das Blut Jesu ist dem Blut der Tiere im alten Bund weit überlegen. Wir sind durch ein einziges Opfer im neuen Bund vollkommen gemacht. Hier geht es um das vollkommene Blut Gottes. In den Versen 26 bis 29 geht es speziell darum, dass es einige jüdische Menschen gab, die die Wahrheit über das Blut Jesu gehört hatten, sich aber aus Angst vor Verfolgung nicht zu Christus bekehrten. Die in Vers 26 beschriebene fortgesetzte Sünde ist also keine allgemeine Sünde, sondern eine spezifische Sünde, wie aus dem Zusammenhang deutlich wird. Zwar hatten diese Leute die Wahrheit über das überlegene Blut Jesu gehört, lehnten es aber ab, an das Blut Jesu zu glauben. Damit will ich sagen, dass sie nie gerettet wurden. Sie zogen es vor, sich weiterhin auf das schwache und nutzlose Blut von Stieren und Böcken zu verlassen, das die Sünde niemals wegnehmen konnte. Der Schreiber weist hier auf diese eine bestimmte Sünde hin, die sie immer wieder begingen. Die Sünde, von der sie nicht abließen, bestand darin, sich auf das Blut von Tieren zu verlassen, und somit das Blut Jesu mit Füßen zu treten und den Geist der Gnade zu beleidigen! Aus dem Kontext geht eindeutig hervor, dass der Schreiber nicht sagt, dass Gläubige in Christus ihr Heil verlieren, wenn sie zu oft sündigen. Er hat nur deutlich gemacht, dass das eine Opfer Jesu uns für immer vollkommen gemacht hat. Für immer heißt für immer! Um es noch einmal deutlich zu sagen: Im Zusammenhang mit diesen Versen spricht er speziell solche Menschen an, die nie gerettet wurden, aber klar die Wahrheit des neuen Bundes gehört hatten und sie zurückwiesen.

Der neue Bund widerspricht sich nicht selbst. Lass dich niemals von Menschen verunsichern, die Bibelstellen aus dem Zusammenhang reißen, um dich einzuschüchtern oder zu verwirren oder deinen Frieden in Christus Jesus zu rauben, zu stehlen und zu zerstören. Ihr böses Ziel ist es, dich aus dem überlegenen Bund herauszureißen, in dem der Geist und die Kraft des Übernatürlichen fließen! Sie sind bestrebt, dich in eine Vermischung der Bündnisse zu ziehen. Der neue Bund lehrt uns, aus dem Wissen heraus zu dienen, dass wir in Christus bereits vollkommen sind.

Seht zu, dass euch niemand durch hohle und trügerische Philosophie gefangen nimmt, die sich auf menschliche Traditionen und die geistigen Urkräfte dieser Welt stützt und nicht auf Christus. Denn in Christus lebt die ganze Fülle der Gottheit in leiblicher Gestalt, und in Christus seid ihr zur Fülle gebracht worden. Er ist das Haupt über alle Mächte und Gewalten. — Kolosser 2,8–10 NIV

Sieh nur, hier steht, dass du »in Christus« bereits zur Fülle gebracht und somit in ihm vollendet bist! Wie das? Weil der neue Bund extrinsisch ist. Alles geschah außerhalb von dir – ist von außen her erfolgt –, aber du bist in alle Privilegien und in die Stellung von Christus selbst miteingeschlossen!

In Vers 10 heißt es: »Ihr [seid] zur Fülle *gebracht worden*«. Vergangenheitsform – es ist bereits geschehen. Halte am Glauben fest, dass du in Christus bist, dann wirst du sehen und erleben, wie die wunderwirkende Salbung mühelos zu, in und durch dein Leben fließt! In Vers 8 wird gewarnt: »Seht zu, dass euch niemand … gefangen nimmt«. Damit ist gemeint, dass du aufhörst, dich darauf zu verlassen, wer du jetzt in Christus bist, und stattdessen wieder zu der Person wirst, die du unter dem schwachen und nutzlosen System warst.

Verstehst du nun, warum der Teufel so verzweifelt versucht, Gläubige gefangen zu halten oder sie wieder einzufangen, wenn sie entkommen? Der Teufel weiß, dass eine mächtige Bewegung des Geistes auf der Erde stattfinden wird, wenn genügend Christen in Freiheit gelangen!

Ich möchte dich, liebe Leserin, lieber Leser, inständig bitten und an dich appellieren, dass du, wenn du das Wort »jetzt« im folgenden Vers liest, seine Dauerhaftigkeit erkennst. Dein Leben kann durch diese Worte für immer herrlich verändert werden:

»*Denn ihr* (gemeint bist du, der Leser) *seid gestorben, und euer Leben ist jetzt verborgen mit Christus in Gott.*«
— *Kolosser 3,3* NIV

Das ist deutlich. Es geht nicht um einen Tag in der Zukunft. Das ist etwas Extrinsisches. Du bist in alles, was Christus ist, miteingeschlossen. Du bist *jetzt* in ihm, an himmlischen Orten. Du bist *jetzt* in ihm vollkommen. Du hast *jetzt* und für immer ewige Vergebung.

Die Bibel warnt: »Seht zu, dass euch niemand gefangen nimmt ... in Christus seid ihr zur Fülle gebracht worden« (Kol 2,8–10).

Ich bitte dich, hör genau zu: Es wird Menschen geben, die dich in das schwache und nutzlose System zurückholen wollen! Sie werden versuchen, dich einzuschüchtern und dich zu verunsichern, indem sie dir Fragen in den Kopf setzen. Mir scheint, dass es nur wenige Christen gibt, die in ihrem täglichen Denken konsequent im viel besseren Bund leben. Ich möchte uns alle ermutigen, eine radikale, gute Entscheidung zu treffen, nämlich ganz und gar aus dem schwachen und nutzlosen System auszusteigen und vollständig in das überlegene System einzusteigen! Und wie? Im Durchschnitt bedarf es 21 Tage der Beständigkeit, um eine völlig neue Denkweise zu entwickeln. Ich möchte dich dazu anregen, laut zu dir selbst zu sagen:

»Ich bin in einem weit überlegenen Bund in Christus!«

»Ich bin jetzt in Christus vollkommen.«

»Ich bin jetzt zur ganzen Fülle gebracht in Christus.«

»Ich bin jetzt in Christus verborgen.«

»Durch das einmalige Opfer Jesu bin ich jetzt für immer vollkommen in seinen Augen.«

»Deswegen erkläre ich, dass die mächtige Salbung Christi auf völlig mühelos Weise zu mir, in mir und durch mich fließt!«

Es ist keine Lüge, diese Worte zu sagen, denn du stimmst damit hundertprozentig mit dem überein, was Gottes Wort über dich sagt! Es wäre vielmehr eine Lüge, diesen Worten *nicht* zuzustimmen. Mit diesen Aussagen versetzen wir unser Herz und unseren Verstand in die Denkweise, die von dem viel besseren Bund in Christus bestimmt ist. Dann werden wir erleben, wie sich seine Kraft in uns und durch uns manifestiert. Kommt schon, Brüder und Schwestern, wir können das schaffen! Es braucht nur 21 Tage der Beharrlichkeit!

Für die Freiheit hat uns Christus befreit. Sorgt nun dafür, dass ihr frei bleibt, und lasst euch nicht wieder unter das Gesetz versklaven. — Galater 5,1 NLB

17

Sei dem gegenüber tot, was dich töten will

Um dieses Kapitel vollumfänglich zu verstehen, solltest du unbedingt die vorangegangenen Kapitel gelesen haben.

Was ist Killer Nummer eins, der dich oder mich daran zu hindern versucht, auf der höchsten Ebene der übernatürlichen Kraft des Geistes zu wirken? Ist es die Sünde? Das schwache und nutzlose System würde diese Frage definitiv mit »Ja!« beantworten. Wenn das jedoch wahr wäre, müsste die große Mehrheit der weltweiten Gemeinde von Sünde durchtränkt sein, denn es gibt hier kaum Belege für hochgradige Wunder. Nein, Sünde ist nicht der Grund! Bleiben wir immer im Einklang mit der Bibel. Sicherlich wird im neuen Bund vom Sündigen abgeraten. Aber es gibt sehr viele Christen, die tatsächlich nur wenig Sünde in ihrem Leben haben und trotzdem kaum Zeichen, Wunder und Kraftwirkungen erleben. Ich kenne Atheisten und Menschen verschiedenster Religionen, die ein moralisch einwandfreies Leben führen, aber sie vollbringen nicht die Wunder, von denen Jesus wiederholt sagte, dass sie von seinem gesamten Volk durch alle Generationen hindurch sichtbar gemacht werden sollen! Wunder sind der Beweis für die gute Nachricht vom Reich Gottes.

Was also tötet das Übernatürliche im Leben der Christen?

Doch sind wir dazu nicht von uns aus fähig, als ob wir uns selbst etwas zuschreiben könnten; unsere Befähigung stammt vielmehr von Gott. Er hat uns fähig gemacht, Diener des neuen Bundes zu sein, nicht des Buchstabens, sondern des Geistes. Denn der Buchstabe tötet, der Geist aber macht lebendig. — 2. Korinther 3,5–6 EÜ

Welch eine Freude zu wissen, dass Gott uns in einem bestimmten Bereich kompetent macht, den Paulus in diesen zwei Versen punktgenau benennt. Unsere Kompetenz darf sich niemals auf den Buchstaben berufen. Warum? Weil der Buchstabe tötet, wie Paulus hier ausführt. Kein Christ, der bei klarem Verstand ist, würde in einem Dienst kompetent sein wollen, der den Fluss der übernatürlichen Kraft des Geistes tötet, oder? Sicher nicht! Paulus sagt, dass Gott uns die Kompetenz gibt, im Dienst des neuen Bundes zu wirken. Der neue Bund gibt uns eine unmittelbare Garantie für einen mühelosen Fluss des Geistes, den wir weder erarbeitet noch uns verdient haben. Wenn wir aber dem Buchstaben dienen, töten wir den Fluss des Geistes.

Also gut, was genau ist dieser Buchstabe? Nun, mit diesem Buchstaben sind die in Steintafeln eingravierten Zehn Gebote gemeint! Im vorigen Kapitel haben wir uns verschiedene Bibelstellen angeschaut, um anhand der Bibel zu erklären, warum die Bibel den Gesetzesbund »schwach und nutzlos« nennt. Die Zehn Gebote sind heilig. Das Problem liegt nicht im Gesetz! Das Problem ist der Umstand, dass es »intrinsisch« ist. Aufgrund dieses Merkmals kann Gott den Fluss seines Geistes nicht aus seiner Güte und Liebe heraus freisetzen, weil er an unsere Leistung gebunden ist. Der neue Bund engt Gott nicht auf unsere Leistung ein, weil der neue Bund *extrinsisch* ist. Er wurde ohne unser Zutun geschlossen. Der neue Bund wurde innerhalb der Vollkommenheit der Dreieinigkeit – Vater, Sohn, Heiliger Geist – errichtet und hat uns in Christus Jesus mit eingeschlossen! Jetzt ist die freigiebige

Überschwänglichkeit der vollen Kraft Gottes nicht auf unsere unvollkommene Leistung unter dem Gesetz begrenzt, sondern fußt auf der vollkommenen Leistung Jesu stellvertretend für uns! Halleluja, wie herrlich! Danke, Vater, für die Kompetenz, nicht dem Buchstaben zu dienen, der tötet, sondern dem Geist, der Leben schenkt!

Achte auf das Wort »Tod« in der folgenden Bibelstelle.

Wenn aber der Dienst des Todes durch in Stein gegrabene Buchstaben von solcher Herrlichkeit war, dass die Kinder Israels nicht in das Angesicht Moses schauen konnten wegen der Herrlichkeit seines Antlitzes, die doch vergänglich war, wie sollte dann nicht der Dienst des Geistes von weit größerer Herrlichkeit sein? Denn wenn der Dienst der Verdammnis Herrlichkeit hatte, wie viel mehr wird der Dienst der Gerechtigkeit von Herrlichkeit überfließen! Ja, selbst das, was herrlich gemacht war, ist nicht herrlich im Vergleich zu diesem, das eine so überschwängliche Herrlichkeit hat. Denn wenn das, was weggetan wird, mit Herrlichkeit kam, wie viel mehr wird das, was bleibt, in Herrlichkeit bestehen! Da wir nun eine solche Hoffnung haben, so treten wir mit großer Freimütigkeit auf. — 2. Korinther 3,7–12 SLT

Der einzige Grund, warum wir mutig sein können, ist der Umstand, dass wir unser Vertrauen nicht in uns selbst, sondern in Jesus setzen. Nur der Stolz will den Dienst des Buchstabens! Welcher Mensch, der bei klarem Verstand ist, würde gerne kompetent sein in einem schwachen und nutzlosen Dienst, der tötet, der den Tod bringt? Tod bedeutet, einer Sache ein Ende zu setzen! Was tut das Gesetz? Es macht dem Dienst des Lebens, der Herrlichkeit und der Macht ein Ende! Wenn der Strom abgeschaltet wird, ist Schluss mit all unseren Computern und Geräten. Hier ist es nicht anders. Sogar der Dienst der Verdammnis kam mit Herrlichkeit, verblasste aber schnell. Mose musste sein Gesicht mit einem Schleier bedecken, damit Israel nicht sehen konnte, wie die Herrlichkeit verblasste. Denn dann wäre den Israeliten klar geworden, dass sie sich in einem zeitlich begrenzten Bund befanden; einem Bund, den Gott nie einführen wollte. Israel verlangte ihn! Gott hatte keine Freude daran! Er hatte kein Verlangen nach diesem gesamten komplizierten System eines schwachen und nutzlosen Bundes (siehe Hebräer 10,5–10).

Der Dienst des Buchstabens bringt also eine vergängliche Herrlichkeit mit sich, die wieder verschwindet. Warum? Es ist ein Dienst des Todes, wenn Gott den Menschen aus dem Blickwinkel und mit dem Urteil des Gesetzes betrachtet. »Und wer alle Gesetze bis auf ein einziges befolgt, ist genauso schuldig wie einer, der alle Gesetze Gottes gebrochen hat« (Jak 2,10 NLB). Gott muss mit seiner Heiligkeit und Gerechtigkeit im Einklang bleiben und sich in dem Fall von uns zurückziehen!

Die gute Nachricht ist, dass unser Vater uns schon immer mit Blick auf den an unserer Stelle gekreuzigten Christus betrachten wollte (extrinsisch – von außen her erfolgt, aber mit all den Wohltaten, der Liebe und dem Segen, den wir in Christus erfahren). Gott hat nicht Tausende Jahre gebraucht, um sich das alles zu überlegen. Er hat schon vor Beginn der Zeit beschlossen, uns so zu sehen! Vor Grundlegung der Erde! Ich möchte, dass du die folgenden Verse liest und auf die Formulierungen »in seiner Sicht« und »in seinen Augen« achtest (die göttliche Sicht und Auffassung von uns auf der Grundlage des extrinsischen neuen Bundes).

Und er hat uns auserwählt, sein Eigentum zu sein, indem er uns mit sich vereinte, noch bevor er den Grundstein für

das Universum legte! Aufgrund seiner großen Liebe hat er uns vorherbestimmt, damit wir in seinen Augen heilig und von unbefleckter Unschuld angesehen würden. Denn es gehörte schon immer zu seinem vollkommenen Plan, uns durch unsere Einheit mit Jesus, dem Gesalbten, als seine wunderbaren Kinder anzunehmen, damit seine gewaltige Liebe, die sich über uns ergießt, seine Gnade verherrlicht – dieselbe Liebe, die er für den Geliebten, Jesus, hat, hat er auch für uns. Und dieser sich entfaltende Plan bereitet ihm große Freude! Da wir nun mit Christus verbunden sind, haben wir die Schätze der Erlösung durch sein Blut erhalten – die völlige Annullierung unserer Sünden –, und das alles aufgrund des überfließenden Reichtums seiner Gnade. Diese überreiche Gnade wirkt bereits kraftvoll in uns und setzt in uns alle Formen von Weisheit und praktischem Verständnis frei. Und durch die Offenbarung des Gesalbten hat er uns seine geheimen Wünsche enthüllt – das verborgene Geheimnis seines langfristigen Plans, den er von Anbeginn der Zeit mit Freude in die Tat umsetzen wollte. Und wegen Gottes unerschütterlicher Absicht wird dieser detaillierte Plan durch alle Zeitalter hindurch die Herrschaft behalten, bis die Erfüllung aller Zeitalter schließlich ihren Höhepunkt erreicht – wenn Gott alle Dinge im gesamten Himmel und auf der ganzen Erde durch Jesus Christus neu macht.
— Epheser 1,4–10 TPT

Das Gesetz wird niemals sterben oder vergehen. Es wird den Ungläubigen immer aufzeigen, warum sie Gottes Gnade und das unentgeltliche Geschenk der Gerechtigkeit benötigen – denn unter dem Gesetz gibt es keine Hoffnung auf Errettung. Da gibt es nur Verdammnis und vergängliche Herrlichkeit. Für uns, die wir in

Christus sind, gibt es eine gute Nachricht: Zwar stirbt das Gesetz nicht, aber wir sind in Christus dem Gesetz und dessen Dienst des Todes gegenüber gestorben. Wie das? Durch den geliebten Einen, Jesus! Durch seine Kreuzigung für uns, sind wir **durch seinen Leib** dem Gesetz gegenüber **gestorben**.

Also seid auch ihr, meine Brüder, dem Gesetz gegenüber tot durch den Leib Christi, um einem anderen zu gehören, nämlich dem, der von den Toten auferweckt worden ist, damit wir für Gott Frucht bringen. — Römer 7,4

Beachte, was in Vers 6 steht: Indem wir dem Gesetz gegenüber gestorben sind, wurden wir in die Kraft des Geistes versetzt, sodass wir als fähige Diener des neuen Bundes dienen können, nicht des Buchstabens, sondern des Geistes, denn der Buchstabe tötet, aber der Geist gibt Leben!

Nun aber sind wir vom Gesetz befreit worden und dem abgestorben, was uns gefangen hielt, sodass wir in der neuen Art des Geistes und nicht in der alten Art des Buchstabens dienen. — Römer 7,6

Der neue Bund warnt an vielen Stellen davor, dass wir, wenn wir wieder in das Gesetzesdenken abdriften, einen deutlichen und spürbaren Rückgang an Wundern und an der Kraft des Geistes erleben! Nicht aufgrund von Sünde oder mangelndem Fasten, sondern einfach, weil wir anfangen, uns auf unsere eigene – intrinsische – Leistung zu verlassen, anstatt auf die von Christus Jesus am Kreuz, die extrinsisch ist. Der neue Bund nennt als Ursache für den Rückfall in eine vergängliche Herrlichkeit eindeutig böse, dämonische Einflüsse.

Was ist mit euch Galatern geschehen, dass ihr euch so töricht verhaltet? Ihr müsst unter einem bösen Bann gestanden haben! Hat Gott euch nicht die Augen geöffnet, um die Bedeutung der Kreuzigung Jesu zu erkennen? Wurde er euch nicht als der Gekreuzigte offenbart? — Galater 3,1 TPT

Lasst mich euch noch einmal fragen: Was haben die überschwängliche Ausgießung des Heiligen Geistes in eurem Leben und die durch Gottes gewaltige Kraft gewirkten Wunder damit zu tun, dass ihr religiöse Gesetze haltet? Der Heilige Geist wird durch die Offenbarung und die Kraft des Glaubens auf uns ausgegossen, nicht durch die Einhaltung des Gesetzes! — Galater 3,5 TPT

»Vater, möge die Herrlichkeit des neuen Bundes über allen, die dieses Buch lesen, immer mehr zunehmen, und möge Jesus in ihnen und durch sie immer mehr erhöht und verherrlicht werden!«

18

Der göttliche Detektiv

Dieses Kapitel erklärt, warum wir viel mehr Menschen geheilt sehen werden als je zuvor.

Der Geist der Offenbarung ist immer in Bewegung. Die ewige Wahrheit, die verborgen war, wird plötzlich offenbart. Hungrigen Suchenden wird der Zugang zu den Geheimnissen des Vaters gewährt. Dies führt zu einer beschleunigten und zunehmenden Entfaltung der Herrlichkeit Gottes auf Erden. Wir treten nicht in eine neue Phase, sondern in eine neue *Epoche* auf der Erde ein!

In diesem Kapitel werden wir wie übernatürliche Detektive sein, die von dem göttlichen Detektiv, dem Heiligen Geist, geleitet und geführt werden. Wir ermitteln gegen einen Kriminellen, der durch schlaue Täuschung die mächtigen Wunder Gottes auf Erden eingeschränkt oder gar verhindert hat. Die Entlarvung und Festnahme dieses Verbrechers werden die größte Manifestation der Macht Gottes auf Erden auslösen! Wir werden diesen Fall aufgrund der eindeutigen Beweise der Schriften des neuen Bundes gründlich aufklären. Der göttliche Detektiv garantiert uns einen erfolgreichen Ausgang, vorausgesetzt, wir sind wachsam und scharfsinnig. Dieser Verbrecher hat schon viele Generationen aufrichtiger Christen vor uns getäuscht. Seine Taktik ist raffiniert, weil er geschickte Lügen benutzt. Er lauert im Hinterhalt, im Verborgenen, auf die beste Gelegenheit, uns zu überlisten.

Dann werden wir nicht länger wie Kinder sein und uns ständig von jeder fremden Meinung beeinflussen oder verunsichern lassen, nur weil geschickte Betrüger uns eine Lüge als Wahrheit hinstellen. — Epheser 4,14 NLB

Der göttliche Detektiv möchte, dass wir erkennen, wie heimtückisch sich dieser Verbrecher in das christliche Denken eingeschlichen hat und wie weit er sich schon ausbreiten konnte. Erinnere dich, dass wirksame Täuschung die Kunst der geschickten Tarnung ist. Dieser Verbrecher ist ein Meister darin, unschuldig zu erscheinen. Bis heute unterstützen große Teile der Christenheit, meist aus aufrichtigen Beweggründen, nach wie vor die Propaganda dieses Verbrechers. Wahrscheinlich denken jetzt viele, dass es sich bei diesem Verbrecher um den Teufel handelt. Nun, der Teufel steckt hinter alldem, aber lass dich nicht ablenken, denn er ist nicht der Verbrecher, um den es hier geht. Die meisten Christen sind hellwach, wenn man sie warnt, dass der Teufel sie angreift, um zu rauben, zu töten und zu zerstören. Sie werden sogleich in Alarmbereitschaft sein. Sie werden dem Teufel in Jesu Namen widerstehen. Aber der Verbrecher, über den wir in diesem Kapitel sprechen, versetzt die meisten Christen nicht in Alarmbereitschaft. Warum? Weil der Name dieses Verbrechers für viele Menschen, Christen eingeschlossen, sehr verführerisch klingt. Der Name dieses Verbrechers lautet »menschliche Weisheit«.

Die Schriften des neuen Bundes zeigen drei zerstörerische Verbrechen auf, die die menschliche Weisheit in der Gemeinde verübt.

1. Sie entzieht dem Kreuz seine Kraft (1Kor 1,17)
2. Sie macht Christus wirkungslos für dich (Gal 5,4)
3. Sie neutralisiert den Glauben (Röm 4,13)

Menschliche Weisheit ist die listige Tarnung, hinter der sich das hässliche Gesicht des Anti-Wunder-Geistes verbirgt! Erinnere dich, dass der Anti-Wunder-Geist ein Anti-Gnaden-Geist ist. Er ist ein Kontrollgeist, der die Menschen manipulieren will, um unabhängig von Gottes Weisheit an Ansehen zu gewinnen. Er strebt nach menschlichem Rühmen. Menschliche Weisheit wird nicht durch Offenbarung geleitet. Sie bedient sich natürlicher Logik oder Vernunft. Gottes Weisheit ist immer sehr einfach, wenn du dich ihr mit demütigem Herzen nahst. Menschliche Weisheit glaubt, sie sei Gottes Weisheit überlegen. Tatsächlich hält menschliche Weisheit Gottes Weisheit für töricht. Daher geht menschliche Weisheit davon aus, Gottes Weisheit »nachhelfen« zu müssen, indem sie ihr etwas hinzufügt. Und da sagt der lebendige Gott: »Nein, ihr könnt nicht meine Weisheit des Kreuzes für Wunder und große Kraftwirkung haben, wenn ihr versucht, dem Kreuz menschliche Weisheit hinzuzufügen. Ihr werdet euch nicht damit brüsten, dass menschliche Weisheit dem Kreuz geholfen hat, diese Kraft hervorzubringen.« Menschliche Weisheit will dem Kreuz die Konzepte des alten Bundes hinzufügen.

Aber du kannst dem Kreuz nichts hinzufügen! Das Kreuz plus nichts ergibt ein unendliches Volumen an allmächtiger Kraft, die so überwältigend, unwiderstehlich und intensiv ist, dass es jeder Form von Krankheit unmöglich ist, sich in ihrer Gegenwart aufzuhalten, ohne sich in Nichts aufzulösen.

Und die ganze Menschenmenge versuchte ihn anzurühren, denn es ging Kraft von ihm aus und heilte alle. — Lukas 6,19

Jetzt, nachdem Jesus sich im Himmel niedergesetzt hat, fließt immer noch dieselbe Kraft.

Es kamen auch viele Menschen aus den umliegenden Städten nach Jerusalem, und sie brachten die Kranken und die von unreinen Geistern Geplagten; und alle wurden gesund.
— Apostelgeschichte 5,16

Die heutige Christenheit hat sich allgemein so sehr an ein extrem niedriges Maß an wunderwirkender Kraft gewöhnt, dass sie den großen Unterschied zwischen damals und heute nicht einmal zu bemerken scheint. Die Verschlagenheit des Verbrechers, den man menschliche Weisheit nennt, ist unentdeckt geblieben. All das ändert sich nun in dieser Epoche, in die wir eintreten. Der Verbrecher wird festgenommen. Und wie? Indem immer mehr Gläubigen die Augen darüber geöffnet werden, wer dieser Verbrecher ist!

Denn der Gesalbte hat mich auf eine Mission geschickt, nicht um zu sehen, wie viele ich taufen könnte, sondern um die gute Nachricht zu verkünden. Und ich verkünde diese Botschaft frei von allen philosophischen Argumenten, die das Kreuz seiner wahren Kraft berauben. Denn ich vertraue auf das allgenügende Kreuz Christi allein. — 1. Korinther 1,17 TPT

Man beachte, dass es Argumente gibt, die das Kreuz seiner wahren Kraft berauben. Warum würde Paulus den Ausdruck »wahre Kraft« so sehr betonen? Weil Paulus damit zum Ausdruck bringen will, dass es menschliche Vorstellungen gibt, die dem Kreuz seine wahre Kraft nehmen. Wenn wir nicht klar erkennen, worum es sich bei diesen Vorstellungen handelt, und sie demaskieren, werden wir nie erfahren, was die wahre Kraft des Kreuzes ist!

Hier ist ein Hinweis für die Detektive unter uns. In Vers 17 sagt Paulus: »Denn ich vertraue auf das allgenügende Kreuz Christi **allein.**« Das Wort »allein« ist hier ein ganz klarer Anhaltspunkt.

Alles, was Menschen dem Kreuz hinzufügen, damit das Kreuz nicht allein dasteht, ist menschliche Weisheit, die dem Kreuz seine wahre Kraft entzieht.

Heute gibt es Christen, die sich über verschiedene Methoden, Ideen und Ansätze Gedanken machen, wie man Menschen heilen kann. Wenn die Kraft des Kreuzes in vollem Umfang fließen würde, müssten wir uns keine Gedanken über irgendwelche Methoden machen. Die wahre Kraft des Kreuzes würde die Kranken heilen, sobald jemand, der diese Kraft auf sich trägt, den Raum betritt. Die Frage nach verschiedenen Methoden tritt in dem Maße in den Hintergrund, in dem die Kraft Gottes ihren vollen Umfang erreicht.

Viele Menschen heute haben noch nie die wahre Kraft des Kreuzes erfahren, die übernatürliche Heilung, übernatürliche Vergebung, übernatürliche Befreiung, übernatürlichen Segen, Freude, Frieden oder ein Leben ermöglicht, in dem göttliche Kraft tagein tagaus fließt! Und warum? Weil die Weisheit dieser Welt ihnen einflüstert: »Ja sicher, das Kreuz ist wunderbar, aber Gott erwartet, dass du dem Kreuz noch einige Dinge hinzufügst.« Wann immer wir dem Kreuz etwas hinzutun, entziehen wir ihm seine wahre Kraft! (Wir werden später im Buch noch darauf eingehen, welche Dinge die Menschen dem Kreuz hinzuzufügen versuchen, um ihre Heilung zu erlangen.) Folglich entgeht ihnen ihre Heilung, weil sie dem Kreuz durch menschliche Vernunft oder menschliche Weisheit seine Kraft nehmen. Gott wird die Herrlichkeit des Kreuzes nicht mit der Weisheit des Menschen teilen.

Die Botschaft vom Kreuz zu verkünden, erscheint denen, die auf dem Weg ins Verderben sind, als reiner Unsinn, aber für uns, die wir auf dem Weg zur Erlösung sind, ist es die mächtige Kraft Gottes, die in uns freigesetzt wird.

Denn es steht geschrieben: Ich werde die Weisheit der Weisen zunichtemachen und den Verstand der Gelehrten entkräften. Wo ist also der weise Philosoph, der versteht? Wo ist der erfahrene Gelehrte, der begreift? Und wo ist der geschickte Debattierer unserer Zeit, der eine Debatte mit Gott gewinnen könnte? Hat Gott nicht gezeigt, dass die Weisheit dieses Weltsystems völlige Torheit ist? Denn Gott hat in seiner Weisheit vorgesehen, dass alle Weisheit der Welt nicht ausreicht, um die Menschen zur Entdeckung seiner selbst zu führen. Er hatte große Freude daran, die Weisheit der Welt zu verblüffen, indem er die Botschaft vom Kreuz in ihrer Einfachheit verkündete, um diejenigen zu retten, die ihr glauben. Denn die Juden verlangen ständig nach Wunderzeichen, während diejenigen, die keine Juden sind, sich ständig an die Weisheit der Welt klammern. … Denn die »törichten« Dinge Gottes haben sich als weiser erwiesen als die menschliche Weisheit. Und die »schwachen« Dinge Gottes haben sich als weit mächtiger gezeigt als alle menschlichen Fähigkeiten. … Und damit erfüllt sich, was geschrieben steht: Wenn sich jemand rühmt, so rühme er sich nur dessen, was der Herr getan hat! — 1. Korinther 1,18–22.25.31 TPT

Vers 31 gibt uns den deutlichsten Einblick in die Weisheit der Menschen. Sie glaubt, sie müsse dem Kreuz etwas an menschlicher Anstrengung hinzufügen, um ein Wunder oder einen Durchbruch zu erreichen. Überall auf der Welt gibt es heute christliche Bücher, die den Menschen beibringen, wie sie dem Kreuz etwas hinzufügen können. Oberflächlich betrachtet scheint das alles unschuldig und gut gemeint zu sein, aber es entleert das Kreuz seiner Kraft. Es fügt menschliche »Werke« hinzu. Wenn sie dem Kreuz auch nur kleinste menschliche Werke hinzufügen, gibt es den Menschen etwas, womit sie sich brüsten können. Irgendeine zusätzliche Sache, die wir getan haben, um Heilung zu »erlangen«, ist nichts anderes als menschliche Weisheit, die die wahre Kraft des Kreuzes ausschaltet.

Unser Vater ist in dieser Hinsicht sehr klar und wird seine Meinung nicht ändern – niemals! Seine volle Wunderkraft wird nur dann fließen, wenn menschliches Rühmen vollständig beseitigt ist. Es ist töricht, dem Kreuz etwas hinzufügen zu wollen. Das Kreuz hat bereits alles abgedeckt, was für unsere Heilung nötig ist. In Vers 31 (TPT) heißt es: »Wenn sich jemand rühmt, so rühme er sich nur dessen, was der Herr getan hat!«

Vers 31 bezieht sich auf all das, was Christus am Kreuz getan hat. Noch einmal: Alles, was notwendig ist, damit jemand geheilt werden kann, wurde bereits am Kreuz vollbracht. Wenn ich mich nun als Autor oder Prediger frage: *Betone ich dieses Thema übertrieben stark? Bemühe ich mich zu sehr darum? Bin ich zu verbissen? Schallt meine Posaune zu laut?*, dann muss ich nur 1. Korinther 2,2–5 lesen, um festzustellen, dass die Gemeindewelt nicht genügend alarmiert ist!

> *»Denn ich entschied mich, nichts anderes unter euch zu wissen als allein Jesus Christus, und ihn als den Gekreuzigten. Ich war bei euch in Schwachheit, in Furcht und mit großem Zittern; mein Wort und meine Predigt bestand nicht in überredenden Worten menschlicher Weisheit, sondern in Erweisung des Geistes und der Kraft, damit euer Glaube nicht auf Menschenweisheit, sondern auf Gottes Kraft beruht.« — 1. Korinther 2,2–5*

Es gibt jedoch eine Weisheit, von der wir immer wieder sprechen, wenn wir zu den geistlich reifen Menschen gehören. Es ist eine Weisheit, die nicht aus dem gegenwärtigen Zeitalter stammt und auch nicht von den Herrschern dieses Zeitalters, die im Begriff sind, entthront zu werden. Stattdessen sprechen wir immer wieder von dieser wunderbaren Weisheit, die von Gott kommt und bis jetzt in einem Geheimnis verborgen war. Es ist sein geheimer Plan, der vor allen Zeiten bestimmt war, uns in seine Herrlichkeit zu bringen. Keiner der Herrscher dieser gegenwärtigen Weltordnung hat ihn verstanden, denn sonst hätten sie den Herrn der leuchtenden Herrlichkeit nie gekreuzigt.
— 1. Korinther 2,6–8 TPT

In den nächsten Kapiteln werden wir einige konkrete Methoden kennenlernen, mit denen die menschliche Weisheit versucht, dem Kreuz etwas hinzuzufügen.

19

Wie menschliche Weisheit dem Kreuz die Kraft entzieht

Wie kann menschliche Weisheit dem Kreuz die Kraft entziehen? Um diese Frage zu beantworten, müssen wir zunächst verstehen, dass das Kreuz Christi die vollkommene Offenbarung der Weisheit Gottes ist. Kolosser 2 beschreibt Christus in diesem Zusammenhang folgendermaßen:

> *In dem alle Schätze der Weisheit und der Erkenntnis verborgen sind. Das sage ich euch aber, damit euch niemand mit Überredungskünsten irreführt. … Seht zu, dass euch niemand einfängt durch die Philosophie und leere Täuschung, nach der Überlieferung der Menschen, nach den Elementen der Welt und nicht Christus gemäß. Denn in ihm wohnt die ganze Fülle der Gottheit leibhaftig, und ihr seid erfüllt in ihm, der das Haupt aller Fürstentümer und Mächte ist. — Kolosser 2,3–4.8–10*

Achte in Vers 8 auf die Formulierung »nach den Elementen der Welt«. Dies ist im neuen Bund ein oft gebrauchter Ausdruck, wie wir noch feststellen werden. Diese Elemente werden als geistliche Mächte identifiziert. Woher stammen sie? Sie sind von dieser Welt. Diese Welt bezieht sich auf die gegenwärtige Welt, in der wir leben. Es gibt einen satanischen Geist, der »der Geist dieser Welt« genannt wird und der alle toten Formen der Religion beherrscht und beeinflusst, indem er dem Kreuz seine wahre Kraft entzieht.

Wir müssen also die Quelle ausmachen, in der die menschliche Weisheit ihren Ursprung hat.

Aber die Schlange war listiger als alle Tiere auf dem Felde, die Gott der Herr gemacht hatte, und sagte zu der Frau: »Hat Gott wirklich gesagt, dass ihr von allen Bäumen des Gartens nicht essen sollt?« Da sagte die Frau zu der Schlange: »Wir dürfen von den Früchten der Bäume im Garten essen; aber von den Früchten des Baumes mitten im Garten hat Gott gesagt: »Esst nicht davon, rührt sie auch nicht an, damit ihr nicht sterbt.« Da sagte die Schlange zur Frau: »Ihr werdet ganz sicher nicht sterben, sondern Gott weiß, dass an dem Tag, an dem ihr davon esst, eure Augen geöffnet werden, und ihr werdet sein wie Gott und wissen, was gut und böse ist.« Und die Frau sah, dass von dem Baum gut zu essen wäre und dass er eine Lust für die Augen und ein begehrenswerter Baum wäre, weil er klug macht. Und sie nahm von seiner Frucht und aß und gab ihrem Mann, der bei ihr war, auch davon, und er aß. Da wurden ihnen beiden die Augen geöffnet, sie erkannten, dass sie nackt waren, flochten Feigenblätter zusammen und machten sich Schurze. Und sie hörten die Stimme Gottes des Herrn, der im Garten umherging, als der Tag kühl geworden war. Da versteckten sich Adam und seine Frau vor dem Angesicht Gottes des Herrn zwischen den Bäumen des Gartens. — 1. Mose 3,1–8

Die Öffnung ihrer Augen war eine übernatürliche, verderbenbringende Offenbarung. Ihre Sicht auf Gott und ihre Einstellung zu ihm wurden verzerrt. Das ist es, was der neue Bund »menschliche Weisheit« oder den »Geist dieser Welt bzw. dieses Zeitalters« nennt. Nun sahen sie mit geistig verdorbenen Augen. Sie nahmen

Gott als hart und grausam wahr. Sie dachten, Gott würde ihnen das Gute vorenthalten, und man könne ihm deshalb nicht trauen. Zum ersten Mal drang lähmende Scham in ihr Gewissen. Sie sahen sich gezwungen, sich vor Gott zu verstecken. (Viele Menschen denken heute, Gott verberge sich vor ihnen, aber in Wirklichkeit verstecken sie sich vor Gott hinter religiösen Feigenblättern.) Sie begannen, erst Gott, dann die Schlange und schließlich sich gegenseitig zu beschuldigen. Schuldzuweisungen, Abwehrmechanismen, Opferhaltungen, Schuldgefühle und Angst sind nur einige der tragischen Früchte der menschlichen Weisheit. Sie waren als Ebenbild Gottes mit Herrschaft, Segen und der Macht ausgestattet worden, die Schlange zu unterwerfen, sich zu vermehren und ihren paradiesischen Lebensraum auf die ganze Erde auszuweiten. Stattdessen wählten sie die falsche Weisheit.

Ich verwende bewusst das Wort »wählen«. Gott legt nämlich größten Wert darauf, uns die Wahl zu lassen, denn ohne Wahl kann es keine wahrhaftige, lautere Liebe geben. Wir stehen heute vor derselben Wahl: menschliche Weisheit oder die Weisheit des Kreuzes. Der Baum der Erkenntnis von Gut und Böse oder der Baum des Lebens. Gott ist nicht in ihr Versteck eingedrungen. Stattdessen rief er sie wie ein Vater: »Wo seid ihr?« Dies war keine geographische Frage, sondern eine kardiographische Frage, bei der es um den Zustand ihres Herzens ging. Der Vater entreißt uns nicht unsere tristen Verstecke. Vielmehr lädt er uns in seine Arme ein und sagt: »Eine falsche Entscheidung für die falsche Weisheit ist nicht das Ende. Ich habe ewige, immerwährende Weisheit für dich – die Weisheit des Kreuzes. Komm und folge meinem Geist. Ich werde dich lehren, die listige, verführerische Stimme der Schlange zu erkennen, damit du es ablehnst, dem Kreuz etwas hinzuzufügen!«

Zur Erinnerung: Unser Vater verleitete Adam und Eva nicht dazu, vom Baum der Erkenntnis von Gut und Böse zu essen. Gott wird nicht vom Bösen versucht, noch versucht er uns mit dem Bösen. Er hat sie vor dem Baum gewarnt. Er warnt uns vor der menschlichen Weisheit. Es war die Schlange, die unbedingt die Entscheidung der beiden beeinflussen wollte. Der neue Bund ermahnt uns immer wieder, aufmerksam, wachsam und vorsichtig zu sein. Warum? Weil niemand geistlich reifen kann, wenn er sich nicht bewusst ist, dass das Kreuz plus menschliche Weisheit gleich nichts bedeutet, aber das Kreuz plus nichts die volle, wunderbare, wahre göttliche Kraft ergibt.

Ungefähr 200 Jahre lang, nachdem Christus zum Vater aufgefahren war und sich an den höchsten Platz gesetzt hatte, machte die Gemeinde die ganze bekannte Welt zu Jüngern! Sie waren mit Kraft aus der Höhe bekleidet. Der übernatürliche Dienst mit Zeichen, Wundern, Kraftwirkungen und Heilungen lenkte die Aufmerksamkeit der Ungläubigen auf Jesus als den auferstandenen, lebendigen Herrn. Die Ungläubigen sagten: »Die Jünger haben die Welt auf den Kopf gestellt.« Die Jünger hingegen waren gewiss, dass sie die Welt wieder ins Lot gebracht hatten. Gewöhnliche Gläubige manifestierten beispiellose Wunderkraft. Sie waren mit größter Herrlichkeit und Ehrfurcht bekleidet. Durch Zeichen, Wunder, Kraftwirkungen und Heilungen öffneten sich Dörfer und ganze Städte dem Evangelium. Es gab keine christlichen Denominationen, keine Priester in Gewändern und keine Altäre. Das Kreuz war der letzte und vollkommenen Altar, der jeden Bedarf an Altären beendete. Die gesamte levitische Priesterschaft wurde durch das Kreuz abgeschafft. Nach dem Kreuz wurde jeder, der an Christus glaubte, zu einem königlichen Priester – ganz ohne priesterliche Gewänder.

Ihr aber seid ein auserwähltes Geschlecht, eine königliche Priesterschaft, ein heiliges Volk, ein Volk des Eigentums, um die Tugenden dessen zu verkünden, der euch aus der Finsternis zu seinem wunderbaren Licht berufen hat.
— 1. Petrus 2,9

Durch den Leib Christi waren sie dem Gesetz gegenüber gestorben.

Wisst ihr nicht, Brüder und Schwestern – denn ich rede mit denen, die das Gesetz kennen –, dass das Gesetz nur herrscht über den Menschen, solange er lebt? … Also seid auch ihr, meine Brüder und Schwestern, dem Gesetz getötet durch den Leib Christi, sodass ihr einem andern angehört, nämlich dem, der von den Toten auferweckt ist, damit wir Gott Frucht bringen. — Röm 7,1.4

Aber jetzt, da wir vollständig von der Macht des Gesetzes befreit sind, sind wir dem gegenüber tot, was uns einst beherrschte. Und unser Leben wird nicht mehr durch die veraltete Art und Weise bestimmt, das geschriebene Gesetz zu befolgen, sodass wir nun Gott dienen können, indem wir in der Frische eines neuen Lebens in der Kraft des Heiligen Geistes leben. — Römer 7,6 TPT

Jüdischen oder heidnischen Bekehrten die Beschneidung oder das Gesetz zu predigen, bedeutete nun, dem Kreuz etwas hinzuzufügen und es so seiner Kraft zu berauben und dadurch Christus im Leben der Gläubigen wirkungslos zu machen. Wenn man Menschen, die an Christus glauben, zusätzlich das Gesetz auferlegt, führt man sie direkt von der Macht und der Gnade Christi weg.

Das ist eine ernste Angelegenheit! Die wahre Kraft des lebendigen Gottes verschwindet und übrig bleiben nur noch die Herrschaft des Anti-Wunder-Geistes, der Baum der Erkenntnis von Gut und Böse und die satanische Unterdrückung!

So steht nun in der Freiheit, zu der uns Christus befreit hat, und lasst euch nicht wieder unter das Joch der Knechtschaft bringen. Seht, ich, Paulus, sage euch: Wenn ihr euch beschneiden lasst, dann wird euch Christus nichts nützen. Ich bezeuge nochmals jedem Menschen, der sich beschneiden lässt, dass er schuldig ist, das ganze Gesetz zu erfüllen. Ihr habt Christus verloren, die ihr durch das Gesetz gerechtfertigt werden wollt; ihr seid aus der Gnade gefallen. — Galater 5,1–4

Das Kreuz unterbindet jegliches menschliche Rühmen aufgrund menschlicher Leistungen und lässt nicht zu, dass ihm etwas hinzugefügt wird. Das Kreuz ist Gottes Weisheit, mit der seine Macht auf Erden in noch nie dagewesenen Wundern, Zeichen, Kraftwirkungen und Heilungen sichtbar wird – Beweise übernatürlicher Kraft, die Ehrfurcht und Erstaunen hervorrufen und die Nationen auf ihre Knie bringen!

Es liegt mir aber fern, mich zu rühmen als nur des Kreuzes unseres Herrn Jesus Christus, durch den mir die Welt gekreuzigt ist und ich der Welt. — Galater 6,14

Ohne diese Kraft wird die Gemeinde als solche auf eine bedeutungslose, tote Institution reduziert, die zunehmend ignoriert wird.

Meine Geliebten, hemmt niemals eure Freude und versäumt es nicht, euch an der wunderbaren Erfahrung zu erfreuen, unseren Herrn Jesus zu kennen! Es macht mir nichts aus, zu wiederholen, was ich euch bereits geschrieben habe, denn es schützt euch: Nehmt euch in acht vor religiösen Heuchlern, die euch lehren, dass ihr euch beschneiden lassen solltet, um Gott zu gefallen. Denn wir haben bereits eine »Beschneidung des Herzens« erfahren, und wir beten Gott in der Kraft und Freiheit des Heiligen Geistes an, nicht in Gesetzen und religiösen Pflichten. Wir sind solche, die sich dessen rühmen, was Jesus getan hat, und nicht dessen, was wir in unserer eigenen Kraft erreichen können. Es stimmt, dass ich mich einst auf all das verließ, was ich geworden war. Ich hatte Grund, mich zu rühmen und die Menschen mit meinen Leistungen zu beeindrucken – mehr als andere, denn meine Abstammung war tadellos. Ich wurde als wahrer Hebräer mit dem Erbe Israels geboren, als Sohn eines jüdischen Mannes aus dem Stamm Benjamin. Ich wurde acht Tage nach meiner Geburt beschnitten und wuchs in der strengen Tradition des orthodoxen Judentums auf, wobei ich ein abgeschiedenes und heiliges Leben als Pharisäer führte. Und was die Gerechtigkeit der Tora angeht, übertraf mich niemand; ich war ohnegleichen. Außerdem verfolgte ich als glühender Verteidiger der Wahrheit die messianischen Gläubigen mit religiösem Eifer. Doch all die Leistungen, die ich mir einst zurechnete, habe ich verlassen und betrachte all das als nichts im Vergleich zu der großen Freude, Jesus als meinen Herrn zu erfahren! Ihn wahrhaftig zu kennen, bedeutet, alles aus meiner Vergangenheit loszulassen und all mein Rühmen auf den Müllhaufen zu werfen. Das alles ist für mich jetzt wie ein Haufen Mist, damit ich durch die Realität, Jesus Christus zu kennen, bereichert werde und ihn als Herrn in seiner ganzen Herrlichkeit annehmen kann. Meine Leidenschaft ist es, von ihm verzehrt zu werden und mich nicht an meine eigene »Gerechtigkeit« zu klammern, die auf der Einhaltung des geschriebenen Gesetzes beruht. Meine »Gerechtigkeit« ist seine, die auf der Treue Jesu Christi gründet – die wahre Gerechtigkeit, die direkt von Gott kommt. — Philipper 3,1–9 TPT

Wie konnte die Gemeinde in den ersten 200 Jahren nach Christus so voller Kraft sein? Die Antwort ist: Sie kämpften mit allem, was sie hatten, um zu verhindern, dass menschliche Weisheit dem Kreuz hinzugefügt würde. Das brachte ihnen schwere Verfolgung ein. Sie mussten stark und mutig sein. Die Apostel und Propheten traten dem Eindringen menschlicher Weisheit stetig entgegen. Sie taten dies, um die Gemeinde davor zu bewahren, dem Kreuz menschliche Weisheit hinzuzufügen.

Ich traf mich mit ihnen privat und vertraulich, weil falsche »Brüder« heimlich in die Gemeindeversammlungen eingeschleust worden waren. Sie wurden geschickt, um die wunderbare Freiheit auszuspionieren, die wir in Jesus, dem Gesalbten, haben. Ihr Ziel war es, uns in die legalistische Knechtschaft der Religion zurückzubringen. Doch ihr müsst wissen, dass wir uns ihren religiösen Fesseln nicht unterworfen haben, nicht einmal für einen kurzen Moment, um das Evangelium der Gnade für euch unverfälscht zu bewahren. Selbst die am meisten geehrten und angesehenen unter den Brüdern waren nicht in der Lage, meiner Botschaft etwas hinzuzufügen. Wer sie vor den Menschen sind, ist mir gleichgültig, denn Gott lässt sich vom Ansehen der Menschen nicht beeindrucken. — Galater 2,4–5 TPT

Wo immer es an wachsamen Hirten fehlt, ist die Zukunft der Gemeinde in Gefahr! Hör gut zu! Wann immer man es vernachlässigt oder sich weigert, dem Gift menschlicher Weisheit zu widerstehen, das dem Kreuz beigemengt wird, kann man sicher davon ausgehen, dass künftigen Generationen das wahre Evangelium und die wahre Kraft des Kreuzes vorenthalten werden. So versessen wie die Schlange damals darauf war, Adam und Eva zur falschen Weisheit zu verleiten, ist sie es auch heute noch im Hinblick auf uns! Hinter der Einschleusung menschlicher Weisheit in das Evangelium steht ein dämonischer Geist der Einschüchterung. Es ist ein Geist der Zauberei! Zauberei liegt vor, wenn eine untergeordnete Autorität versucht, sich über eine höhere Autorität zu erheben. So entstehen unrechtmäßige Herrschaftsverhältnisse. Zum Beispiel versuchte Luzifer, seine Autorität über die Autorität Gottes zu stellen (Jes 14,12–15). Im gleichen Sinne heißt es in Galater 5,4, dass diejenigen, die versuchen, durch das Gesetz mit Gott ins Reine zu kommen, aus der Gnade gefallen sind! Mit anderen Worten: Die Gnade ist immer höher als das Gesetz! Wenn du also das Gesetz zur Grundlage deiner Gerechtigkeit machst, hast du eine untergeordnete Autorität, nämlich das Gesetz, über eine höhere Autorität, nämlich das Kreuz, erhoben. Dies führt zu unrechtmäßiger Autorität, die gleichbedeutend mit Zauberei ist! Zauberei bedient sich der Einschüchterung mit dem Ziel, Menschen vollständig zu beherrschen! Wenn Christen das mosaische Gesetz dem Kreuz hinzufügen, dann deshalb, weil ein religiöser Führer oder eine Person, die sich der Zauberei bedient, sie eingeschüchtert, beschämt oder manipuliert hat, damit sie genau dies tun. Das kann von einer Predigtkanzel aus geschehen, in einem persönlichen Gespräch oder indirekt über die sozialen Medien. Es macht keinen Unterschied, welchen Kanal solche Leute benutzen, es funktioniert, wenn du nicht wirklich mit der Wahrheit über die wahre Kraft des Kreuzes ausgerüstet wurdest. Du magst jetzt sagen: »Moment mal, Rob, das ist doch sicherlich nur wenigen Menschen passiert?« Meinst du? Was, wenn ich dir nun sage, dass es dem Apostel Petrus passiert ist?

Am nächsten Tag – die Boten des Kornelius waren bereits vor der Stadt – stieg Petrus auf das Dach des Hauses, um zu beten. Es war kurz vor Mittag, und er hatte großen Hunger. Doch während das Essen zubereitet wurde, hatte er eine Vision. Er sah den Himmel offen stehen, und etwas wie ein großes Tuch wurde an den vier Zipfeln zur Erde heruntergelassen. In diesem Tuch befanden sich verschiedene vierfüßige Tiere sowie Schlangen und Vögel. Er hörte eine Stimme, die sprach zu ihm: »Petrus, steh auf. Schlachte sie und iss davon.« »Niemals, Herr«, erklärte Petrus. »In meinem ganzen Leben habe ich noch nie etwas Gemeines oder Unreines gegessen.« Da sprach die Stimme zum zweiten Mal: »Wenn Gott sagt, dass etwas rein ist, dann sag du nicht, dass es unrein ist.« — Apostelgeschichte 10,9–16 NLB

Gott gab Petrus diese Offenbarung, um ihm zu zeigen, dass das Kreuz ihn von allen Gesetzen des alten Bundes befreit hatte, einschließlich der Speisevorschriften und der Auffassung, dass Heiden unrein seien und Nichtjuden unter das Gesetz des alten Bundes gebracht werden müssten. Gott gab diese Offenbarung, um Petrus zu zeigen, dass er den Menschen einfach das Kreuz Christi in einer Demonstration seiner Kraft bringen sollte, damit ihr Glaube nicht der Weisheit der Menschen, sondern der Kraft Gottes galt.

Er erklärte ihnen: »Ihr wisst, dass es mir nach jüdischem Gesetz verboten ist, mit einem Angehörigen eines fremden Volkes zusammenzukommen oder ein nichtjüdisches Haus wie dieses zu betreten. Aber Gott hat mir gezeigt, dass ich niemanden für unrein halten darf. — Apostelgeschichte 10,28 NLB

»Er ist es, den die Propheten vorausgesagt haben und von dem sie sagten, dass allen, die an ihn glauben, durch seinen Namen die Sünden vergeben werden.« Noch während Petrus sprach, kam der Heilige Geist über alle, die seine Botschaft hörten. Die jüdischen Gläubigen, die mit Petrus gekommen waren, staunten, dass Gott auch Nichtjuden den Heiligen Geist schenkte, denn sie hörten sie in anderen Sprachen reden und Gott loben. — Apostelgeschichte 10,43–46

Petrus verkündete die einfache Botschaft vom Kreuz, und die Kraft Gottes fiel auf die Heiden, und sie wurden gerettet. Petrus war erstaunt! Er hatte eine Vision der Freiheit vom Gesetz. Freiheit, die Heiden nicht als unrein oder minderwertig anzusehen. Er hatte die Offenbarung: *Füge dem Kreuz nichts hinzu, und die Kraft Gottes wird auf sie fallen.* All diese widerfuhr dem Apostel Petrus. Gewiss könnten wir einfach annehmen, dass Petrus nicht durch menschliche Weisheit getäuscht werden konnte! Dieser leichtfertige Gedanke, dass niemand von uns dazu verleitet werden könnte, dem Kreuz menschliche Weisheit hinzuzufügen, ist genau das, was der Schlange so behagt. Trotz allem, was Gott Petrus offenbart hatte, versagte dieser, weil er die Fähigkeit des Zaubereigeistes zur Einschüchterung unterschätzte. Petrus fürchtete sich vor arroganten religiösen Menschen, und so entschied er sich, ein Heuchler zu sein!

Als Petrus jedoch Antiochia besuchte, begann er, die Gläubigen in die Irre zu führen und brachte sie durch sein Verhalten zum Straucheln, sodass ich ihn persönlich auf sein Gebaren ansprechen musste. Er genoss das Zusammensein mit den nichtjüdischen Gläubigen, die sich nicht an die jüdischen Bräuche hielten, und aß seine Mahlzeiten mit ihnen – bis zu dem Zeitpunkt, als die jüdischen Freunde des Jakobus aus Jerusalem eintrafen. Als er sie sah, zog er sich von seinen nichtjüdischen Freunden zurück und sonderte sich von ihnen ab, indem er sich wie ein orthodoxer Jude verhielt – aus Angst, wie es auf die Juden wirken könnte, wenn er mit den nichtjüdischen Gläubigen aß. Aufgrund von Petrus' Heuchelei folgten viele andere jüdische Gläubige seinem Beispiel und weigerten sich, mit nichtjüdischen Gläubigen zu essen. Sogar Barnabas wurde durch ihr schlechtes Beispiel in die Irre geführt und duldete dieses legalistische, heuchlerische Verhalten! Als ich also erkannte, dass sie im Widerspruch zur Offenbarung der Gnade handelten, konfrontierte ich Petrus vor allen Anwesenden: »Du bist als Jude geboren, und doch hast du dich entschieden, die jüdischen Vorschriften außer Acht zu lassen und wie ein Nichtjude zu leben. Warum zwingst du dann diejenigen, die keine Juden sind, sich an die Vorschriften des Judentums zu halten? Obwohl wir gebürtige Juden und keine nichtjüdischen ›Sünder‹ sind, wissen wir sehr wohl, dass wir Gottes Gerechtigkeit nicht als Belohnung für die Einhaltung des Gesetzes erhalten, sondern durch den Glauben Jesu, dem Messias! Seine Treue, nicht unsere, hat uns gerettet, und wir haben Gottes vollkommene Gerechtigkeit empfangen. Jetzt wissen wir, dass Gott niemanden annimmt, indem derjenige das Gesetz hält.« — Galater 2,11–16 TPT

Das ist das Problem vieler Christen heute. Sie denken nicht an die kommenden Generationen. Obwohl sie irgendwann einmal die Offenbarung hatten, dass das Kreuz plus nichts wahre Kraft freisetzt, entscheiden sie sich trotzdem dafür, sich einem Geist der Zauberei zu unterwerfen. Danken wir Gott, dass er heute zunehmend Leiter aufstehen lässt, die den Mut des Apostels Paulus haben.

Etwa 200 Jahre lang kämpfte die Gemeinde diesen Kampf und sorgte dafür, dass immer wieder Wunder geschahen, die ganze Nationen veränderten. Leider gab die Gemeinde mehr und mehr den Verführungen der Schlange nach. Eintausend Jahre lang erlebte die Kirche überwiegend Finsternis. Dem Kreuz wurde menschliche Weisheit hinzugefügt, und zwar auf die schrecklichste und teuflischste Weise. Wenn ich die Kirchengeschichte studiere, bin ich der Meinung, dass der größte Teil der Kirche in dieser Zeit von Dämonen beherrscht wurde. Die gute Nachricht ist, dass wir jetzt in einer Epoche leben, in der Gott die Gemeinde zur vollen Kraft des Kreuzes zurückführt. Bitte denke nicht, dass Wiederherstellung gleichbedeutend damit ist, moderner und kulturell relevanter zu sein. Nein, es bedeutet, dass das in seiner ganzen Kraft freigesetzte Kreuz Freiheit, Ungezwungenheit und Wunder bewirken wird, die alle Generationen anziehen werden, unabhängig von deren Kultur. Eine moderne Kirche ohne Kraft ist bevormundend und unterhaltend, aber leer in Bezug auf Ewigkeit, Übernatürlichkeit und Herrlichkeit. Man kann auf diese Weise zwar Gebäude füllen, aber das bedeutet nicht, dass das Reich Gottes dort ist.

Wie bleibt die Gemeinde in diesen Tagen rein? Paulus sagt: »Wisst ihr nicht, dass schon eine kleine Lüge, die ihr in euer Herz lasst, euer ganzes Glaubenssystem durchdringen kann?« (Gal 5,9 TPT).

Ich verrate dir ein Geheimnis! Gott hat in seiner Weisheit absichtlich einen Stein des Anstoßes geschaffen, indem er nicht zuließ, dass dem Kreuz etwas hinzugefügt wird. Wieso das? Damit aller Stolz, alle menschliche Anstrengung und Selbstgerechtigkeit uns zum Straucheln bringen und alle diejenigen daran hindert, in das Reich Gottes einzutreten, die nicht gewillt sind, es mit Demut zu tun. Stolz will seine eigenen Vorstellungen von Gerechtigkeit durchsetzen und sie dem Kreuz hinzufügen. Das ist Zauberei! Denk daran: Zauberei entspringt dem Geist der Rebellion und hat zum Ziel, sich als untergeordnete Autorität über eine höhere Autorität zu erheben. Wenn Menschen sich nicht Gottes Geschenk der Gerechtigkeit durch Glauben beugen, sondern ihre eigene Gerechtigkeit durchsetzen wollen, wird unser Vater sie straucheln lassen, bis sie Gottes Gerechtigkeit erkennen und sich ihr unterstellen. Gott wird nicht zulassen, dass in Ortsgemeinden, die sich zur Ehre Gottes nach der vollen Kraft des Kreuzes ausstrecken, diese Art von Rebellion einen Platz findet und Menschen Zauberei anwenden.

> *Was sollen wir nun sagen? Dass die Nationen, die nicht nach der Gerechtigkeit strebten, Gerechtigkeit erlangt haben, aber eine Gerechtigkeit, die aus Glauben kommt. Israel aber strebt nach dem Gesetz der Gerechtigkeit und hat das Gesetz der Gerechtigkeit nicht erreicht. Warum das? Weil sie es nicht aus dem Glauben suchen, sondern als komme es aus den Werken des Gesetzes. Denn sie haben sich am Stein des Anstoßes gestoßen, wie geschrieben steht: Sieh, ich lege in Zion einen Stein des Anstoßes und einen Felsen des Ärgernisses; und wer an ihn glaubt, der wird nicht untergehen. Brüder, meines Herzens Wunsch und mein Flehen zu Gott für Israel ist, dass sie gerettet werden. Denn ich bestätige ihnen, dass sie Eifer für Gott haben, aber nicht mit Erkenntnis. Denn weil sie die Gerechtigkeit Gottes nicht erkennen und danach streben,*

ihre eigene Gerechtigkeit aufzurichten, haben sie sich der Gerechtigkeit Gottes nicht unterworfen. Denn Christus ist des Gesetzes Ende, zur Gerechtigkeit für jeden, der glaubt.
— Römer 9,30–10,4

Unser Vater errichtete deshalb einen Stein des Anstoßes, um all jene Gemeinden zu schützen, die *das Kreuz plus nichts* wollen! Der Vater wird alles herausfiltern, was dem Zweck dient, dem Kreuz noch etwas hinzuzufügen. Unser Vater wird keine Gemeinden dulden, die dem Kreuz die Kraft entziehen. Das ist ein ernsthaftes Vergehen gegen den Himmel! Jeder aufrichtige Wunsch nach Einheit der Gemeinde wird einen Stein des Anstoßes beinhalten, der sie schützt. Es gibt keine fünfundzwanzig verschiedene Arten des Evangeliums, um die wir uns vereinen könnten.

Ich bin schockiert darüber, wie schnell ihr euch von dem Gesalbten entfernt habt, der euch in seinem liebevollen Erbarmen gerufen hat. Ich bin offen gesagt sehr überrascht, dass ihr ein verdrehtes Evangelium angenommen habt! Das ist ein verfälschtes »Evangelium«, das einfach nicht wahr ist. Es gibt nur ein Evangelium – das Evangelium des Messias! Und doch habt ihr zugelassen, dass diejenigen, die Gesetz und Gnade vermischen, euch mit Lügen verwirren. Jeder, der mit einer anderen Botschaft zu euch kommt als mit dem Evangelium der Gnade, das ihr empfangen habt, wird den Fluch Gottes auf sich ziehen! Denn selbst wenn wir oder ein Engel vor euch erscheinen würden, um euch ein anderes Evangelium zu verkünden, als jenes, das wir euch bereits verkündet haben, wird Gottes Fluch auf demjenigen sein.
— Galater 1,6–8 TPT

Im weiteren Verlauf des Galaterbriefes argumentiert Paulus immer wieder, dass schon das kleinste bisschen Gesetz, das dem Evangelium hinzufügt werde, zur Folge habe, dass das Evangelium überhaupt keines mehr ist! Beachte, wie deutlich Paulus in Galater 3,1–5 herausstellt, dass der Einfluss von Hexerei oder eines bösen Zaubers dahintersteht, wenn dem Kreuz etwas hinzugefügt wird. Selbst Menschen, denen Gott durch Offenbarung die Augen geöffnet und ihnen zu erkennen gegeben hat, dass der gekreuzigte Christus die Quelle aller Wunderkraft ist, werden getäuscht und fügen dem Kreuz das Gesetz hinzu. Wenn sie das Gesetz oder menschliche Werke zum Kreuz hinzufügen, nimmt die Kraft Gottes sofort ab und verschwindet. In Vers 5, den du gleich lesen wirst, beschreibt Paulus die Kraft des Kreuzes plus nichts als »reichliche Versorgung«. Im griechischen Grundtext ist mit dieser »Versorgung« die gegenwärtige, ununterbrochene, niemals abnehmende, massive Fülle des Heiligen Geistes in deinem Leben gemeint. Paulus beschreibt diese Kraft als »die Wunder der gewaltigen Kraft Gottes«.

Die Wunder der gewaltigen Kraft Gottes

Dies ist Gottes Wille für jede mutige Gemeinde, deren Leiter und Gemeindeglieder bereit sind, dem bösen Zauber, der Hexerei und der Verfolgung durch diejenigen zu widerstehen, die über den Stein des Anstoßes und über das Ärgernis des Kreuzes stolpern (Röm 9,33), und die entschlossen sind, kühn und vereint zusammenzustehen, um die wahre Macht des Kreuzes für diese Generation und künftige Generationen sichtbar zu machen. Das sind wir den Menschen, den Städten und den Nationen aus Liebe schuldig.

Was ist mit euch törichten Galatern geschehen? Wer hat euch unter einen bösen Zauber gebracht? Hat Gott euch nicht die Augen geöffnet, um die Bedeutung der Kreuzigung Jesu zu sehen? Wurde er euch nicht als der Gekreuzigte offenbart? — Galater 3,1 TPT

Ich frage euch noch einmal: Was hat die reichliche Versorgung mit dem Heiligen Geist in eurem Leben und die Wunder der gewaltigen Kraft Gottes mit eurem Einhalten religiöser Gesetze zu tun? Der Heilige Geist wird auf uns ausgegossen durch die Offenbarung und die Kraft des Glaubens! — Galater 3,5 TPT

20

Überwinde die Angst vor Kontroversen

Die Angst vor Kontroversen ist wie ein Verhütungsmittel, das die Empfängnis und die Geburt einer allmächtigen Wiederherstellung von Gottes Kraftwirkung auf der Erde verhindert.

Je besser du Gottes vollkommene Gnade durch das Kreuz verstehst, desto empfänglicher wirst du für Gottes Liebe und desto eher kannst du seine Liebe zu dir zulassen! Gottes Liebe ist vollkommen, unendlich, bedingungslos und immer gleichbleibend! Die Bibel sagt, dass Gott Liebe ist. Wenn Gott aufhören würde, dich uneingeschränkt und vollkommen zu lieben, müsste er aufhören zu sein, wer er ist! Die unfehlbare Liebe Gottes ist durch das Kreuz auf ewig garantiert, aber wenn wir dem Kreuz Bedingungen des alten Bundes hinzufügen, verfallen wir in Verzagtheit und Verwirrung. Und wieso? Weil es das tiefste Bedürfnis eines jeden menschlichen Herzens ist, von Gott vollkommen geliebt zu sein. Nur das allein bringt völligen Trost und Sicherheit. Und nicht nur das: Gottes Liebe zu kennen, lässt Strahlkraft, Genialität, Weisheit, Kreativität und emotionale Intelligenz tief in unsere menschliche Seele eindringen. Gottes Liebe zu kennen, verleiht uns auch eine praktische Vernunft, die inspirierend und anziehend wirkt! Falsche Vorstellungen, die dem Kreuz hinzugefügt werden, schnüren uns ein und ersticken unsere Fähigkeit, Gottes vollkommene, reine und bedingungslose Liebe zu empfangen. In welchem Ausmaß eine falsche Vorstellung toxisch ist, wird durch das Ausmaß bestimmt, in dem die Gnade von menschlichem Verhalten abhängig gemacht wird! Wenn das Kreuz durch menschliche Weisheit verwässert wird, setzt ein ganz und gar diabolischer Zerfall der menschlichen Seele ein. Es wird ein teuflischer Druck auf die menschliche Seele ausgeübt, Gott mehr zu lieben, um ihn dazu zu bringen, einen selbst mehr zu lieben. Das ist sehr gefährlich, weil es lähmend wirkt und zu dysfunktionalem, nichtgöttlichem Verhalten führt, welches dann noch mehr Schuld, Scham und Angst entstehen lässt. Für manche geht es sogar noch tiefer in die Finsternis hinein, bis hin zu Trotz, Rebellion, zunehmender Unmoral und Süchten! Der Druck, Gott zu lieben, um seine Liebe zu verdienen, ist Satans Taktik Nummer eins, die auf der ganzen Welt zu einer todbringenden Hinterlassenschaft geführt hat. Viele haben das Gefühl, Gott unrettbar enttäuscht zu haben! Die Wahrheit ist, dass Gott nicht von dir enttäuscht ist! Hebe deinen Kopf! Das Wort Gottes sagt, dass er nicht von dir enttäuscht ist. Lass uns sein Wort lesen. Diese Hoffnung auf Gottes Liebe, die nie von dir enttäuscht ist, ist keine hohle Fantasie!

> *Und diese Hoffnung ist kein enttäuschendes Hirngespinst, denn wir können jetzt die unendliche Liebe Gottes erfahren, die durch den in uns lebenden Heiligen Geist in unsere Herzen strömt! Denn als die Zeit reif war, kam der Gesalbte und starb, um seine Liebe zu den Sündern zu zeigen, die völlig hilflos, schwach und machtlos waren, sich selbst zu retten. Wer von uns würde es wagen, für einen bösen Menschen zu sterben? Wir alle könnten verstehen, wenn jemand bereit wäre, für einen wirklich edlen Menschen zu sterben. Aber Christus bewies Gottes unbändige Liebe zu uns, indem er an unserer Stelle starb, als wir noch verloren und gottlos waren! Und es gibt noch viel mehr zu sagen über seine*

unerschütterliche Liebe zu uns! Denn durch das Blut Jesu haben wir die kraftvolle Zusage gehört: »Du bist jetzt gerecht in meinen Augen.« Und dank des Opfers Jesu werden wir niemals den Zorn Gottes erfahren. — Römer 5,5–9 TPT

Das Gesetz des alten Bundes fordert von dir, Gott und die Menschen zu lieben, aber es gibt dir nicht die Fähigkeit oder die gesunden Beweggründe der Gnade, durch die in deinem Herzen Liebe zu Gott und zu den Menschen freigesetzt würde. Der neue Bund hingegen tut dies auf sehr einfache Weise! Lass uns lesen, wie:

Wir haben eine innige Erfahrung mit Gottes Liebe gemacht, und wir vertrauen auf seine Liebe zu uns. Gott ist Liebe! Diejenigen, die in dieser Liebe leben, leben in Gott und Gott lebt durch sie. Durch dieses Leben in Gott hat die Liebe in uns ihren vollkommenen Ausdruck gefunden, sodass wir dem Tag des Gerichts furchtlos entgegensehen können. Denn alles, was Jesus jetzt ist, sind auch wir in dieser Welt. Liebe erzeugt niemals Furcht, denn Furcht hängt mit Bestrafung zusammen. Aber die Vollkommenheit der Liebe vertreibt die Furcht vor Strafe ganz und gar aus unserem Herzen. Wer ständig in Angst vor Strafe lebt, hat die Vollkommenheit der Liebe noch nicht erreicht. Unsere Liebe für andere ist unsere dankbare Reaktion auf die Liebe, die uns Gott zuerst erwiesen hat. — 1. Johannes 4,16–19 TPT

Beachte, dass unsere Liebe zu Gott und den Menschen darauf beruht, dass er uns zuerst geliebt hat! Wenn du immer noch Schuldgefühle hast oder Angst vor Bestrafung durch Gott, dann wird deine Befreiung nicht dadurch kommen, dass du dich bemühst, Gott oder die Menschen mehr zu lieben. Die Lösung liegt vielmehr darin – wie diese Schriftstelle zeigt –, dass du Gott erlaubst, dich mehr zu lieben! Erinnere dich an das, was ich zu Beginn dieses Kapitels geschrieben habe: »Je besser du Gottes vollkommene Gnade durch das Kreuz verstehst, **desto empfänglicher wirst du für Gottes Liebe und desto eher kannst du seine Liebe zu dir zulassen.**« Je empfänglicher du Gottes Liebe gegenüber bist, desto empfänglicher wirst du für seine Heilung, seine Wunder und seine Segnungen sein! Das zentrale und einzige Thema, das ewige kosmische Konsequenzen hat, nämlich die vollkommene, vollständige Erlösung in Christus, ist das Kreuz!

Das einzige Ereignis, das die Geschichte in ein Vorher und ein Nachher unterteilt, ist das Kreuz! Hör genau zu: Es gibt eine Zeit vor dem Kreuz und es gibt eine Zeit nach dem Kreuz! Das Kreuz war kein unbedeutendes Ereignis. Es hat die Beziehung unseres Vaters zu uns grundlegend verändert. Gott fügte das Kreuz nicht dem alten Bund hinzu und genauso wenig fügte er den alten Bund dem Kreuz hinzu! Das Kreuz machte den alten Bund absolut überflüssig, vollkommen hinfällig!

Nun möchte ich einige wichtige Erkenntnisse erläutern, die zeigen, wie dringend notwendig es ist, bestimmte Dinge zu verstehen. Dies wird dir den Mut geben, dich nicht blindlings Lehren zu unterwerfen, die dem Kreuz widersprechen oder ihm etwas hinzufügen wollen! Traurigerweise werden bestimmte Lehren, die seit rund 1800 Jahren in der Gemeinde vertreten werden, von den Menschen einfach akzeptiert. Und wenn du mit ihnen nicht übereinstimmst, wirst du dafür sogar verfolgt! Häresie bzw. Irrlehre wird nicht zur Wahrheit, nur weil sie schon lange gelehrt wird! Der Teufel lügt auch schon seit langer Zeit! Das heißt aber nicht, dass das, was er bisher gesagt hat, jetzt plötzlich zur Wahrheit wird! Einer der philosophischen Gedanken, der die Nazipropaganda antrieb, führte zu dem Satz: »Wenn man eine Lüge oft genug erzählt, werden die Menschen sie schließlich glauben.« Leider war diese Methode sehr erfolgreich und führte zu schrecklichem Leid und dem Tod von Millionen von Menschen. Was die letzten 1800 Jahre Kirchengeschichte so tragisch macht, ist das grausame und eklatante Fehlen der Herrlichkeit und Wunderkraft, die im Wirken Jesu in den vier Evangelien und im Wirken der Gemeinde in ihren ersten 200 Jahren zu finden waren. Wie kam es dazu? Weil die Gemeinde nach 200 Jahren Lehren einführte, die dem Kreuz widersprachen und ihm etwas hinzufügten! Das brachte die Gemeinde in eine Zeit, die auch als finsteres Mittelalter bekannt ist! Es gibt Lehren aus dieser finsteren Zeit, die uns heute noch begleiten.

Gott ruft heute immer mehr Reformer in den Dienst, die bereit sind, sich zu demütigen, die gütig, mutig und fähig sind, biblische Wahrheiten in Liebe und im richtigen Zusammenhang zu lehren. Sie wissen, wie man das Wort Gottes korrekt zuordnet, damit wir nicht beschämt werden. Wie? Wir müssen verstehen, was wahres Unterscheidungsvermögen ist und wie Kontroversen benutzt werden, um Reformer einzuschüchtern. Mit gezielten, fehlmotivierten Unterstellungen oder indem eine Person als Unruhestifter abgestempelt wird, sollen Empfängnis und Geburt einer mächtigen Wiederherstellung der Kraft Gottes auf Erden verhindert werden! Viele der Reformatoren während des finsteren Mittelalters sahen sich mit den heftigsten Widerständen konfrontiert, nicht von Ungläubigen ausgehend, sondern von der Kirche. Traurigerweise wurden manche von ihnen durch die ständige Opposition emotional ausgelaugt. Einige starben jung. Andere haben auf den Druck zu heftig reagiert und sich von ihrer Aufgabe ablenken lassen. Heute kritisieren viele Leute die charakterlichen Schwächen derjenigen, die für die Korrektur solcher Lehren eintraten, die dem Kreuz etwas hinzufügten. Diejenigen, die das kritisieren, haben keine Ahnung von der bösartigen Opposition, der Isolation und der Einschüchterung, der diese Männer und Frauen ausgesetzt waren! In Gottes Augen sind sie Helden, die die Kirche ein wenig näher an die vollkommene Wahrheit des Kreuzes herangeführt haben! Heute sucht unser Vater nicht nach einsamen Helden, sondern nach dem Überrest der Gemeinschaften, die als Partner mit Gott zusammenstehen und die Wahrheit des Kreuzes klar und deutlich erkennen!

Deshalb ist es so wichtig, das Wort »Unterscheidungsvermögen« zu verstehen. Unterscheidungsvermögen ist nicht die Fähigkeit zu entscheiden, was richtig und was falsch ist! Unterscheidungsvermögen ist die Fähigkeit, den Unterschied zwischen dem, was richtig ist, und dem, was fast richtig ist, zu erkennen! Denn fast richtig ist immer noch falsch! Was fast richtig ist, ist genauso falsch wie das, was extrem falsch ist. Deshalb ist »fast richtig« viel trügerischer als »extrem falsch«!

In Galater 5 war es dem Apostel Paulus äußerst wichtig zu erklären, warum die Kraft des Heiligen Geistes unter ihnen drastisch abgenommen hatte. Lesen wir, was er sagt:

> *Bevor ihr in die Irre geführt wurdet, wart ihr dem Messias so treu. Warum habt ihr euch jetzt von dem, was richtig und wahr ist, abgewandt? Wer hat euch so getäuscht? Der Eine, der euch in seine Gnade eingehüllt hat, steht nicht hinter dieser falschen Lehre, die ihr angenommen habt. Ganz und gar nicht! Wisst ihr nicht, dass selbst eine kleine Lüge, die ihr in eure Herzen lasst, euer ganzes Glaubenssystem durchdringen kann? — Galater 5,7–9* TPT

Paulus verwendet ausdrücklich die Formulierung »falsche Lehre, die ihr angenommen habt«. Worauf bezieht sich Paulus? In Kapitel 17 dieses Buches habe ich deutlich aufgezeigt, dass es um das geht, was Paulus in Galater 3, in den Versen 1 und 5 geschrieben hat.

Was ist mit euch Galatern geschehen, dass ihr euch so töricht verhaltet? Ihr müsst unter einem bösen Bann gestanden haben! Hat Gott euch nicht die Augen geöffnet, um die Bedeutung der Kreuzigung Jesu zu erkennen? Wurde er euch nicht als der Gekreuzigte offenbart? — Galater 3,1 TPT

Lasst mich euch noch einmal fragen: Was hat die überschwängliche Ausgießung des Heiligen Geistes in euer Leben und die durch Gottes gewaltige Kraft gewirkten Wunder damit zu tun, dass ihr religiöse Gesetze haltet? Der Heilige Geist wird durch die Offenbarung und die Kraft des Glaubens auf uns ausgegossen, nicht durch die Einhaltung des Gesetzes! — Galater 3,5 TPT

Er hatte der Gemeinde in Galatien gesagt, dass es für sie, als er zu ihnen kam und den gekreuzigten Christus predigte, einen totalen Umbruch bedeutete! Das Kreuz plus nichts führt zu einer gigantischen, verschwenderischen, nie endenden Versorgung mit Kraft und Wundern! Was also war geschehen? Nachdem es Zeit war und Paulus sie verlassen musste, kamen falsche Lehrer und fügten dem Kreuz noch etwas hinzu! Warum ließen sich die Galater auf eine solche Lüge ein? Wegen eines blamablen Mangels an Unterscheidungsvermögen! Es klang so richtig für sie. Beinahe richtig ist immer noch sehr falsch. Im gesamten Galaterbrief, von Kapitel 1 bis Kapitel 6, benennt und korrigiert Paulus leidenschaftlich die Dinge, die sie dem Kreuz hinzugefügt hatten und die zu einem drastischen Rückgang der manifesten Kraft Gottes in ihnen und durch sie geführt hatten. Was würde der Apostel Paulus tun und sagen, wenn er heute in die Gemeindewelt käme? Die Galater hatten einfach das Gesetz des Mose und andere Schattenbilder und religiöse Verordnungen des alten Bundes zum Kreuz hinzugefügt. Als Folge verschwand die Kraft Gottes beinahe ganz. Viele der heutigen Gemeinden sagen, die Tage der Wunder seien vorbei. Nein! Die Wunder in Galatien vor 2000 Jahren hörten nicht wegen eines zeitlichen Zusammenhangs auf, sondern wegen einer Verkomplizierung des Kreuzes. Wie deutlich ist die Bibel? Selbsterklärend mit kindlicher Klarheit.

Hier ist eine entscheidende Frage, die es zu beantworten gilt: Warum wurde Jesus ständig beschuldigt, ein Unruhestifter zu sein? Warum war er Tag für Tag von Kontroversen umgeben? Weil er vom ersten Tag an, als sein öffentlicher Wunderdienst begann, ständig in einem Umfeld war, das in absolutem Widerspruch zur Kraft des Reiches Gottes stand. Bedenke die Umstände, in die Jesus eintrat. Es herrschte die völlige Abwesenheit des Übernatürlichen! Orthodoxe hielten Israel in einer toten, leeren Religion gefangen. Seit vierhundert Jahren hatte Gott nicht mehr zu Israel gesprochen. Auffallend war das Fehlen von Wundern. Hesekiel hatte in einer eindrucksvollen Vision gesehen, wie die Herrlichkeit Gottes den Tempel Salomos verließ. Die Herrlichkeit verließ den Tempel in vier Stufen. Zuerst verließ sie das Allerheiligste. Dann verweilte die Herrlichkeit an der Schwelle des Tempels. Danach ging die Herrlichkeit aus dem Osttor hinaus und verweilte dort eine Weile. Ich glaube, dass die Herrlichkeit Gottes in der Hoffnung verweilte, dass Israel von seiner toten Orthodoxie, die voller leerer menschlicher Traditionen war, umkehren würde. Dann erhob sich die Herrlichkeit und verweilte auf dem Ölberg. Schließlich erhob sich die Herrlichkeit vom Ölberg und verließ Israel für eine Zeitspanne von etwa vierhundert Jahren! Israel fuhr mit seinen Ritualen fort, obwohl die Herrlichkeit Gottes völlig fehlte. Keine Wunder! Keine Stimme Gottes. Keine Herrlichkeit im neuen Tempel, von dem Haggai geweissagt hatte. Orthodoxie, religiöse Rechtgläubigkeit, ersetzte die lebendige Herrlichkeit Gottes.

Jede Form der Rechtgläubigkeit, die Gottes Herrlichkeit ersetzt, ist immer von einer vermeintlichen Überlegenheit durchdrungen, die sich selbst zur Schau stellt und feiert, weil es sie schon so lange gibt. Sie ist dämonisch und versucht immer, sich auf eine kontrollierende Art und Weise aufzudrängen. Sie lässt Wunder zum Stillstand kommen, weil sie gegen die Gnade ist. Sie wird zunehmend lasterhaft und moralisch verdorben. Sie lässt unsinnigen Aberglauben zu, ist aber tot. Als Jesus seinen Wunderdienst aufnahm, waren die Menschen voller Freude und Hoffnung, aber viele der Pharisäer, Sadduzäer und Schriftgelehrten fühlten sich bedroht, waren eifersüchtig und neidisch und schmiedeten Pläne, wie sie Jesus töten könnten! Danke deinem himmlischen Vater, dass Jesus keine Angst hatte, kontrovers zu erscheinen, nur weil er wahres Unterscheidungsvermögen bewies!

Die Bibelstelle, die ich dir jetzt zeigen werde, ist voll von beeindruckenden Allegorien, die unsere Vorstellungskraft anregen, sodass wir mit anschaulicher Klarheit den Unterschied erkennen zwischen dem Glauben, der dem Kreuz Christi nichts hinzufügt, und jenem, der das Kreuz durch die Konzepte des alten Bundes ergänzt! Die Sprache, die der Geist Gottes hier verwendet – denn Paulus schrieb durch den Geist inspiriert –, ist aus meiner Sicht äußerst provokant. Sie ist Ausdruck der unverhohlenen göttlichen Entschlossenheit, unsere Aufmerksamkeit zu erregen! Diese Worte haben nichts Sanftes oder Sentimentales an sich. Diese Worte sind so gewählt, dass sie uns förmlich ins Gesicht springen! Sie sollen uns schockieren und beunruhigen. Sie sind eine ernste Warnung und ein Appell. Diese göttlich inspirierten Worte zu ignorieren, bedeutet, die Zukunft der Gemeinde zu gefährden! Ich möchte dich ermutigen, beim Lesen dieser Verse volle Aufmerksamkeit walten zu lassen – lies sie immer und immer wieder, bis du erkennst, warum das Wort »Gegensatz« dort steht. Nachdem wir diese Verse gelesen haben, gibt es keine Rechtfertigung mehr, dem Kreuz etwas hinzuzufügen. Alles, was dem Kreuz hinzugefügt wird, führt zu einer Ismael-Religion! Es bringt die Werke des Fleisches hervor und raubt der Gemeinde die Kraft, im Übernatürlichen des allmächtigen Gottes zu wirken.

Sagt mir, wollt ihr wieder streng nach dem Gesetz leben? Habt ihr euch nie angehört, was das Gesetz wirklich sagt? Habt ihr vergessen, dass Abraham zwei Söhne hatte, einen von der Sklavin, den anderen von der freien Frau? Ismael, der Sohn der Sklavin, war ein Kind des natürlichen Reiches. Aber Isaak, der Sohn der freien Frau, wurde auf übernatürliche Weise durch den Geist geboren – ein Kind der Verheißung Gottes! Diese beiden Frauen und ihre Söhne stellen ein Sinnbild dar und werden zu Symbolen für zwei Bündnisse. Der erste Bund wurde auf dem Berg Sinai ins Leben gerufen und gebar Kinder in die Sklaverei – Kinder, die Hagar geboren wurden. Denn »Hagar« steht für das am Berg Sinai in Arabien gegebene Gesetz. Hagar, als Bild, entspricht dem irdischen Jerusalem von heute, das sich gegenwärtig noch in Knechtschaft befindet. Im Gegensatz dazu gibt es ein himmlisches Jerusalem über uns, welches unsere wahre »Mutter« ist. Sie ist die freie Frau, die ihre Kinder in die Freiheit gebiert! Denn es steht geschrieben: »Sprudle über vor Freude, du unfruchtbare Frau, die keine Kinder hat! Brich durch mit Jubel und Freude, denn du wirst bald gebären! Die eine, die einst als verlassen und unfruchtbar angesehen wurde, hat jetzt mehr Kinder als die, die einen Ehemann hat!« Liebe Freunde, genau wie Isaak sind wir jetzt die wahren Kinder, die die Verheißungen des Reiches Gottes ererben. Und so wie damals der Sohn der natürlichen

Welt den aus der Kraft des Heiligen Geistes geborenen Sohn bedrängte, so ist es auch heute. Und wozu fordert uns die Heilige Schrift auf? »Vertreibe die Sklavenmutter mit ihrem Sohn! Der Sohn der Sklavin wird nicht der wahre Erbe sein – denn der wahre Erbe der Verheißungen ist der Sohn der freien Frau!« Jetzt ist es ganz offensichtlich! Wir sind nicht die Kinder der Sklavin; wir sind die übernatürlichen Söhne der freien Frau – Söhne der Gnade! Lasst es mich ganz deutlich sagen: Der Gesalbte hat uns freigemacht – nicht teilweise, sondern vollkommen und wunderbar frei! Wir müssen diese Wahrheit in unserem Herzen festhalten und uns hartnäckig weigern, in die Knechtschaft unserer Vergangenheit zurückzukehren. — Galater 4,21–5,1 TPT

Ismael bedeutet »Einer, der Unruhe stiftet«. Isaak, der durch die Kraft des Geistes geboren wurde, bedeutet »Lachen«. Derjenige, der Unruhe stiftet, wird immer denjenigen hassen und verfolgen, der durch übernatürliche Wunderkraft gezeugt wurde. Das Ausmaß, in dem die Gemeinde Ismael-Denken erzeugt, wird die Dimensionen ihres Schmerzes, ihrer Probleme und ihrer inneren Konflikte bestimmen. Wir haben gerade Vers 29 gelesen: »Und so wie damals der Sohn der natürlichen Welt den aus der Kraft des Heiligen Geistes geborenen Sohn bedrängte, so ist es auch heute.« Die Gemeinde befindet sich heute in einem Bürgerkrieg! Es ist kein Krieg der Denominationen, es ist ein Krieg zwischen Ismael und Isaak. Es geht um eine Spaltung zwischen dem Natürlichen und dem Übernatürlichen! Es besteht ein deutlicher Konflikt zwischen denen, die dem Kreuz etwas hinzufügen, und denen, die ihm nichts hinzufügen.

Überall auf der Erde bildet sich Spaltung zwischen Gesetzeslehre und Gnadenlehre. Gott selbst bewirkt das. Einige von denen, die immer noch eine Mischung aus Gesetz und Gnade predigen, werden zunächst versuchen, diplomatisch und vernünftig zu sein. Aber unter der Oberfläche tragen sie Hass und Neid mit sich herum. Sie werden versuchen, dies durch den Anschein von Gottergebenheit und mithilfe theologischer Argumente zu verschleiern, aber Gott wird den wahren Zustand ihrer Herzen aufdecken. Dies ist keine sanfte Reformation. Es ist eine echte Revolution. Diejenigen, die das nicht verstehen, werden zutiefst bestürzt sein, wie schnell sich diese Revolution ausbreitet. In dieser Revolution wird sich das Evangelium der Gnade, wie es im neuen Bund offenbart ist, wie ein Lauffeuer ausbreiten. Als Reaktion darauf wird es ungesunde Extreme geben, die zu beiden Seiten ausschlagen.

Es wird Stimmen geben, die versuchen werden, sich einen Vorteil zu verschaffen, indem sie als ausgewogene Diplomaten auftreten und zu Ruhe und Besonnenheit aufrufen, aber Gott wird diese selbsternannten Stimmen der Vernunft beiseite fegen und sie schnell zum Schweigen bringen. Diejenigen, die ein sicheres, reines Herz haben, werden diese Revolution anführen und nicht in Panik vor den ungesunden Extremen geraten oder versuchen, alles vorschnell auszugleichen. Denn es ist nicht die Botschaft der Gnade, die die Extreme oder das Ungleichgewicht verursacht, sondern es ist das Ergebnis einer eingefahrenen und tief verwurzelten Gesetzlichkeit und einer von Menschen ausgeübten Kontrolle, die nun ans Licht gezwungen wird. Diese Gnadenrevolution wird jeder Form und jedem Anschein von Frömmigkeit, die die Kraft des neuen Bundes leugnet, die Maske vom Gesicht reißen. Diese Evangeliumsrevolution ist nicht für die Abscheulichkeiten verantwortlich zu machen, die bei manchen zum Vorschein kommen werden. Sie zwingt einfach das wahre Wesen der Gesetzlichkeit ans Licht und entledigt sie all ihrer Verkleidungen, sodass sogar die Naiven und die Getäuschten sehen, wie abgrundtief hässlich ihr Gesicht wirklich ist. Der Gesetzlichkeit wird die Tarnung entzogen, damit sie ihre Schikanen nicht länger aus dem Verborgenen heraus betreiben und sich dabei den Anschein von Gottgefälligkeit geben kann. Diejenigen, die furchtlos die Gnade annehmen und reinen Herzens und treu bleiben, die Schwierigkeiten ertragen und sich nicht aufgrund von Verfolgung durch Bitterkeit verunreinigen lassen, werden mit dem Heiligen Geist zusammenarbeiten und erleben, wie ganze Nationen zur Erweckung gebracht werden.

Menschen des neuen Bundes aufzufordern, zu einer auf Leistung basierenden Religion zurückzukehren, ist so, als würde man Abraham dazu auffordern, immer wieder intime Kontakte mit Hagar einzugehen, um weitere Ismaels zu zeugen. Der Geist, der die Gnade hasst, will, dass du dich wegen deiner Unzulänglichkeiten schlecht fühlst, aber Jesus möchte, dass du dich angesichts der Wahrheit, dass er bereits alles für dich erfüllt hat, gut fühlst. So sicher und vollkommen die Beziehung zwischen Christus und dem Vater ist, so ist es auch deine mit ihm! Der Vater führt seine Beziehung zu dir nicht auf Grundlage deiner Leistung, sondern auf Grundlage der vollkommenen Leistung Christi stellvertretend für dich! Wenn du dies durch Offenbarung erkennst, entsteht in deinem Herzen reiner Glaube. Die Frucht dieses Glaubens führt spontan zu Demut, Kühnheit und Gehorsam, die weiter zunehmen werden!

Dieses Kapitel hat dich mit dem nötigen Unterscheidungsvermögen ausgestattet, um folgende Frage zu beantworten: Ist im neuen Bund Unversöhnlichkeit gegenüber anderen ein Hinderungsgrund, die eigene Heilung zu empfangen?

21

Verhindert Unversöhnlichkeit Heilung?

Dies ist in der heutigen Zeit eine sehr kontroverse Frage! Um diese Frage klar und sicher zu beantworten, müssen wir auf der richtigen Seite des Kreuzes stehen. Es ist äußerst wichtig, dass wir, wenn wir anderen mit Heilungswundern dienen, sie nicht dazu auffordern, sich selbst auf Unversöhnlichkeit oder irgendeine Art von Sünde hin zu untersuchen.

Der Schlüssel zu Wundern liegt darin, den Menschen zu helfen, auf Jesus zu schauen und nicht auf sich selbst!

Corrie ten Boom hat einmal gesagt: »Wenn du die Welt betrachtest, wirst du verzweifeln. Wenn du nach innen schaust, wirst du deprimiert sein. Doch wenn du auf Christus blickst, wirst du zur Ruhe kommen.« Menschen, die unter irgendeiner Form von Krankheit leiden, müssen die überaus klare und einfache gute Nachricht des Evangeliums vom Reich Gottes hören, nicht mehr und nicht weniger!

Vor einigen Jahren dienten Glenda und ich in London. Wir hatten eine wundervolle Zeit. In jeder Versammlung kamen Menschen nach vorne, um ihr Leben Christus zu übergeben. Was die Menschen zu den Versammlungen hinzog, waren eindeutig die Zeugnisse über die wunderbaren Heilungen, die Jesus wirkte. Glenda und mir fiel eine Dame im Rollstuhl auf, die im hinteren Teil des großen Versammlungssaals saß. Plötzlich wussten wir, dass diese Frau geduldig die Botschaft der guten Nachricht vom Reich Gottes in sich aufgenommen hatte, die wir Abend für Abend predigten! Wir wussten dies durch keinen anderen Beweis als durch das Zeugnis des Heiligen Geistes in unseren Herzen. Wir gingen zu ihr und übertrugen die spürbare Kraft Gottes auf sie. Sie begann zu zittern und ein wenig zu kichern. Sie teilte uns mit, dass sie eine unheilbare Krankheit habe. Ihre Beine waren wie leblose Stricke, ohne jegliches Gefühl darin. Die Ärzte hatten ihr gesagt, dass sie sterben werde, aber Doktor Jesus hatte gute Nachrichten für sie! Innerhalb von zehn Minuten war sie zum ersten Mal seit Jahren wieder auf den Beinen und lief umher, während ich ihre Hand hielt. Schließlich ließ sie meine Hand los und begann, unter dem Beifall einer großen Menge freudiger Menschen zügig durch den ganzen Saal zu marschieren.

Jetzt, da das Wunder so offensichtlich war, fragte ich sie öffentlich, wie es zu ihrer Lähmung gekommen war. Sie antwortete, dass sie vor vielen Jahren eine Verletzung an der Halswirbelsäule erlitten habe, als ein junger Mann sie in ein Schwimmbecken stieß. Sie erzählte mir dann, dass sie diesem jungen Mann gegenüber jahrelang sehr verbittert war. Ich fragte sie direkt: »Als du eben aufgestanden und gelaufen bist, hattest du da immer noch Unversöhnlichkeit in deinem Herzen?« Als sie das sofort bejahte, sagte ich zu ihr: »Jesus hat dir heute ein Wunder geschenkt, obwohl du unversöhnlich warst.« Von ihr kam wieder ein Ja, woraufhin ich sagte: »So ist die Gnade! Das ist das Evangelium! Dies ist der neue Bund!« Dann fragte ich sie: »Vergibst du ihm jetzt?« Sie sagte: »O ja, das tue ich!« Ich sagte zu ihr: »Setz jetzt deinen Ehemann in den Rollstuhl und schieb ihn aus dem Gebäude. Geht nach Hause und freut euch!«

Nach diesem Wunder kamen viele nach vorn und nahmen Christus als Herrn an! Es ist dringend nötig, dass Gläubige frei von der Angst vor Kontroversen leben und Menschen, die Sünde,

Unglauben oder Unversöhnlichkeit in ihrem Herzen tragen, mutig die gute Botschaft verkünden, ob diese nun Christen sind oder nicht. Es ist diese gute Nachricht, die Menschen durch Glauben mit der Kraft Gottes verbindet. Sobald sie diese Verbindung mit der Gnade und Kraft der Heilung hergestellt haben, beginnen sie, anderen zu vergeben. Gottes Güte führt die Menschen zur Umkehr! (Röm 2,4). Dabei spielt es keine Rolle, ob sie sich mit Freimaurerei, Ahnenflüchen, Götzenverehrung, Pornografie, Zauberei, dämonischer Belastung oder Unversöhnlichkeit herumschlagen. Die herrliche gute Nachricht des Evangeliums ist die Kraft der Freiheit, der Befreiung und Heilung. Die gute Nachricht zu verkünden bedeutet nicht, den Menschen eine lange Liste von Dingen zu präsentieren, die sie in ihrer Vergangenheit getan haben oder denen sie ausgesetzt waren! Ich habe nie gelesen, dass Jesus oder die wunderwirkende Gemeinde des ersten Jahrhunderts eine Checkliste abgearbeitet hätten!

Hier ist eine grundlegende Aussage, die absolut wahr ist: In der Bibel kommt kein Bund zustande, bevor nicht Blut vergossen worden ist. Beim letzten Abendmahl sprach Jesus davon, dass sein Blut das Blut des neuen Bundes sei. Wenige Stunden nach dieser Aussage vergoss er sein unvergängliches göttliches Blut. Nur so konnte der neue Bund in Kraft treten. »Aber Rob, in meiner Bibel steht ›Neues Testament‹ vor den vier Evangelien. Das heißt doch, dass da schon alles angefangen hat.« Ich kann dir mit Gewissheit versichern, dass die Übersetzer der Bibel die Worte »neues Testament« eingefügt haben. Die Übersetzer haben etwas hinzugefügt, was nicht in den Handschriften stand. Dieser unrechtmäßige, menschengemachte Zusatz zur Heiligen Schrift hat über Generationen hinweg für endlose Verwirrung gesorgt. Liebe Leserin, lieber Leser, du kannst gerne nachprüfen, was ich hier gerade geschrieben habe. Du wirst nicht lange brauchen, um zu überprüfen, ob es stimmt. Übersetzer sollen übersetzen, nicht Wörter hinzufügen, die in den Bibelmanuskripten gar nicht vorhanden sind. Ich bin sicher, dass ihre Motive rein waren, aber wir sollten uns darüber im Klaren sein, dass dies eine menschliche Einfügung war, keine vom Heiligen Geist inspirierte!

Die Frage ist also: »Von welcher Seite des Kreuzes aus predigst du?«

Hier kommt jetzt eine Kontroverse, die wir nicht ignorieren können. Bist du bereit dafür? Atme tief durch! Jesus machte gegensätzliche Aussagen auf den zwei Seiten des Kreuzes! Vor dem Kreuz traf er einige klare Aussagen und nach dem Kreuz kehrte er diese Aussagen um und gab ihnen eine sehr unterschiedliche Bedeutung. Wir müssen begreifen, dass das Wirken Jesu nicht mit den vier Evangelien endete. Jesus sprach durch den Heiligen Geist auch nach dem Kreuz weiter zu seiner Gemeinde! Wie hat er nach dem Kreuz weiter zur Gemeinde gesprochen? Die Bibel macht deutlich, dass nach dem Kreuz der Geist Christi die Schreiber des neuen Bundes inspirierte! Es ist immer noch Jesus, der durch die Briefe des neuen Bundes zu der Gemeinde spricht. Derselbe Jesus, der in den vier Evangelien vor dem Kreuz sprach, spricht nach dem Kreuz in den Briefen des neuen Bundes!

Nun muss noch etwas anderes deutlich gesagt werden: Der neue Bund konnte unmöglich vor dem Kreuz beginnen.

Es gab Dinge, die Jesus vor dem Kreuz sagte, die mit den Lehren des Gesetzes des alten Bundes übereinstimmten. Wenn also Jesus vor dem Kreuz lehrte, wie man anderen vergibt, dann geschah dies mit Blick auf Beweggründe, die auf dem Gesetz basierten. Wenn er nach dem Kreuz lehrt, anderen zu vergeben, gibt es keine auf dem Gesetz fußende Motive wie Angst oder Verurteilung. Nach dem Kreuz wird Vergebung anderen gegenüber voll und ganz von den wunderbaren, sehr viel edleren Motiven der Gnade angeregt.

Einige der Aussagen, die Jesus vor dem Kreuz über die Vergebung anderen gegenüber gemacht hat, werden dich zum psychischen und emotionalen Krüppel machen, wenn du versuchst, sie umzusetzen, weil sie der alten Ordnung entstammen. Gleich werden wir lesen, dass die alte Ordnung schwach und nutzlos war und deshalb ersetzt werden musste! Jesus ist sicherlich nicht schwach und nutzlos, aber was er aus dem Gesetz über das Vergeben predigte, war schwach und nutzlos.

Als Menschen des neuen Bundes müssen wir auf das hören, was Jesus nach dem Kreuz über die Vergebung gegenüber anderen sagte! Nach dem Kreuz stellt sich Jesus durch die Auferstehung als vollkommener Hoherpriester der Gnade vor, mit einer viel besseren Hoffnung und Zuversicht, die Nähe Gottes zu erfahren!

> *Die alte Ordnung der Priesterschaft wurde als schwach und kraftlos beiseitegelegt. Denn das Gesetz hat niemanden vollkommen gemacht, doch an seine Stelle ist eine viel bessere Hoffnung getreten, die uns die Zuversicht gibt, innige Gemeinschaft mit Gott zu erfahren! Und dies hat er uns mit feierlichem Versprechen bestätigt. Denn die früheren Priester nahmen ihr Amt ohne Eid an, aber Jesu königliche Priesterschaft bestätigte Gott mit einem Versprechen, indem er sagte: »Der Herr hat einen feierlichen Eid geleistet und wird seine Gesinnung niemals ändern: ›Du bist ein König-Priester für immer!‹« All das unterstreicht die Wahrheit, dass wir einen besseren Bund mit Gott haben als den, den jene erfahren haben, denn Jesus selbst ist sein Bürge!*
> *— Hebräer 7,18–22* TPT

Nun aber hat Jesus, der Messias, ein priesterliches Amt übernommen, das ihres bei weitem übertrifft, denn er ist der Auslöser eines besseren Bundes, der viel herrlichere Verheißungen enthält! Denn wenn dieser erste Bund fehlerlos gewesen wäre, hätte man keinen zweiten gebraucht, um ihn zu ersetzen. — Hebräer 8,6–7 TPT

Das ist unmissverständlich. Gott selbst sagt, dass der erste Bund ersetzt werden musste, weil das Gesetz nichts vervollkommnen konnte.

Ich werde nun versuchen, etwas über das Kreuz zu sagen, das einen höchst spannenden und doch ganz unkomplizierten Einblick in das wichtigste Prinzip der Schriftauslegung gibt! Viele von uns haben schon mal Nachtclubs gesehen, an deren Türen knallharte, grimmig aussehende Türsteher stehen. Ihre Aufgabe ist es, jeden am Betreten des Clubs zu hindern, der nicht willkommen ist. Und genau so ist es mit dem Kreuz! Es ist ein Wächter, ein Beschützer. Das Kreuz ist ein Filter. Es lässt keine Konzepte des alten Bundes in die Briefe des neuen Bundes hinein! Das Kreuz interpretiert die Lehren des alten Bundes neu und wandelt sie in die überlegene Wahrheit des neuen Bundes um! Zum Beispiel war die Beschneidung vor dem Kreuz ein extrem wichtiges Thema unter dem Gesetz des alten Bundes – obligatorisch am achten Tag nach der Geburt für jedes jüdische männliche Baby. Die Beschneidung vor dem Kreuz war ein Zeichen dafür, dass man sich auf das Gesetz verließ, um Gerechtigkeit zu erlangen. Die physische Beschneidung im alten Bund wird am Kreuz radikal umgedeutet in etwas äußerst Tiefgreifendes und Überlegenes. Zum Beispiel:

Nehmt euch vor religiösen Heuchlern in Acht, die lehren, dass man sich beschneiden lassen muss, um Gott zu gefallen.

Denn wir haben bereits eine »Beschneidung des Herzens« erfahren, und wir beten Gott in der Kraft und Freiheit des Heiligen Geistes an, nicht in Gesetzen und religiösen Pflichten. Wir sind solche, die sich dessen rühmen, was Jesus Christus getan hat, und nicht dessen, was wir in unserer eigenen Stärke erreichen können. — Philipper 3,2–3 TPT

Durch die Einheit mit ihm haben wir eine Beschneidung des Herzens erfahren. Alle Schuld und Macht der Sünde wurde weggeschnitten und ist nun ausgelöscht aufgrund dessen, was Christus, der Gesalbte, für uns vollbracht hat. — Kolosser 2,11 TPT

Ich, Paulus, sage euch: Wenn ihr denkt, die Beschneidung und die jüdischen Vorschriften seien von Nutzen, dann handelt ihr so, als sei Jesus, der Gesalbte, nicht genug. Ich sage es noch einmal mit Nachdruck: Wenn ihr euch beschneiden lasst, seid ihr verpflichtet, jede einzelne Forderung und Vorschrift des Gesetzes zu erfüllen! Wenn ihr euch heilig machen wollt, indem ihr die Pflichten des Gesetzes erfüllt, habt ihr mehr als euer Fleisch abgeschnitten – ihr habt euch von dem Gesalbten abgeschnitten und seid von der Offenbarung der Gnade abgefallen! — Galater 5,2–4 TPT

Vor dem Kreuz war die körperliche Beschneidung heilig und wurde gefeiert. Nach dem Kreuz hatte sie keine Bedeutung und keinen Zweck mehr. Wie kann ein kleiner Schnitt an der Spitze der männlichen Vorhaut damit vergleichbar sein, dass unsere alte sündige Natur auf übernatürliche Weise beschnitten und aus unserem Herzen herausgeschnitten wird und eine neue Schöpfungsnatur auf übernatürliche Weise die alte ersetzt? Durch den Geist Gottes wiedergeboren zu sein, ist die weitaus bessere Beschneidung!

Das Kreuz hat die mangelhaften Praktiken des alten Bundes in die überragende Offenbarung des neuen Bundes umgedeutet und umgewandelt.

Es gibt noch viele weitere Beispiele, die ich anführen könnte, aber jetzt wollen wir uns ansehen, was Jesus vor dem Kreuz über das Vergeben gelehrt hat, und wie das Kreuz dies nach dem Kreuz neu interpretiert und umgewandelt hat. Wow! Mach dich bereit! Schauen wir uns drei Aussagen Jesu aus der Zeit vor dem Kreuz an und sehen wir dann, wie das Kreuz sie im neuen Bund uminterpretiert. Folgendes sagte Jesus **vor dem Kreuz** über Vergebung:

> *Und wenn du betest und feststellst, dass du etwas gegen einen anderen Menschen in deinem Herzen hast, dann gib ihn frei und verzeih ihm, damit dein Vater im Himmel auch dich freigibt und dir deine Fehler verzeiht. Wenn du aber nicht loslassen und vergeben willst, dann erwarte nicht, dass dein Vater im Himmel dich von deinen Verfehlungen entbindet.*
> *— Markus 11,25–26* TPT

Ist uns wirklich bewusst, was Jesus hier vor dem Kreuz sagte? Du solltest dir besser über jede Person in deinem Leben im Klaren sein, der du nicht vergeben hast, und du solltest ihr besser vergeben! Warum? Wenn du anderen nicht vergibst, kann dir selbst nicht vergeben werden, und alle deine Sünden werden von Gott gegen dich verwendet! Das bedeutet, dass deine Beziehung zu Gott durchtrennt ist, weil Gott dir nicht vergeben wird. Es bedeutet auch, dass du nicht in den Himmel kommst, wenn du mit Unversöhnlichkeit in deinem Herzen stirbst! Nur Menschen, denen vergeben wurde, können in den Himmel kommen. Jesus predigt über Unversöhnlichkeit unter dem Gesetz, vor dem Kreuz. Jesus predigt über Vergebung unter dem Gesetz, vor dem Kreuz. Wie traurig ist es, Gläubige zu sehen, die nach dem Kreuz in Angst und Unsicherheit leben, weil sie nicht sicher sind, ob sie allen vergeben haben. Dann sagt Jesus in Matthäus 18,21–35, dass man, wenn man anderen nicht vergibt, den Peinigern ausgeliefert werde, damit sie einen foltern. Ich habe schon Prediger sagen hören, dass es sich bei diesen Peinigern um Dämonen handelt. In Lukas 11,4, vor dem Kreuz, lehrte Jesus, dass wir beten sollen:

> *Vergib uns unsere Sünden, so wie auch wir denen, die uns Unrecht getan haben, Vergebung gewähren. Und rette uns, wann immer wir in Bedrängnis geraten.* — *Lukas 11,4* TPT

Vor dem Kreuz war unsere Vergebung nicht von der Fähigkeit Gottes abhängig, uns zu vergeben, sondern ganz und gar von unserer Fähigkeit, anderen zu verzeihen! Und das ist das Beste, was der schwächere Bund, das Gesetz, zu bieten hat! Jesus hatte uns nach dem Kreuz etwas unendlich viel Besseres zu bieten! Es ist eine Tragödie, dass die Menschen des neuen Bundes heute ignorieren, was Jesus nach dem Kreuz sagte, weil sie verzweifelt versuchen, dem zu gehorchen, was Jesus vor dem Kreuz gelehrt hat! Dies hat zu einer Vielzahl von psychischen Problemen unter Christen geführt – tiefe Schuldgefühle und Angst, weil sie nicht sicher sind, ob sie allen wirklich vergeben haben. Es lenkt unseren Blick vom Kreuz weg und führt in uns zu einer von Furcht getriebenen, hilflosen Selbstbeobachtung.

Wenn wir Gläubigen uns sicher genug fühlten, um unsere Beobachtungen und Erfahrungen heute offen darzulegen, müssten wir sagen, dass viele liebe Söhne und Töchter Gottes mit Unversöhnlichkeit und Bitterkeit gegenüber anderen und mit Verzweiflung in sich selbst zu kämpfen haben! Wenn du auf der falschen Seite des Kreuzes lebst, halte dich jetzt fest, denn ich habe gute

Nachrichten für dich! Schauen wir uns an, was Jesus nach dem Kreuz gesagt hat. Lass uns sehen, wie das Kreuz die unzulänglichen Prinzipien des alten Bundes neu interpretiert und in die weit überlegene Wahrheit des neuen Bundes umwandelt!

Erinnerst du dich, dass Jesus vor dem Kreuz sagte, dass unsere Sünden in dem Maße vergeben würden, in dem wir anderen vergeben (Lk 11,4)? Das änderte sich nach dem Kreuz grundlegend! Unsere Vergebung hängt nicht länger davon ab, ob oder in welchem Umfang wir anderen vergeben. Nach dem Kreuz hängt unsere vollkommene Vergebung nur noch von einer Sache ab: dem Reichtum seiner Gnade. Wie reich ist die Gnade Gottes? Unendlich. Nach dem Kreuz wird dir nicht mehr gemäß deiner Fähigkeit vergeben, anderen zu verzeihen, sondern dir ist völlig vergeben gemäß dem Reichtum seiner Gnade.

In ihm haben wir die Erlösung durch sein Blut, die Vergebung der Sünden, nach dem Reichtum seiner Gnade. — Epheser 1,7

Hier ist der Unterschied zwischen »vor dem Kreuz« und »nach dem Kreuz«: Vor dem Kreuz warst du von Jesus getrennt. Nach dem Kreuz bist du mit Christus als gleichgestellter Erbe vollkommen vereint. Deine Stellung vor dem Vater fußt nicht mehr auf deinem Vermögen, anderen zu vergeben, sondern auf dem Reichtum seiner Gnade.

Da wir nun mit Christus vereint sind, haben wir die Schätze der Erlösung durch sein Blut - die völlige Tilgung unserer Sünden - erhalten, und das alles aufgrund des überströmenden Reichtums seiner Gnade. — Epheser 1,7 TPT

Lass mich in dem soeben gelesenen Vers den Ausdruck »die völlige Tilgung unserer Sünden« hervorheben. Nach dem Kreuz hat die völlige Tilgung aller deiner Sünden absolut nichts damit zu tun, dass du anderen vergibst!

Weil nämlich Gott in Christus war und die Welt mit sich selbst versöhnte, indem er ihnen ihre Sünden nicht anrechnete und das Wort der Versöhnung in uns legte. — 2. Korinther 5,19 SLT

Beachte, dass sich nach dem Kreuz die Sache mit der Vergebung genau ins Gegenteil gekehrt hat. Vor dem Kreuz wurde dir von Gott vergeben, je nachdem, wie gut du dich mit anderen versöhnt hast. Nach dem Kreuz hat deine Vergebung nichts mehr damit zu tun, dass du dich mit anderen versöhnst, sondern ausschließlich damit, dass Gott dich mit sich selbst versöhnt hat. In Vers 19 steht: »… indem er ihnen ihre Sünden nicht anrechnete« – das schließt alle Sünden mit ein, auch die der Unversöhnlichkeit gegenüber anderen! Dann sieh dir an, was in Vers 21 steht:

Denn Gott hat den Einzigen, der keine Sünde kannte, für uns zur Sünde gemacht, damit wir, die wir keine Gerechtigkeit kannten, durch unsere Einheit mit ihm die Gerechtigkeit Gottes würden. — 2. Korinther 5,21 NIV

Der Schlüsselbegriff nach dem Kreuz lautet »unsere Einheit mit ihm«. Das bedeutet schlicht und einfach, dass wir gleichgestellte Erben mit Christus sind. Wir haben ohne unser Zutun die Stellung und den Status geerbt, den Christus Jesus vor den Augen des Vaters hat!

In Vers 21 heißt es, dass er für uns »zur Sünde« gemacht wurde, das umfasst unsere gesamte Sünde. Wurde er zur Sünde gemacht, indem er sündigte? Nein! Er hat kein einziges Mal gesündigt. Er war der einzige Mensch, der keine Sünde kannte. Wie wurde er also am Kreuz zur Sünde gemacht? Der Vater hat Jesus all unsere Sünden, einschließlich der Sünde der Unversöhnlichkeit auferlegt. Er tat dies aus freien Stücken, als unverdientes Geschenk an uns! Musste Jesus, nachdem er unsere Sünden empfangen hatte, noch beten und den Vater bitten, Zorn und Gericht über ihn zu bringen? Nein! Musste er den Vater bitten, Flüche über ihn zu bringen, weil er das Gesetz gebrochen hatte? Nein! Musste er darum bitten, dass die Flüche der Krankheit, der Niederlage, der Armut und der Trennung von Gott über ihn kommen? Nein! Das Gericht kam automatisch am Kreuz über ihn, stellvertretend für uns. Genauso verhält es sich mit dem unverdienten Geschenk der Gerechtigkeit – wenn wir glauben, dass wir es empfangen haben, kommen die Segnungen des Vaters automatisch auf uns.

> *Christus hat uns losgekauft von dem Fluch des Gesetzes, indem er ein Fluch wurde um unsertwillen, denn es steht geschrieben: »Verflucht ist jeder, der am Holz hängt«, damit der Segen Abrahams zu den Heiden komme in Christus Jesus, damit wir durch den Glauben den Geist empfingen, der verheißen worden war. — Galater 3,13–14* SLT

Er wurde in ganzer Fülle zu unserer Sünde gemacht, damit der Vater **alle** Sünde für **alle** Zeit auf einmal beenden konnte. **Alle** Menschen sollten mit ihm versöhnt, gesegnet und geheilt werden und jeden Tag ihres Lebens in der übernatürlichen Kraft und Herrlichkeit Gottes leben können. Die Vergebung des alten Bundes kam ans Kreuz und wurde vollständig umgedeutet und in den neuen Bund übertragen!

Lass mich noch ein wenig weiter gehen. Wie sind wir die Gerechtigkeit Gottes in Christus Jesus geworden? Geschah es, indem wir gerechte Werke taten? Indem wir allen vergaben, denen wir vergeben sollten? Oder indem wir taten, was die Gerechtigkeit des Gesetzes fordert? Nein! Lass mich dir die in diesem Zusammenhang offensichtliche Frage stellen: Musste Jesus sündigen, um zur Sünde zu werden? Nein! Unsere Sünde wurde ihm einfach wie ein unverdientes Geschenk übertragen. Genauso haben wir nichts Gerechtes getan, um gerecht zu werden und in seinen Augen für immer gerecht zu bleiben. Das ist die überaus gute, großartige Nachricht des Evangeliums vom Reich Gottes, die zum Glauben anregt, um die Kraft des Segens ohne jegliches menschliches Rühmen zu empfangen. Du musst nicht endlos um Heilung, Wunder oder die Kraft des Heiligen Geistes betteln und flehen. Vermittle den Menschen, was Jesus nach dem Kreuz gesagt hat, und sobald sie es durch Offenbarung sehen, wird ihr Glaube mit Leichtigkeit die vom Heiligen Geist bereitgehaltenen Wunder ergreifen.

Betrachten wir noch einmal das Wunder des Kreuzes in seiner ganzen Erhabenheit, Vollkommenheit und Vollständigkeit und atmen wir vor Dankbarkeit auf – erinnern wir uns daran, was es bedeutet, auf dieser Seite des Kreuzes zu leben! Es ist von entscheidender Wichtigkeit, in diesen Versen den Sinn von Formulierungen wie »Er hat alles ausgelöscht … er hat alles entfernt, und nichts davon kann wiederhergestellt werden« wirklich zu erfassen. Beachte auch, dass du nach dem Kreuz nicht den dämonischen Peinigern ausgeliefert werden kannst, die dich der Unversöhnlichkeit beschuldigen, denn am Kreuz wurde durch die Kraft des Kreuzes sämtlichen Dämonen jegliche Waffe und alle geistliche Autorität und Macht entrissen, dich anzuklagen. Alles, was mit den Konzepten des alten Bundes zu tun hat, kann nicht durch das Kreuz dringen, es sei denn, das Kreuz deutet sie völlig neu und überträgt sie in die weitaus überlegene Wahrheit des neuen Bundes. Triff deine Wahl. Auf welcher Seite des Kreuzes möchtest du leben?

> *Er tilgte alle Rechtsverstöße, die wir in unserer Akte hatten, und den alten Haftbefehl, der uns zur Anklage bringen sollte. Er hat alles ausgelöscht – unsere Sünden, unsere befleckte Seele –, er hat alles entfernt, und nichts davon kann wiederhergestellt werden! Alles, was wir einst in Adam waren, wurde an dieses Kreuz geheftet und dauerhaft dort festgenagelt, als öffentliches Zeichen der Aufhebung. Dann machte Jesus aus allen Mächten und Herrschaften der Finsternis ein öffentliches Spektakel, indem er ihnen jede Waffe und all ihre geistliche Autorität und Macht entzog, uns anzuklagen. Und dank der Kraft des Kreuzes führte Jesus sie als Gefangene in einem Triumphzug umher. Nicht er war ihr Gefangener, sondern sie waren seine Gefangenen!*
> — *Kolosser 2,14–15* TPT

Bevor ich über die Beweggründe des neuen Bundes bezüglich der Versöhnlichkeit gegenüber anderen spreche, muss ich noch eine Sache zum Thema »nach dem Kreuz« sagen. Nach dem Kreuz, wie der neue Bund lehrt, ist uns die Hoffnung gegeben, völlig frei von Sündenschuld zu leben! Diese Freude eines reinen Gewissens ermutigt uns nicht zur Sünde, sondern stärkt unseren Glauben an Christus und bringt die Frucht des Friedens, der Freude, der Demut, der Danksagung, der Kühnheit und des zunehmenden Gehorsams gegenüber der Stimme Gottes hervor! Bitte lies diese nächsten Bibelabschnitte voller Dankbarkeit für den neuen Bund, für das Kreuz, für Jesus, für sein Blut und für die bleibende Sicherheit, die wir in Christus in jeder Sekunde unseres Lebens haben.

Das alte System eines Lebens unter dem Gesetz zeigte uns nur einen schwachen Schatten, eine grobe Skizze der Wirklichkeit der wunderbaren Segnungen, die kommen würden. Trotz des stetigen Stroms von Opfern, die Jahr für Jahr dargebracht wurden, gab es nichts, was unsere Herzen vor Gott vollkommen machen konnte. Denn wenn Tieropfer ein für alle Mal die Sünde beseitigen könnten, würden sie nicht mehr dargebracht werden und die Anbeter hätten ein reines Gewissen. Stattdessen, weil ein einziges Mal nicht ausreichte, wurden die Anbeter durch die sich Jahr für Jahr wiederholenden Opfer ständig an ihre Sünden erinnert, und ihre Herzen waren trotzdem noch unrein. Denn welche Kraft hat das Blut von Ochsen und Ziegen, die Schuld der Sünder zu tilgen? — Hebräer 10,1–4 TPT

Zuerst sagte er: »Mehrere Brandopfer und Sündopfer können deine Gerechtigkeit nicht befriedigen« (obwohl das Gesetz sie vorschrieb). Und dann sagte er: »Gott, ich will derjenige sein, der hingeht und deinen Willen tut.« Indem er also das Opfer ist, das die Sünde beseitigt, schafft er die Tieropfer ab und ersetzt das gesamte System durch den neuen Bund. Nach Gottes Willen sind wir durch das Opfer des Leibes Jesu, des Messias, ein für alle Mal gereinigt und geheiligt worden! Dennoch dienen jeden Tag Priester, die rituell immer wieder die gleichen Opfer darbringen – Opfer, die niemals die Schuld der Sünde wegnehmen können. Doch nachdem dieser Priester das höchste Opfer für die Sünde für alle Zeit dargebracht hatte, setzte er sich auf einen Thron zur Rechten Gottes und wartet nun, bis alle seine verstohlen lästernden Feinde unterworfen und zu seinem Fußschemel geworden sind. Und durch das eine vollkommene Opfer hat er uns für alle Zeiten ganz und gar heilig und vollkommen gemacht! Der Heilige Geist bestätigt uns dies durch die Schrift, denn der Herr sagt: »Danach werde ich ihnen diesen Bund geben: Ich werde meine Gesetze in ihre Herzen einprägen und meine Worte in ihren Gedanken verankern.« Und dann sagt er: »Ich werde mich niemals wieder an ihre Sünden und gesetzlosen Taten erinnern!« Wenn also unsere Sünden vergeben und vergessen sind, warum sollten wir jemals wieder ein Opfer für Sünde darbringen müssen?

Und jetzt sind wir Brüder und Schwestern in Gottes Familie dank dem Blut Jesu. Er heißt uns willkommen, direkt in das heiligste Heiligtum im himmlischen Reich einzutreten – mutig und ohne Zögern. Denn er hat uns einen neuen, lebensspendenden Weg eröffnet, auf dem wir uns Gott nähern können. So wie der Vorhang in zwei Teile zerriss, so wurde auch der Leib Jesu aufgerissen, um uns einen ungehinderten und neuartigen Zugang zu ihm zu ermöglichen! Und da wir nun einen herrlichen König-Priester haben, der uns in Gottes Haus willkommen heißt, können wir uns Gott nahen und ihm mit einem offenen Herzen begegnen, in der vollen Überzeugung des Glaubens, dass uns nichts mehr von ihm fernhalten kann. Denn unsere Herzen wurden mit Blut besprengt, um Unreinheit zu entfernen, und wir wurden von unserem anklagenden Gewissen befreit und sind jetzt innerlich und äußerlich rein, unbefleckt und vorzeigbar für Gott! — Hebräer 10,8–22 TPT

Ich möchte dein Augenmerk auf drei Verse in dem eben gelesenen Bibelabschnitt lenken. Schlag sie in anderen Übersetzungen nach, wenn du sicher sein willst! Es ist völlig in Ordnung, wenn man sicher sein will, dass solch außergewöhnlich wundervolle

Wahrheiten im Wort Gottes stehen, weil das Kreuz die mangelhaften Konzepte des alten Bundes in das Wunder der Offenbarung des neuen Bundes umgedeutet und übertragen hat! Auf diese Weise solltest du deine Bibel immer lesen. Es ist gut, die gesamte Bibel zu studieren, aber stelle sicher, dass du auch in Erfahrung bringst, wie das Kreuz den unterlegenen Bund neu interpretiert und zur überlegenen Wahrheit des neuen Bundes umgeformt hat.

Vers 10: »Nach Gottes Willen sind wir durch das Opfer des Leibes Jesu, des Messias, **ein für alle Mal** gereinigt und geheiligt worden!«

Vers 12: »Doch nachdem dieser Priester das **höchste** Opfer für die Sünde **für alle Zeit** dargebracht hatte, setzte er sich auf einen Thron zur Rechten Gottes.« Das bedeutet: Alle unsere Sünden – vergangene, gegenwärtige und zukünftige – wurden vergeben, Unversöhnlichkeit gegenüber anderen eingeschlossen!

Vers 14: »Und durch **das eine vollkommene Opfer** hat er **uns für alle Zeiten** ganz und gar heilig und vollkommen gemacht!« So sieht dein Vater dich immerzu! Er hat dich in Liebe als sein Kind aufgenommen und schenkt dir dauerhaft seine ganze Gunst. Du gehörst für immer zu ihm; geliebt, angenommen und in Christus Jesus aufgenommen.

Und er hat uns auserwählt, sein Eigentum zu sein, indem er uns mit sich vereinte, noch bevor er den Grundstein für das Universum legte! Aufgrund seiner großen Liebe hat er uns dazu bestimmt, in seinen Augen heilig und makellos unschuldig zu sein. Denn es gehörte schon immer zu seinem vollkommenen Plan, uns durch unsere Einheit mit Jesus, dem Gesalbten, als seine wunderbaren Kinder zu adoptieren, damit seine überwältigende Liebe, die sich über uns ergießt, seine Gnade verherrlichen möge – dieselbe Liebe, die er für seinen geliebten Sohn Jesus hat, die hat er auch für uns. Und dieser sich entfaltende Plan bereitet ihm große Freude! Da wir nun mit Christus verbunden sind, sind uns die Schätze der Erlösung durch sein Blut gegeben – die völlige Annullierung unserer Sünden –, und das alles aufgrund des überfließenden Reichtums seiner Gnade. — Epheser 1,4–7 TPT

Bei allen Aspekten dieser Wahrheit geht es nur um eines: wie wunderbar Jesus ist! Wie sehr er uns liebt und was er bereit war, am Kreuz für uns zu sein und für uns zu tun! Diese einfache Offenbarung zieht Heilungswunder in dein Leben und durch dein Leben zu anderen an!

Wir wollen jetzt noch einmal die Wahrheit bekräftigen, dass wir nach dem Kreuz anderen nicht deshalb vergeben, damit unsere Sünden vergeben werden, sondern weil alle unsere Sünden – die vergangenen, gegenwärtigen und zukünftigen – bereits für immer vergeben sind!

Genau aus diesem lauteren Beweggrund vergibt ein Gläubiger des neuen Bundes anderen!

Ihr seid immer und herzlich von Gott geliebt! So bekleidet euch mit den Tugenden Gottes, denn ihr seid von Gott auserwählt, heilig zu sein. Seid barmherzig und mitfühlend, indem ihr euch bemüht, andere zu verstehen. Zeigt allen gegenüber Freundlichkeit. Seid sanft und demütig, nicht verletzend in eurer Geduld mit anderen. Ertragt die Schwächen derer, die zur Familie Gottes gehören, und vergebt einander, so wie Jesus Christus euch gnädig vergeben hat. Wenn ihr an jemandem etwas auszusetzen habt, gewährt ihm ebenso dieses Geschenk der Vergebung. Denn die Liebe ist das Höchste und muss durch jede dieser Tugenden fließen. Liebe wird zum Kennzeichen wahrer Reife. — Kolosser 3,12–14 TPT

Merke dir dies: Du musst Leuten nicht immer sagen, dass du ihnen verziehen hast! Sie werden den Unterschied spüren. Andere wiederum wissen deine Vergebung vielleicht nicht zu schätzen, aber vergib ihnen trotzdem. In der Ehe und in einer Vielzahl anderer Situationen und Beziehungen ist einander zu vergeben sehr wirkungsvoll und heilsam für alle.[2]

Denk immer daran, dass du anderen nicht vergibst, damit Gott dir vergibt. Du vergibst anderen, weil du dir seiner Vergebung für dich sicher bist. Denjenigen, die dir oder deinen Lieben schreckliches Leid angetan haben, kannst du vergeben, aber das bedeutet nicht, dass du verpflichtet bist, ihnen sogleich wieder zu vertrauen. Wenn jemand dich bestiehlt, kannst du ihm verzeihen, aber gib ihm nicht deine Haustürschlüssel!

Und schließlich: Mach es dir zu einer von der Gnade inspirierten täglichen Gewohnheit, diese Bibelstellen über völlige Vergebung und über Danksagungen gegenüber dem Vater durchzulesen! Nimm immer wieder die erfrischende Atmosphäre der völligen Vergebung – in Vergangenheit, Gegenwart und Zukunft – in dich auf, die Tag und Nacht in deine Seele strömt! Mach dich bereit für größere übernatürliche Wunder und eine größere Herrlichkeit von Gottes Schönheit auf deinem Leben!

---

2 Vergebung: Die eigene Gesundheit hängt davon ab. Es ist wissenschaftlich erwiesen, dass ein chronisches Wutgefühl den Menschen in einen Kampf-oder-Flucht-Modus versetzt, der zu zahlreichen Veränderungen der Herzfrequenz, des Blutdrucks und der Immunreaktion führt. Diese Veränderungen erhöhen das Risiko von Depressionen, Herzkrankheiten, Diabetes und anderen Krankheiten. Wissenschaftliche Studien haben ergeben, dass der Akt des Verzeihens sich sehr positiv auf die Gesundheit auswirken kann: Er senkt das Risiko von Herzkrankheiten und Herzinfarkten, verbessert den Cholesterinspiegel und den Schlaf. Er verringert Schmerzen, senkt den Blutdruck und vermindert Angstzustände, Depressionen und Stress. Forschungsergebnisse deuten darauf hin, dass der Zusammenhang zwischen Vergebung und Gesundheit mit zunehmendem Alter zunimmt. Quelle: Johns Hopkins University School of Medicine, Baltimore, Maryland, USA, der forschungsintensiven medizinischen Fakultät der Johns Hopkins University. https://www.hopkinsmedicine.org/health/wellness-and-prevention/forgiveness-your-health-depends-on-it (abgerufen am 09. September 2023).

22

Wie man sehr viel mehr bekommt als nur Krümel

Wie gelangen Gläubige hinter den Grenzzaun und dringen in Bereiche nie dagewesener Herrlichkeit vor? Wie werden wir zu vertrauenswürdigen Verwaltern und Verwahrern einer Wunderkraft, die keine Generation zuvor je gesehen hat? Dies erfordert einen Prozess der Trennung! Es gibt ein Merkmal, über das wir im vorigen Kapitel gesprochen haben, das den Dienst, bei dem Brosamen über den Zaun gereicht werden, von dem unterscheidet, bei dem der Vater den Grenzzaun aufhebt und uns in seine unverfälschte, unverwässerte Herrlichkeit vordringen lässt, wo sich atemberaubende Wunder mühelos und fast immer augenblicklich manifestieren! Es gibt nur eine Bedingung! Wir dürfen uns nicht von dem absurden Bedürfnis verführen lassen, uns selbst zu rühmen! Denn wenn wir uns selbst rühmen, fügen wir dem Kreuz etwas hinzu! Unser Vater wäre schmerzlich gekränkt, wenn er uns hinter den Grenzzaun ließe und wir die mächtigen Wunder, die geschehen würden, als Folge unserer Heiligkeit, unserer Werke oder der Vorstellungen des alten Bundes, die wir dem Kreuz hinzugefügt haben, ausgeben würden! Gott ist seiner eigenen Integrität absolut treu und lässt niemals zu, dass diejenigen, die sich allem beugen, was dem Kreuz hinzugefügt wird, hinter den Grenzzaun gelangen. Deshalb wählt er in diesen Tagen einen Überrest aus. Es ist November 2020, während ich dies schreibe. Doch schon 2016 begann der Geist Gottes, mir zu offenbaren, dass Herzenstreue gegenüber

Gott die Auswahlgrundlage dafür ist, wer hinter den Grenzzaun gelangt, und wer nicht!

> *Die Barmherzigkeit küsste mich, obwohl ich ein Gotteslästerer, ein Verfolger der Gläubigen und ein Verächter dessen war, was sich als wahr herausgestellt hat. Ich war ignorant und wusste nicht, was ich tat. Ich wurde von einer solch unfassbaren Gnade überflutet, wie ein Fluss, der über die Ufer tritt, bis ich voller Glauben und Liebe für Jesus, den Gesalbten, war! Ich kann bezeugen, dass das Wort wahr ist und es verdient, von allen angenommen zu werden, denn Jesus kam in die Welt, um Sünder ins Leben zurückzuholen – sogar mich, den schlimmsten Sünder von allen! Und doch wurde ich von der Gnade ergriffen, damit Jesus Christus die Ausgießung seines Geistes durch mich als Vorbild für all jene sichtbar machen könnte, die an ihn glauben und das ewige Leben erlangen würden.* — 1. Timotheus 1,13–16 TPT

In diesem Kapitel geht es mir darum, dich in der Erkenntnis zu ermutigen, dass du einen Reifeprozess durchmachen musst, wenn du erleben willst, wie Gottes Kraft in einem stärkeren Ausmaß durch dich wirkt. Unser Vater möchte, dass sein Volk nicht durch das definiert wird, was es tut, sondern durch das, was es wird! Wir sind in Christus bereits vollkommen, aber wir werden zu einer Manifestation unserer Vollkommenheit! Beim Evangelium geht es um all das, was Gott bereits vollständig für uns getan hat, aber bei der Kraft des Reiches Gottes geht es darum, auf das, was er bereits vollständig für uns getan hat, im Glauben zu reagieren! In Gottes Reich führt deshalb nicht das, was du tust, sondern das, was du wirst, zu wahrem Erfolg. Du wirst in diesem Entwicklungsprozess, immer auf die Probe gestellt werden! Nicht alles, was wir »Verzögerung« nennen, ist auch wirklich eine Verzögerung, vielmehr ist es ein Prozess des Werdens im Reich Gottes! Jesus wirkte nur dreieinhalb Jahre lang Wunder. Er durchlief einen dreißig Jahre andauernden Prozess, um dann nur dreieinhalb Jahre lang zu dienen! Es war keine dreißig Jahre andauernde Verzögerung, sondern ein dreißig Jahre andauernder Entwicklungsprozess! Wäre Jesus im Alter von 18, 28 oder auch 29 Jahren gebeten worden, jemanden zu heilen, hätte er gesagt: »Nein, ich bin noch nicht bereit. Ich bin noch nicht geworden, was ich sein werde.« Du musst erprobt und bewährt sein, bevor man dir vertraut. Bevor du von loyalen Menschen umgeben sein wirst, musst du vielleicht einen Prozess durchlaufen, bei dem du erfährst, wie es ist, abgelehnt, enttäuscht, ignoriert, für selbstverständlich gehalten zu werden und manchmal auch verwirrt zu sein! Jeder macht das durch, aber nicht jeder besteht den Test! Manche verwirken die Gelegenheit, sich als treu zu erweisen. Sie geben dem Druck nach! Sie können nicht hinter den Grenzzaun gehen, denn sie würden die Herrlichkeit missbrauchen und sich selbst rühmen!

> *Liebe Mitgläubige, wenn es so aussieht, als wäret ihr nur noch mit Schwierigkeiten konfrontiert, betrachtet dies als unschätzbare Gelegenheit, die größte Freude zu erleben, die ihr haben könnt! Denn ihr wisst, wenn euer Glaube geprüft wird, weckt er in euch die Kraft, alle Dinge zu ertragen. Und je stärker eure Ausdauer wird, desto mehr Vollkommenheit wird sie in jeden Teil eures Wesens einströmen lassen, bis nichts mehr fehlt und es an nichts mehr mangelt.*
> *— Jakobus 1,2–4* TPT

Wenn du dich als loyal erweist, wird Gott zulassen, dass loyale Menschen deine Nähe suchen! Die Bibel sagt, dass der Apostel Paulus ein von Gott bestätigter Mensch war!

Der Drang, uns selbst zu rühmen, bedeutet, dass wir den von Gott vorgesehenen Prozess ablehnen! Unser Verlangen, uns zu brüsten, führt dazu, dass wir uns willig allem beugen, was uns »Erfolg« verspricht, ohne den Prozess des Werdens durchlaufen zu müssen.

> *Wieder nahm ihn der Teufel mit sich auf einen hohen Berg und zeigte ihm alle Reiche der Welt und ihre Herrlichkeit und sagte zu ihm: »Das alles will ich dir geben, wenn du niederfällst und mich anbetest.« Da sagte Jesus zu ihm: »Geh weg, Satan! Denn es steht geschrieben: Du sollst den Herrn, deinen Gott, anbeten und ihm allein dienen!« Da verließ ihn der Teufel; und sieh, Engel traten zu ihm und dienten ihm.*
> *— Matthäus 4,8–11*

Der Grund, warum Jesus Engel brauchte, die sich um ihn kümmerten, lag darin, dass es sich um eine echte Prüfung handelte, die emotional stark belastend war! Dennoch gab er nicht nach und beugte sich nicht dem Druck, weil er wusste, dass er den Prozess des Werdens noch nicht abgeschlossen hatte, um die Reiche dieser Welt zu gewinnen. Er sah das nicht als eine Verzögerung an, sondern vielmehr als einen Prozess des Werdens. Nach dem Kreuz und der Auferstehung sagte Jesus: »Mir ist alle Macht **im Himmel** und **auf der Erde gegeben**. Darum geht zu allen Völkern und macht sie zu Jüngern« (Mt 28,18–19 NLB).

Beachte, dass es einen bestimmten Zeitpunkt gab, an dem Jesus die »Vollständigkeit des Prozesses« erreicht hatte und ihm die Reiche dieser Welt gegeben wurden. Warum wurden sie ihm gegeben?

Weil er sich nicht dem falschen Einfluss beugte, der ihm Erfolg versprochen hatte. Es gibt heute viele Christen, die nicht hinter den Grenzzaun gelassen werden, weil sie sich ständig den falschen Einflüssen beugen. Wunderbarerweise gibt es auf der Erde Gläubige, die sich nicht den falschen Einflüssen gebeugt haben. Und wenn sie es vorübergehend doch taten, bereuten sie es und kehrten um! Als sie hinter der Maske, die es so harmlos erscheinen ließ, dem Kreuz etwas hinzuzufügen, das verborgene Böse erkannten, leisteten sie Widerstand! Sie haben den Anstoß des Kreuzes gerne angenommen, auch wenn es ihnen Ablehnung einbrachte. Sogar jetzt, während ich dies schreibe, spüre ich die Kraft einer neuen prophetischen Epoche auf dem Überrest der treuen Gemeinde rund um den Globus. Der Teufel ist wütend, dass er diesen Überrest nicht dazu bringen kann, sich zu beugen! Er weiß, dass ein kleiner Überrest, der sich nicht gebeugt hat, hinter den Grenzzaun gelangen und die größte Demonstration der Macht Gottes auf dieser Erde herbeiführen wird, und dann wird das Ende kommen. Unterschätze nicht den Druck, der auf dich ausgeübt wird, damit du dich den falschen Einflüssen beugst. Einige Personen, von denen du das am wenigsten erwartet hättest, auch solche, von denen du dachtest, sie stünden dir nahe, werden versuchen, dich abzulenken oder zu verwirren, damit du dich beugst. Denk daran, dass der Teufel dahintersteht. Vergiss auch nicht, dass sogar Jesus Engel brauchte, die ihm dienten, nachdem er sich widersetzt und nicht gebeugt hatte. Sei also nicht naiv und unterschätze nicht, wie verzweifelt der Teufel ist! Eine große Anzahl von Christen beugt sich bereits. Sei nicht einer von ihnen! Ein kleiner Überrest wird in diesen letzten Tagen die größten Auswirkungen im Himmel und auf der Erde haben!

»Doch durch all dies hindurch wird diese freudige Gewissheit über das Reich des Himmels in der ganzen Welt verkündet werden und jedem Volk die Wirklichkeit Gottes vor Augen führen. Und dann wird das Ende dieses Zeitalters kommen.«
— Matthäus 24,14 TPT

Da blies der siebte Engel in seine Posaune, und es erhob sich eine laute Stimme im Himmel, die sprach: »Das Reich der Welt ist zum Reich unseres Gottes und seines Gesalbten geworden! Er wird herrschen bis in alle Ewigkeit!« Da fielen die vierundzwanzig Ältesten, die auf ihren Thronen vor Gott sitzen, vor ihm auf ihr Angesicht, beteten ihn an und sprachen: »Wir danken dir, Herr, Gott, der Allmächtige, der da ist und der da war, weil du deine große und grenzenlose Macht errichtet und zu herrschen begonnen hast!«
— Offenbarung 11,15–17 TPT

Wie bleibt man zufrieden, während man im Prozess des Werdens darauf wartet, hinter den Grenzzaun zu gelangen? Dies ist eine äußerst wichtige Frage! Zufriedenheit ist das Geheimnis dieses Entwicklungsprozesses. Zufriedenheit ist keine Passivität. Zufriedenheit bedeutet nicht, dass kein starkes Verlangen nach größeren Erfolgen, nach mehr Wundern, Zeichen und Kraftwirkungen vorhanden ist. Zufriedenheit kennt weder Passivität noch Ratlosigkeit. Passivität ist die Frucht der Niederlage. Sie ist die Kapitulation vor dämonischer Unterdrückung und teuflischen Lügen. Zufriedenheit ist das Gegenteil.

Zufriedenheit bleibt trotzdem immer von dem leidenschaftlichen Wunsch nach größeren Wundern erfüllt, denn Zufriedenheit bedeutet, dass man die eigene Identität, das eigene Geschick und das eigene Maß an Freude nicht davon bestimmen lässt, ob es in irgendeinem Bereich Mangel gibt! Ohne Zufriedenheit wird die satanische Verführung, die darauf abzielt, dass du dich dem falschen System, falschen Bündnissen, falschen Loyalitäten und falschen Einflüssen beugst, dich so in ihren Bann ziehen, dass du den Verrat an Christus als etwas völlig Legitimes, Ausgewogenes, Edles und Überlegenes rechtfertigst und gutheißt. Unterschätze das nicht!

Denke immer daran, dass Jesus Engel brauchte, die ihm dienten, nachdem er sich erfolgreich nicht gebeugt hatte! Sei nicht arrogant. Du wirst viel Gnade benötigen. Sieh dich auf der Erde um, die große Mehrheit der Christen hat sich gebeugt! Sie sind sogar stolz darauf. Sie fühlen sich denjenigen überlegen, die sich nicht gebeugt haben. Und der Teufel benutzt sie, so gut er kann, damit auch du dich beugst! Wenn du das für fanatische Rhetorik hältst, dann lass mich dir folgende Frage stellen: Als Petrus Jesus davon abhalten wollte, ans Kreuz zu gehen, hat sich Jesus da Petrus' Willen gebeugt? Nein! Und warum nicht? Weil Jesus richtig erkannte, dass Petrus unter dem Einfluss Satans stand. Petrus war nicht vom Teufel besessen, aber er sprach unter dem Einfluss dämonischer menschlicher Weisheit! Wir reden hier von Petrus, einem Freund Jesu! Unterschätze nicht, was der Teufel alles versucht, um dich zum Einknicken zu bringen. Er wird sogar deine Freunde benutzen. Jesus nannte menschliche Weisheit, die aus dem Reich des Satanischen kommt, »Gedanken, die von menschlichen Sichtweisen erfüllt sind, und nicht von den Wegen Gottes«.

Von da an machte Jesus seinen Jüngern klar, dass er dazu bestimmt war, nach Jerusalem zu gehen und dort von den Ältesten, den führenden Priestern und den religiösen Gelehrten Unrecht zu erleiden. Er erklärte auch, dass er getötet und drei Tage später wieder auferweckt werden würde.

Petrus nahm ihn zur Seite, um ihn unter vier Augen zu korrigieren. Er tadelte Jesus immer wieder und sagte zu ihm: »Gott bewahre, Meister! Verschone dich selbst. Das darfst du niemals zulassen!« Jesus wandte sich daraufhin zu Petrus und sagte: »Geh mir aus dem Weg, du Satan! Du bist ein Ärgernis für mich, denn deine Gedanken sind nur von menschlichen Sichtweisen erfüllt und nicht von den Wegen Gottes.« Dann sagte Jesus zu seinen Jüngern: »Wenn ihr mir wirklich nachfolgen wollt, solltet ihr euer eigenes Leben sofort völlig verwerfen und euch davon distanzieren. Und ihr müsst bereit sein, mein Kreuz zu teilen und es als euer eigenes zu erfahren, indem ihr euch dauerhaft meinen Wegen anvertraut.«
— Matthäus 16,21–24 TPT

Woher kommt wahre Zufriedenheit? Sie kommt daher, dass wir uns wirklich der Weisheit des Kreuzes beugen – und nichts hinzufügen! Sie ergibt sich daraus, dass wir uns vor Gott demütigen. Sie erwächst aus der Unterordnung unter Gott und dem Wunsch, seine Ehre vor die der Menschen zu stellen. Sie bedeutet, für Mut zu beten. Sie entsteht, wenn man wahre Unterscheidungsfähigkeit entwickelt, sodass man keine Angst davor hat, kontrovers zu erscheinen.

Da rief der Herold mit gewaltiger Stimme: Das lasst euch gesagt sein, ihr Völker, Stämme und Sprachen: Sobald ihr den Klang der Hörner, Flöten, Zithern, Lauten, Harfen, Sackpfeifen und aller Arten von Musik hören werdet, sollt ihr niederfallen und das goldene Bild anbeten, das der König Nebukadnezar aufgestellt hat! Wer aber nicht niederfällt und anbetet, der soll augenblicklich in den glühenden Feuerofen geworfen werden! … Da befahl Nebukadnezar mit grimmigem Zorn, dass man Sadrach, Mesach und Abednego kommen lasse. Sogleich wurden jene Männer vor den König gebracht. Nebukadnezar ergriff das Wort und sprach zu ihnen: Sadrach, Mesach und Abednego, geschieht es vorsätzlich, dass ihr meinen Göttern nicht dient und das goldene Bild nicht anbetet, das ich habe aufrichten lassen? Nun, wenn ihr bereit seid, sobald ihr den Klang der Hörner, Flöten, Zithern, Lauten, Harfen und Sackpfeifen und aller Arten von Musik hören werdet, niederzufallen und das Bild anzubeten, das ich gemacht habe, [dann ist es gut!] Wenn ihr es aber nicht anbetet, so sollt ihr augenblicklich in den glühenden Feuerofen geworfen werden! Und wer ist der Gott, der euch aus meiner Hand erretten könnte? Sadrach, Mesach und Abednego antworteten und sprachen zum König: Nebukadnezar, wir haben es nicht nötig, dir darauf ein Wort zu erwidern. Wenn es so sein soll – unser Gott, dem wir dienen, kann uns aus dem glühenden Feuerofen erretten, und er wird uns bestimmt aus deiner Hand erretten, o König! Und auch wenn es nicht so sein soll, so wisse, o König, dass wir deinen Göttern nicht dienen und auch das goldene Bild nicht anbeten werden, das du aufgestellt hast!

Da wurde Nebukadnezar voll Wut, und das Aussehen seines Angesichts veränderte sich gegen Sadrach, Mesach und Abednego; [dann] redete er und gab den Befehl, man solle den Ofen siebenmal heißer machen, als man es sonst zu tun pflegte. Und den stärksten Männern in seinem Heer befahl er, Sadrach, Mesach und Abednego zu binden und sie in den glühenden Feuerofen zu werfen. … Da erschrak der König Nebukadnezar und stand rasch auf. Er redete und sprach zu seinen Räten: Haben wir nicht drei Männer gebunden ins Feuer geworfen? Sie erwiderten und sprachen zu dem

König: Gewiss, o König! Er antwortete und sprach: Siehe, ich sehe vier Männer mitten im Feuer frei umherwandeln, und es ist keine Verletzung an ihnen; und die Gestalt des vierten gleicht einem Sohn der Götter! Darauf trat Nebukadnezar vor die Öffnung des glühenden Feuerofens, begann und sprach: Sadrach, Mesach und Abednego, ihr Knechte Gottes, des Allerhöchsten, tretet heraus und kommt her! Da kamen Sadrach, Mesach und Abednego aus dem Feuer hervor. Daraufhin versammelten sich die Satrapen, Vorsteher und Statthalter samt den Räten des Königs. Sie schauten diese Männer an, über deren Leiber das Feuer keine Gewalt gehabt hatte; ihre Haupthaare waren nicht versengt und ihre Kleider waren unverändert; man bemerkte nicht einmal einen Brandgeruch an ihnen. Da ergriff Nebukadnezar das Wort und sprach: Gepriesen sei der Gott Sadrachs, Mesachs und Abednegos, der seinen Engel gesandt und seine Knechte errettet hat, die auf ihn vertrauten und das Gebot des Königs übertraten und ihre Leiber hingaben, weil sie keinen anderen Gott verehren und anbeten wollten als ihren Gott allein! Und von mir wird eine Verordnung erlassen, dass, wer immer unter allen Völkern, Völkerschaften und Sprachen von dem Gott Sadrachs, Mesachs und Abednegos leichtfertig spricht, in Stücke zerhauen und sein Haus zu einem Misthaufen gemacht werden soll, weil es keinen anderen Gott gibt, der so erretten kann wie dieser! Daraufhin machte der König Sadrach, Mesach und Abednego groß in der Provinz Babel.
— Daniel 3,4–6.13–20.24–30 SLT

Sieh nur, wie ihre Weigerung, sich zu beugen, ihnen eine beispiellose Beförderung und ungeahnten Einfluss einbrachte. Wenn du dich nicht den falschen Einflüssen beugst, wirst du in deinem

Entwicklungsprozess geschützt und letztendlich hinter den Grenzzaun befördert. Dieser Mut und diese Zufriedenheit mit Christus und dem Kreuz plus nichts kann nur dadurch entstehen, dass man sich in wahrer Anbetung vor dem lebendigen Gott beugt und vor nichts anderem! Wenn du dich falschen Einflüssen nicht beugst, werden sich die falschen Einflüsse vor dir beugen! Dies ist die Sichtbarwerdung der Herrschaft Gottes, die in dir wirkt und die Gesellschaft um dich herum verändert! Dann werden Dämonen fliehen und die Lügen des Weltsystems sich beugen und sich der Herrlichkeit Gottes unterordnen.

> *Ich werde einige von denen, die zum Satan gehören – sie lügen, denn sie geben sich als Juden aus, sind es aber nicht –, dazu bringen, zu kommen und sich vor deinen Füßen niederzuwerfen. Sie werden erkennen, dass ich dich geliebt habe.*
> — *Offenbarung* 3,9 NLB

Nun werde ich über die wichtigste Wahrheit in diesem Kapitel sprechen!

Was genau ist wahre Anbetung des lebendigen Gottes?

Wahre Anbetung beginnt nicht bei Instrumenten oder Liedern. Sie beginnt nicht mit dem richtigen Rhythmus oder mit Harmonien oder Chören. Menschen, die nicht wissen, was wahre Anbetung ist, wissen nicht, was sie tun sollen, wenn sie nicht all diese Dinge haben, die sie zur Anbetung animieren! Weißt du, wahre Anbetung ist nicht das Ergebnis von Cheerleadern, die mit viel Schwung versuchen, eine zögerliche Gemeinde zur Anbetung zu bewegen. Zögerliche Gemeinden bestehen aus Menschen, die die ganze Woche über den falschen Einflüssen gehorcht haben! Sie finden keine Zufriedenheit im Kreuz oder Begeisterung für den Prozess des Werdens! Sie fügen sich einfach in jede Beziehung und geben jedem Einfluss nach, von dem sie glauben, dass er ihnen Erfolg, Frieden oder Aufmerksamkeit bringt! Sie wissen nicht, dass wahre Anbetung mit Feuer aus dem Himmel beginnt!

Göttliches Feuer fällt nur aus zwei Gründen. Erstens braucht das Feuer Opfergaben, die es aufzehren kann. Die Gemeinde muss also verstehen, dass wir, die Gläubigen des neuen Bundes, lebendige Opfer sind. Zweitens sollten die Menschen des neuen Bundes den Vater darum bitten, dass göttliches Feuer fällt. Beachte, dass im alten Bund wahre Anbetung eine Reaktion auf Feuer vom Himmel war, das erbeten wurde und fiel, weil Brandopfer dargeboten wurden. Dies lässt die Herrlichkeit Gottes erscheinen, die tiefe und vollkommene Ehrfurcht bewirkt und dazu führt, dass man in wahrer Anbetung vor dem lebendigen Gott die Knie beugt. Beachte auch, dass weder Gesang noch Musikinstrumente Erwähnung finden.

> *Als nun Salomo sein Gebet vollendet hatte, da fiel Feuer vom Himmel und verzehrte das Brandopfer und die Schlachtopfer. Und die Herrlichkeit des HERRN erfüllte das Haus, sodass die Priester nicht in das Haus des HERRN hineingehen konnten, weil die Herrlichkeit des HERRN das Haus des HERRN erfüllte. Als aber alle Kinder Israels das Feuer herabfallen sahen und die Herrlichkeit des HERRN über dem Haus, da fielen sie auf ihre Knie, mit dem Angesicht zur Erde, auf das Pflaster, und beteten an und dankten dem HERRN, dass er gütig ist und seine Gnade ewiglich währt.*
> — *2. Chronik 7,1–3* SLT

Die Herrlichkeit des Herrn kommt nicht ohne Feuer, und Feuer kommt nicht ohne Opfer. Natürlich sind Musikinstrumente wichtig und hilfreich, aber sie bewirken keine wahre Anbetung, sie unterstützen und erleichtern wahre Anbetung. Nur wenn himmlisches Feuer auf Opfergaben fällt, findet richtige bzw. wahre Anbetung statt!

Schauen wir uns dieses Konzept des neuen Bundes im Römerbrief an:

> *Weil ihr Gottes reiche Barmherzigkeit erfahren habt, fordere ich euch auf, liebe Brüder und Schwestern, euch mit eurem ganzen Leben Gott zur Verfügung zu stellen. Seid ein lebendiges Opfer, das Gott dargebracht wird und ihm gefällt. Ihm auf diese Weise zu dienen ist der wahre Gottesdienst und die angemessene Antwort auf seine Liebe. — Römer* 12,1 HFA

Achte auf die Formulierungen »wahrer Gottesdienst« und »angemessene Antwort«. Wenn ich dir etwas zu geben versuche, das für dich nicht angemessen oder akzeptabel ist, sollte ich nicht beleidigt sein, wenn du dich weigerst, es anzunehmen! Gott nimmt nur angemessene und wahre Anbetung an, denn in der Anbetung geht es nicht um uns, sondern nur um ihn!

Paulus sagt, dass wir aufgrund der Barmherzigkeit Gottes anbeten, nicht aufgrund von Gesetzen oder Verurteilung. Er sagt, dass wir uns aufgrund der erfahrenen Barmherzigkeit als lebendiges Opfer hingeben, das Gott gefällt. Denn dank Gottes Barmherzigkeit sind unsere Leiber heilig und wohlgefällig. Unsere Anbetung beinhaltet, dass unser Körper als lebendiges Opfer dargebracht wird. Nutze deinen physischen Körper zur Anbetung. Dieses lebendige Opfer und das Beten um Feuer bringen die Herrlichkeit, die sich jenseits des Grenzzauns befindet, in unsere Versammlungen und in unser persönliches Leben.

Im Hebräerbrief gibt es noch eine andere Schriftstelle des neuen Bundes über das Opfern. Wir müssen verstehen, dass es nicht nur darum geht, Gott Lieder zu singen. Nicht die Lieder auf unseren Lippen, sondern die *Frucht* unserer Lippen bringt das Opfer des Lobpreises, welches das himmlische Feuer zum Fallen einlädt, sodass die Herrlichkeit Gottes sichtbar wird.

So lasst uns nun durch ihn Gott immer das Lobopfer darbringen, das ist die Frucht der Lippen, die seinen Namen bekennen.
— Hebräer 13,15

Wunder, Heilungen und übernatürliche Begegnungen mit dem lebendigen Gott geschehen in seiner Herrlichkeit mühelos! Kein Wunder, dass der Teufel will, dass wir uns den falschen Einflüssen beugen. Es ist klar, warum er keinen Überrest von treuen Menschen rund um die Welt möchte, die hinter den Grenzzaun gehen, dennoch fängt es bereits an!

Nichts verändert uns schneller als wahrer Lobpreis, wahre Anbetung! Wenn Anbetung dich nicht verändert hat, dann hast du Gott nicht angebetet! Wahre Anbetung im neuen Bund tötet Dinge in dir und lässt neue Dimensionen in dir auferstehen. Anbetung tötet nicht deine neue Natur; **sie tötet all jene Dinge, die dich verleiten wollen, dich falschen Einflüssen zu beugen!** Wenn du einen Samen in die Erde säst, scheint es, als würde dieser Samen sterben, aber in Wahrheit geht er in die Auferstehung größerer Dimensionen über. Beim Opfer der Anbetung geht es nicht um Tod. Anbetung und Lobpreis machen uns zu lebendigen Opfern, die in eine Umwandlung zu größeren Dimensionen und eine Vermehrung des Segens und der Herrlichkeit eintreten!

In Lukas 8,26–39 sehen wir, wie Jesus im Gebiet der Gadarener am Ufer des Galiläischen Meeres aus dem Boot steigt. Ein besessener Mann, der eine Legion von Dämonen in sich trägt, rennt zu Jesus, wirft sich vor ihm nieder und betet ihn an! Dieser Mann hatte über tausend Dämonen in sich. Er lief nackt herum, hauste in Gräbern und zerbrach die Ketten, die man ihm angelegt hatte. Trotz all dieser Hindernisse hatte er immer noch den freien Willen, Jesus zu Füßen zu fallen und ihn anzubeten! Die Anbetung trieb die Dämonen aus ihm hinaus und ließ eine strahlende neue Zukunft für ihn auferstehen. Die Bibel sagt, dass er schnell wieder bei klarem Verstand war und sich anzog! Jesus beauftragte ihn sofort, die gute Nachricht in der ganzen Gegend zu verkünden! Wahre Anbetung führt den Überrest hinter den Grenzzaun!

23

Wie man hinter den Grenzzaun gelangt

Also dann, kommen wir nun zum längsten Kapitel dieses Buches. Es ist deshalb das längste, weil alles, was ich bis hierhin geschrieben habe, im Grunde eine Vorbereitung auf dieses Kapitel ist! Es ist die Essenz, in der alle wesentlichen Zutaten für Wunder zusammengeführt werden. Es wäre gut, wenn du jedem Abschnitt dieses Kapitels deine volle Aufmerksamkeit schenkst. Es besteht aus einer sich entfaltenden Abfolge von Offenbarungen, die auf jeder Stufe ein klares Verständnis erfordern, um sicherzustellen, dass du für die nächste Stufe bereit bist! Jede dieser Stufen wird dich in noch tiefere Bereiche führen. Als Folge davon werden göttliche Wesensmerkmale und Wahrnehmungen zunehmend und unauslöschlich in dein Inneres eingeprägt. Dies wiederum bewirkt ein Anwachsen des übernatürlichen Bewusstseins auf immer höhere Ebenen. Wenn du müde wirst oder dich etwas abgelenkt, mach eine kurz Pause und konzentriere dich dann wieder im Vertrauen auf den Heiligen Geist. Ich habe 42 Jahre gebraucht, um das zu lernen, was ich hier niedergeschrieben habe, aber wenn du darauf vertraust, dass der Heilige Geist dir hilft, kannst du es in weniger als 42 Minuten lernen! Ich lade dich also mit großer Freude ein, dich darauf einzulassen!

Ich habe bereits zu Beginn dieses Buches die lebendigste und offenste Vision beschrieben, die der Heilige Geist mir je gegeben hat. Sie definiert mein gesamtes Lebensziel. In den letzten 1800 Jahren hat die Gemeinde im Allgemeinen auf sehr niedrigem Niveau in der Kraft Gottes gewirkt, und das trotz großartiger Verheißungen, die Gott gegeben hat, um Glauben zu wecken und die Gemeinde dazu einzuladen, ihren Platz einzunehmen! Die anhaltende Abweichung von dem, was von Gott beabsichtigt ist, hat zu einer Deformierung geführt, die eine alles durchdringende verdrehte Denkweise gefördert hat, die auf Passivität ausgerichtet ist. Damit will ich niemanden verurteilen, vielmehr setze ich eine Haltung der Wahrhaftigkeit voraus, die Menschen zu einer intensiven und ehrlichen Beurteilung des Istzustands herausfordert! Die Wahrheit ist, dass die große Mehrheit der wohlmeinenden Gläubigen der heutigen Gemeinde keine echte, belastbare Erwartung daran haben, dass Demonstrationen von Gottes wunderbarer Kraft massiv zunehmen, sodass sie kontinuierlich Tag für Tag auf der ganzen Welt sichtbar werden. Eine massive Zunahme der manifesten Wunderkraft ist die einzige Methode, wie unser Vater die Aufmerksamkeit der Welt erlangt, um Dörfer und Städte in Ehrfurcht vor dem lebendigen Gott zu versetzen! Das ist die Garantie, dass Nationen umkehren und den lebendigen Gott anbeten werden! Unser Vater hat in seinem Wort wiederholt verheißen, dass er seinen Geist auf alle Menschen dieses Planeten ausgießen wird! Alle diese Verheißungen sind an einige einfache Bedingungen geknüpft, die erfüllt werden müssen. Es sind keine komplizierten Bedingungen, aber unser Vater wird die Integrität seiner ewigen Natur nicht verletzen!

In dieser dringlichen Stunde suchen die Augen unseres Vaters nach Einzelpersonen und Gemeinschaften, die bereit sind, seine Bedingungen zu erfüllen, um hinter den Grenzzaun ins Innere zu gelangen. Dies wird eine globale Ausgießung der Gnade und Kraft Gottes auslösen. Gott will ein Volk, das keine Angst vor Kontroversen hat, weil es nämlich wahres göttliches Unterscheidungsvermögen entwickelt hat!

Alle großartige Zusagen Gottes in Bezug auf Wunder finden ihren Dreh- und Angelpunkt in dem, was Jesus in Johannes 14,12 (TPT) sagte: »Ich sage euch diese zeitlose Wahrheit: Wer mir im Vertrauen folgt und an mich glaubt, wird die gleichen mächtigen Wunder tun wie ich – sogar noch größere Wunder als diese, denn ich gehe hin, um bei meinem Vater zu sein!«

Beachte, dass Jesus sagte, dies sei eine *zeitlose* Wahrheit. Genau das macht die Integrität Jesu aus, der *allen* Generationen anbietet, dies ernst zu nehmen. In den ersten 200 Jahren hat ein Großteil der Gemeinde dies geglaubt. Sie haben die Welt aus den Angeln gehoben. Sie waren unaufhaltsam! Traurigerweise hat der überwiegende Teil der Gemeinde in den letzten 1800 Jahren diese Worte Jesu ignoriert. Schauen wir uns diesen Vers in einer anderen Übersetzung an:

> *Wahrlich, wahrlich, ich sage Euch: Wer an mich glaubt, der wird die Werke auch tun, die ich tue, und wird größere als diese tun; denn ich gehe zum Vater. — Johannes 14,12*

Jesus sagt: »Wer an mich glaubt«, er sagte nicht: »Wer im 1. Jahrhundert lebt«. Er sagte, dass *jeder*, der an ihn glaubt, die Wunder tun wird, die er getan hat, und noch größere Wunder. Das Wort »wer« in diesem Zusammenhang ist zeitlos, aber doch spezifisch! Da ist nichts Mehrdeutiges in der Formulierung »*Wer* an mich glaubt«.

Genauso wenig sagte Jesus: »Wer ein Apostel, Prophet oder Evangelist ist und an mich glaubt.« Nein! Jesus hätte es nicht deutlicher sagen können! ***Wer auch immer*** *an mich glaubt!* Dies ist eine zeitlose Zusage. Sie hat nichts mit dem Jahrhundert zu tun, in dem du lebst!

Jetzt lass uns ein Herz fassen! Schüttle alle Verurteilung und jeden Impuls, nach Ausflüchten zu suchen, ab! Der Staatsanwalt der Wahrheit, der Heilige Geist, und die sehr offenkundigen Worte Jesu lassen keine Ausflüchte zu! Es gibt einen Überrest von Menschen in dieser Generation, die den Geist der Gnade nicht kränken werden. Stattdessen werden sie demütig diese sehr einfache und klare Zusage und das Privileg annehmen, von dem Jesus sagte, dass es für diejenigen gilt, die an ihn glauben.

Für den Rest dieses Kapitels werde ich erläutern, wie wir hinter den Grenzzaun gelangen, wo die Wunder, die Jesus getan hat, und sogar noch größere Wunder, zu einer äußerst einfachen Sache werden!

Es fällt uns deshalb so schwer, Jesu Worte in Johannes 14,12 zu glauben, weil wir uns in einem Bewusstsein bewegen, das außerhalb des Grenzzauns agiert!

Das, womit wir arbeiten, sind lediglich Krümel! Jenseits – innerhalb – des Grenzzauns herrscht unverfälschte, unverwässerte Herrlichkeit. Wunder auf der Basis von Krümeln sind möglich, aber sehr viel schwieriger! In der Atmosphäre der unverwässerten Herrlichkeit geschehen Wunder mühelos!

Wir sind noch nicht fertig mit Johannes 14,12. Ich möchte dir einen Hinweis geben. Hast du bemerkt, worauf Jesus seine Garantie gründete? Das ist extrem wichtig, damit wir den Leistungsdruck vollständig von uns selbst nehmen können! Der entscheidende Punkt, warum wir diese Wunder tun, ist nicht unser Glaube! Der Glaube an Jesus macht uns zu Kandidaten, aber worin besteht der Grund, der uns garantiert, dass wir die Wunder tun, die er getan hat, und noch größere? Hier ist er. Jesus sagt deutlich: »**Denn** ich gehe zum Vater.« Fokussiere dich nicht auf deinen Glauben, sondern ganz auf das Wort »denn«. Hier liegt die Antwort! Alles, was Jesus tut, ist immer für uns, niemals für ihn selbst!

Ist dir bewusst, dass Jesus während seiner Zeit auf der Erde für uns schrittweise höhere Bewusstseinsstufen erklommen hat? Aber warum? Damit er, als er zum Vater zurückkehrte, uns jede dieser Stufen vermitteln konnte, die sein Bewusstsein von seiner Geburt bis zu seiner Erhebung an den höchsten Platz zur Rechten seines Vaters genommen hat, während es wuchs und sich entwickelte! Die Bibel sagt von Jesus, als dieser erst zwölf Jahre alt war:

Und Jesus nahm zu an Weisheit, Größe und Gnade bei Gott und den Menschen. — Lukas 2,52

Wie du siehst, musste Jesus **wachsen**! Das bedeutet, Jesu Bewusstsein entwickelte sich. Ich werde die zwölf Stufen benennen, die er durchlaufen hat, sobald ich erklärt habe, warum er sie für uns durchlaufen musste! Hier ist das Warum: Weil er auf all seine göttlichen Eigenschaften noch keinen Zugriff hatte! Er kam als zweiter Adam und letzter Mensch! Er kam, um uns wiederherzustellen und uns von dem geistlichen Tod zu erlösen, der durch den ersten Adam, den ersten Menschen, auf uns übertragen wurde. Es ist von entscheidender Bedeutung, dass du deine Aufmerksamkeit mit der Hilfe des Heiligen Geistes auf diesen überwältigenden Teil des Wortes Gottes richtest.

Als Adam sündigte, war die ganze Welt davon betroffen. Die Sünde wurde Teil der menschlichen Erfahrung, und der Tod war die Konsequenz. Und so folgte der Tod dieser Sünde und warf seinen Schatten auf die gesamte Menschheit, denn alle haben gesündigt. Die Sünde war in der Welt, bevor Mose das geschriebene Gesetz gab, aber sie wurde den Menschen nicht zur Last gelegt, solange es kein Gesetz gab. Dennoch herrschte der Tod als König von Adam bis Mose, obwohl sie gegen kein

Gebot verstoßen hatten, wie es Adam getan hatte. Der erste Mensch, Adam, war ein Bild für den Messias, der kommen sollte. Nun besteht aber kein Vergleich zwischen Adams Übertretung und der Gnadengabe, die wir erfahren. Denn das Ausmaß dieses Geschenks überwiegt bei weitem das des Vergehens. Es ist wahr, dass viele wegen der Übertretung eines Menschen starben, aber wie viel größer wird Gottes Gnade und sein gnädiges Geschenk der Annahme zu vielen überfließen aufgrund dessen, was ein Mensch, Jesus, der Messias, für uns getan hat! Und dieses freigiebig fließende Geschenk vermittelt uns viel mehr als das, was uns durch den, der gesündigt hatte, zuteilwurde. Denn wegen einer einzigen Übertretung droht uns allen ein Todesurteil mit der Begründung: »Schuldig!« Aber dieses Gnadengeschenk befreit uns von unseren zahlreichen Verfehlungen und bringt uns in die vollkommene Gerechtigkeit Gottes – freigesprochen mit den Worten »Nicht schuldig!« Einst hielt uns der Tod in seiner Gewalt, und durch den Fehltritt eines einzigen Menschen herrschte der Tod als König über die Menschheit. Aber wie viel mehr werden wir jetzt im Griff der Gnade gehalten und regieren fortan als Könige im Leben und genießen unsere königliche Freiheit dank dem Geschenk der vollkommenen Gerechtigkeit in dem einen und einzigen Jesus, dem Messias! Mit anderen Worten: So wie die Verdammnis durch eine einzige Übertretung über alle Menschen gekommen ist, so steht durch die eine gerechte Tat, dem Opfer Jesu, die vollkommene Gerechtigkeit, die uns mit Gott ins Reine bringt und uns zu einem siegreichen Leben führt, nun allen zur Verfügung. Denn so wie der Ungehorsam eines einzelnen Menschen die Tür dazu öffnete, dass die gesamte Menschheit zu Sündern wurde, öffnete der Gehorsam eines einzelnen Menschen die Tür für die Vielen, die von Gott vollkommen gerecht gemacht und von ihm angenommen werden. So wurde also das Gesetz in Gottes Plan eingeführt, um die Realität der menschlichen Sündhaftigkeit aus dem Verborgenen zu holen. Doch wo immer die Sünde zunahm, gab es mehr als genug von Gottes Gnade, um umso mehr zu triumphieren! Und so wie die Sünde durch den Tod herrschte, so wird auch diese die Sünde besiegende Gnade als König durch die Gerechtigkeit herrschen und uns das ewige Leben durch Jesus, unseren Herrn und Messias, schenken! — Römer 5,12–21 TPT

Du siehst also, dass Jesus uns weit über den Zustand des ersten Adams hinaus wiederhergestellt hat! Der erste Adam hatte von Gott übernatürliche Kraft und die Vorherrschaft erhalten, aber er fiel auf Satans Täuschungsmanöver herein. Später in diesem Kapitel werde ich die genauen Taktiken des Teufels erläutern. Als der erste Adam fiel, errichtete Gott einen Grenzzaun, um Adam den Zugang zum Baum des Lebens, der unverfälschten Herrlichkeit, zu verwehren.

So schickte ihn Gott der HERR aus dem Garten Eden, damit er den Erdboden bearbeite, von dem er genommen war. Und er vertrieb den Menschen und ließ östlich vom Garten Eden die Cherubim lagern und die Flamme des blitzenden Schwertes, um den Weg zum Baum des Lebens zu bewachen. — 1. Mose 3,23–24 SLT

Man beachte, dass die Cherubim diesen Grenzzaun bildeten, der den Zugang zum Baum des Lebens verhinderte! Überall in der Bibel ist zu beobachten, dass die Cherubim Engel sind, die von Gott beauftragt wurden, die unverfälschte, unverwässerte Herrlichkeit Gottes zu schützen und zu bewachen! Was der erste Adam verloren hat, haben wir im letzten Adam in weitaus größerem Maße wiedergewonnen. Gott will, dass wir diesen Grenzzaun durchschreiten!

> *Denn es steht geschrieben: Der erste Mensch, Adam, wurde eine lebendige Seele. Der letzte Adam wurde zum lebensspendenden Geist. Aber das Geistliche kam nicht zuerst. Das Natürliche geht dem Geistlichen voraus. Der erste Mensch war aus dem Staub der Erde; der zweite Mensch ist der Herr Jahwe, aus dem Reich des Himmels. Der erste Mensch, der aus Staub gemacht ist, hat ein Menschengeschlecht, das genauso ist wie er und ebenfalls aus Staub gemacht ist. Der vom Himmel Gesandte hat ein Volk von himmlischen Menschen, die so sind wie er. Einst waren wir dem Menschen aus Staub gleich, jetzt wollen wir dem Menschen aus dem Himmel gleich sein. — 1. Korinther 15,45–49* TPT

Es gibt also nur zwei Vorsteher der menschlichen Rasse. Sie werden beide als »Mensch« bezeichnet! Es gibt keine andere Variante. Es gibt Menschen, die dem ersten Menschen zugeordnet sind. Und es gibt Menschen, die dem letzten Menschen angehören. Dazwischen gibt es nichts. Nur diese beiden Menschen. Erinnere dich:

> *Denn so wie der Ungehorsam eines einzelnen Menschen die Tür dazu öffnete, dass die gesamte Menschheit zu Sündern wurde, öffnete der Gehorsam eines einzelnen Menschen die Tür für die Vielen, die von Gott vollkommen gerecht gemacht und von ihm angenommen werden. — Römer 5,19* TPT

Einst waren wir dem Menschen aus Staub gleich, jetzt wollen wir dem Menschen aus dem Himmel gleich sein.
— 1. Korinther 15,49 TPT

Das ist wichtig! Der Heilige Geist zeigt uns, dass Jesus das, was er auf der Erde getan hat, alles als Mensch getan hat. Jetzt, da er zum Vater gegangen ist, tut er weiterhin alles als **Mensch**!

Denn es ist ein Gott und ein Mittler zwischen Gott und den Menschen, nämlich der Mensch Christus Jesus.
— 1. Timotheus 2,5

Die Übersetzung der *Passion Translation* nennt Jesus in diesem Vers den »wahren Menschen«.

Denn es ist ein Gott, und es gibt nur einen Mittler zwischen Gott und den Menschenkindern – den wahren Menschen Jesus, den Gesalbten. — 1. Timotheus 2,5 TPT

Was will uns die Bibel mit dieser Betonung des Menschseins Jesu sagen? Sie sagt, dass unser Vater von jeher wollte, dass wir, Männer und Frauen, das Bild des himmlischen Menschen, des wahren Menschen, tragen! Sie sagt, dass jeder, der an Jesus glaubt, die Wunder tut, die er getan hat, und noch größere Wunder, weil er zum Vater aufgefahren ist.

Die dämonische Lüge, Jesus habe alle seine Wunder als Gott und nicht als Mensch gewirkt, hat die große Mehrheit der Christen dahingehend indoktriniert und geprägt, mit einem Bild zu leben, das den gefallenen, unterlegenen ersten Adam widerspiegelt, und passiv zu akzeptieren, dass wir niemals zur unverwässerte Herrlichkeit Gottes vordringen können, weil sie von einem Grenzzaun, bestehend aus Cherubim, umschlossen ist. Es ist für die heutige Gemeinde sehr wichtig zu wissen, warum Jesus all seine Wunder als Mensch und nicht als Gott getan hat.

Ich werde dir nun fünf eindeutige Beweise dafür liefern, dass Jesus keines seiner Wunder als Gott gewirkt hat, sondern allesamt als Mensch, der sich ganz auf seinen Vater verließ.

1. Als Jesus auf dieser Erde lebte, handelte er nur aus seinem Menschsein heraus. Er hatte weder das Privileg noch das Recht, aus seiner Göttlichkeit heraus zu handeln.

   > *Er existierte in der Gestalt Gottes, aber er dachte nicht daran, an der Gleichheit mit Gott als höchstem Gut festzuhalten. Stattdessen entledigte er sich seiner äußeren Herrlichkeit, indem er sich zur Gestalt eines niederen Dieners herabließ. Er wurde Mensch! Er erniedrigte sich und wurde verletzlich, indem er sich entschied, sich als Mensch zu offenbaren und gehorsam zu sein. Er war ein perfektes Beispiel, sogar in seinem Tod – dem Tod eines Verbrechers durch Kreuzigung! Aufgrund dieses Gehorsams hat Gott ihn erhöht und seine Erhabenheit vervielfacht! Ihm wurde nun der größte unter allen Namen gegeben. — Philipper 2,6–9* TPT

2. Der Teufel hat Gott zu keiner Zeit besiegt, er besiegte den ersten Adam, den ersten Menschen. Jesus kam als zweiter Adam und letzter Mensch, um den Teufel zu besiegen. Er wird deshalb der letzte Mensch genannt, weil der Vater kein anderes Bild eines Menschen auf dieser Erde mehr sehen will. Seine ewige Weisheit legte dem Teufel einen Hinterhalt in Eden und brachte ein Menschengeschlecht von allen Ethnien, Sprachen

und Kulturen auf den Weg, dessen Angehörige dem Bild des letzten Menschen entsprechen bzw. sein Bewusstsein in sich tragen und die Wunder tun sollen, die Jesus getan hat, und sogar noch größere Wunder!

3. Wenn Jesus seine Wunder als Gott gewirkt hätte, dann könnte keiner von uns die Wunder tun, die er getan hat, weil keiner von uns Gott ist und wir auch niemals Gott sein werden! Jesus hätte uns niemals versprochen, dass wir die Wunder tun können, die er getan hat, wenn er diese Wunder als Gott gewirkt hätte!

4. Wenn Jesus als Gott auf der Erde gewirkt hat, würde das bedeuten, dass Gott an Weisheit und Gunst zunehmen musste! Welch eine Beleidigung für den Gott, der Himmel und Erde geschaffen hat. Jesus, der Mensch, musste wachsen, aber Gott braucht niemals zu wachsen.

5. Der wichtigste Beweis, dass Jesus nicht als Gott, sondern als Mensch Wunder gewirkt hat, liegt in dieser deutlichen Feststellung: Gott, der Allmächtige, muss nicht vom Heiligen Geist gesalbt werden, um Wunder vollbringen zu können! Jesus war **nicht in der Lage**, Wunder zu tun, bis im Alter von dreißig Jahren der Heilige Geist auf ihn kam.

> *Eines Tages kam Jesus, um sich zusammen mit allen anderen taufen zu lassen. Als er vom Geist des Gebets erfüllt war, riss der Himmel über ihm auf, und der Heilige Geist kam in der sichtbaren, greifbaren Form einer Taube vom Himmel herab und ließ sich auf ihm nieder. Dann hörte man Gottes Stimme, die sagte: »Mein Sohn, du bist*

der von mir Geliebte. Durch dich habe ich mich erfüllt.« Jesus, der als Sohn Josephs galt, war etwa dreißig Jahre alt, als er seinen Dienst begann. — Lukas 3,21–23 TPT

Wie Gott Jesus von Nazareth mit Heiligem Geist und Kraft gesalbt hat, und wie dieser umherzog und Gutes tat und alle heilte, die vom Teufel überwältigt waren; denn Gott war mit ihm. — Apostelgeschichte 10,38 SLT

Okay, jetzt freue ich mich darauf, dir folgende vier Offenbarungen zu vermitteln, die dir zeigen, wie du hinter den Grenzzaun in die unverwässerte Herrlichkeit gelangen und die Wunder tun kannst, die Jesus getan hat, und sogar noch größere Wunder, weil er zum Vater gegangen ist.

1. Die Offenbarung des Bewusstseins
2. Die Offenbarung der völligen Identifikation – mit Christus und Christus mit uns
3. Die Offenbarung der Demut
4. Die Offenbarung, wie Jesus in uns verherrlicht wird

Die Offenbarung des Bewusstseins

Sobald Jesus den Heiligen Geist auf sich hatte, begann er sofort, Wunder zu tun, stieg aber weiter in höhere Ebenen des übernatürlichen Bewusstseins auf, um sie uns zu vermitteln! Es gibt ein wunderbares einzelnes Wort, das ausdrückt, was Gott in uns entstehen lassen möchte. Das Wort lautet *Bewusstsein* und bedeutet: »das, was deine Seele weiß«. Es geht dabei nicht um das, wovon du sagst, dass du es glaubst, sondern um das, was deine Seele mit Gewissheit weiß und worin sie in dem Bewusstsein dieser Gewissheit ruht.

Folglich ist es der Wunsch unseres Vaters, in unserem Wesen, in unserer Seele, das volle Bewusstsein zu schaffen, das Jesus zur Rechten des Vaters genießt. Dieses Bewusstsein ist jedem anderen bekannten Bewusstsein überlegen. Gott rettet Menschen nicht nur, um sie in den Himmel zu bringen. Sein sehnlichster Wunsch ist es, ein Volk auf der Erde zu haben, das das Bild des letzten Menschen verkörpert, in seinem Bewusstsein lebt und die Wunder vollbringt, die er getan hat – und noch größere!

Nun möchte ich dir die zwölf Stufen der Bewusstseinsentwicklung aufzeigen, die Jesus durchlaufen hat. Ich tue dies anhand von sehr kurzen Zusammenfassungen aus einer Predigt von John G. Lake. Ich bin voller Staunen über die Offenbarung, die dieser wunderbare Mann in seinem Geist trug und deren Wahrheit er während eines Großteils seines Lebens immer wieder durch beispiellose und bezeugte Wunder bewies! Ich werde dir anhand von zwölf Steigerungen in vier Kategorien zeigen, wie Jesu Bewusstsein zunahm, um uns in vollem Maße alles geben zu können. Es gibt drei Stufen in jeder der vier Kategorien.

1. Die erste Kategorie ist die Ordnung der Natur.
   a. Er verwandelte Wasser in Wein.
   b. Er stillte das Wasser, die Wellen und den Sturm durch sein Befehlswort.
   c. Er lief auf dem Wasser! Ich glaube, dass diese Stufe die Vermehrung von Brot und Fisch miteinschloss.

Jede dieser Stufen war eine Steigerung zur vorherigen.

2. Die nächste Kategorie betrifft seinen Heilungsdienst. Hiermit betrat Jesus neues Gebiet. Wenn du dies sorgfältig studierst, wirst du feststellen,
   a. dass es erst um die Heilung von Krankheiten ging,
   b. dann um die Heilung von Blinden
   c. und schließlich um schöpferische Wunder! Die Heilung von Aussätzigen. Dazu gehört das Nachwachsen von Körperteilen! Auch Versehrte wurden geheilt. Zu den schöpferischen Wundern gehört das Ersetzen von fehlenden Augen, Trommelfellen und Nieren.

3. Dann stieg er zu einer noch höheren Bewusstseinsebene auf. Nun entwickelte sich in der Seele Jesu ein heiliges Aufdämmern der Macht Gottes sogar über den Tod. In dieser Macht über den Tod steigerte er sich wieder in drei Stufen!
   a. Die Tochter des Jairus. Sie war erst seit sehr kurzer Zeit tot. Als Jesus dort ankam, musste er alle Menschen, die voll von Unglauben waren, aus dem Raum hinauswerfen. Warum? Sein Bewusstsein hätte das Mädchen nicht auferwecken können, wenn die Atmosphäre im Raum von Unglauben beherrscht gewesen wäre. Unglaube überträgt spürbare seelische Signale, die dem Bewusstsein des Glaubens entgegentreten, ihm widersprechen, es verwässern oder ihm ganz Einhalt gebieten wollen. Nachdem diese Leute gegangen waren, konnte Jesus Jairus' Tochter von den Toten auferwecken.
   b. Jesus erweckte den Sohn der Witwe von Nain, der schon seit mehreren Stunden tot war. Sie trugen ihn hinaus, um ihn zu begraben. Jesus schickte die Skeptiker diesmal nicht fort, sondern er berührte einfach den Sarg und sagte: »Junger Mann, ich sage dir: Steh auf!« (Lk 7,14), woraufhin dieser aufstand.

c. Lazarus war bereits ganze vier Tage tot. Seine Schwestern sagten, dass er bereits stinke. Lazarus war in Tücher gewickelt und einbalsamiert. Auch hier forderte Jesus niemanden auf, die Örtlichkeit zu verlassen. Er sagte einfach, man solle den Stein entfernen, und dann befahl er Lazarus, herauszukommen.

4. Die vierte Kategorie umfasst ebenfalls drei aufeinanderfolgende Stufen, durch die Jesus in jedem einzelnen Bereich einen Schritt nach dem anderen vollzog, bis er schließlich die göttliche Vollkommenheit seines Vaters sichtbar werden ließ.
   a. Da gab es die Kreuzigung,
   b. gefolgt von der Auferstehung,
   c. gekrönt vom Aufsteigen in den Himmel und seiner Verherrlichung, indem er zum Vater ging!

Jede einzelne dieser zwölf Steigerungen stellt eine Stufe der Macht Gottes dar, die über die vorherige hinausgeht! Bedenke dies: Jesus ging mit dem Bewusstsein ans Kreuz, den Feind zu bezwingen.

> *Darum liebt mich der Vater, weil ich mein Leben lasse, damit ich es wieder nehme. Niemand nimmt es von mir, sondern ich lasse es von mir aus. Ich habe Vollmacht, es zu lassen, und habe Vollmacht, es wieder zu nehmen. Diesen Auftrag habe ich von meinem Vater empfangen. — Johannes 10,17–18 SLT*

Er stand von den Toten auf und sprach Worte, die nie zuvor ein Mensch gesprochen hatte.

Und Jesus trat herzu, redete mit ihnen und sprach:
Mir ist gegeben alle Macht im Himmel und auf Erden.
— Matthäus 28,18 SLT

In einer anderen Übersetzung:

Dann trat Jesus zu ihnen und sagte: »Mir ist alle Macht des Universums gegeben worden.« — Matthäus 28,18 TPT

Es ist wichtig zu wissen, dass Jesus von den Toten auferstanden ist, weil er am Kreuz alle Täuschung bezwang, durch die der Teufel die Oberhand über den ersten Adam, den ersten Menschen, gewonnen hatte. Wir müssen unbedingt verstehen, dass das, was Jesus am Kreuz getan hat, augenblicklich die Herrschaftsgewalt aufhob, die der Teufel dem ersten Adam entrissen hatte. Jesus konnte in den Hades hinabsteigen und dem Teufel die Schlüssel abnehmen. Das ist der Grund, warum Jesus nun sagen konnte: »Mir ist alle Macht im Himmel und auf der Erde gegeben worden.«

Und ich wandte mich um und wollte nach der Stimme sehen, die mit mir redete; und als ich mich umwandte, da sah ich sieben goldene Leuchter, und mitten unter den sieben Leuchtern Einen, der einem Sohn des Menschen glich, bekleidet mit einem Gewand, das bis zu den Füßen reichte, und um die Brust gegürtet mit einem goldenen Gürtel. Sein Haupt aber und seine Haare waren weiß, wie weiße Wolle, wie Schnee; und seine Augen waren wie eine Feuerflamme, und seine Füße wie schimmerndes Erz, als glühten sie im Ofen, und seine Stimme wie das Rauschen vieler Wasser. Und er hatte in seiner rechten Hand sieben Sterne, und aus seinem Mund ging ein scharfes, zweischneidiges Schwert hervor; und sein Angesicht leuchtete wie die Sonne in ihrer Kraft. Und als ich ihn sah, fiel ich zu seinen Füßen nieder wie tot. Und er legte seine rechte Hand auf mich und sprach zu mir: Fürchte dich nicht! Ich bin der Erste und der Letzte und der Lebende; und ich war tot, und siehe, ich lebe von Ewigkeit zu Ewigkeit, Amen! Und ich habe die Schlüssel des Totenreiches und des Todes.« — Offenbarung 1,12–18 SLT

Das bedeutet: Alles, was der Teufel tut, ist unrechtmäßig und unzulässig. Deshalb muss die Gemeinde von der Autorität und dem Bewusstsein des auferstandenen, in den Himmel aufgefahrenen Christus Gebrauch machen und beides in Form von Zeichen, Wundern und Kraftwirkungen zum Ausdruck bringen. Dies belegt die Heilige Schrift von Anfang bis Ende in einer immer wiederkehrenden Botschaft! Wann immer Gottes Volk ihn nicht an erste Stelle setzt und darauf vertraut, dass er sich in seiner Macht offenbart, endet das stets in einer Katastrophe und dem Niedergang seines Volkes! Unterlegene, unrechtmäßige und unzulässige böse geistliche Mächte sind verzweifelt bemüht, uns zu unterdrücken! Wann immer Gottes Menschen in Unglauben und Nichtachtung gegenüber Gott verfallen, werden sie von unterlegenen Mächten vereinnahmt und versklavt, sodass sie von üblen Vorstellungen, die nichts anderes als dämonische Lehren sind, beherrscht werden! Genau davor hat der Apostel Paulus die Gemeinde gewarnt!

Das hat der Heilige Geist ausdrücklich offenbart: Am Ende dieses Zeitalters werden viele vom wahren Glauben abfallen, einer nach dem anderen. Sie werden sich den Geistern der Täuschung hingeben und dämonisch inspirierten Offenbarungen und Theorien folgen. Heuchlerische Lügner werden viele verführen, und ihr Gewissen wird davon nicht im Geringsten belastet! — 1. Timotheus 4,1–2 TPT

Sie mögen vorgeben, Gott zu respektieren, aber in Wahrheit wollen sie nichts mit Gottes Macht zu tun haben. Halte dich von solchen Leuten fern! — 2. Timotheus 3,5 TPT

Wie können wir wissen, von wem wir uns fernhalten sollen? Wenn es Menschen sind, die etwas vortäuschen. Wusstest du, dass es Leute gibt, die sich verstellen, wenn sie in die Gemeinde gehen? Sich verstellen bedeutet, sich anders zu verhalten, als man wirklich denkt oder ist, um andere zu täuschen. Sie geben vor, Gott zu respektieren, aber in Wahrheit wollen sie mit Gottes Macht nichts zu tun haben! Unter welchem Einfluss stehen diese Leute? Die Bibel gibt hierauf eine klare Antwort.

Das hat der Heilige Geist ausdrücklich offenbart: Am Ende dieses Zeitalters werden viele vom wahren Glauben abfallen, einer nach dem anderen. Sie werden sich den Geistern der Täuschung hingeben und dämonisch inspirierten Offenbarungen und Theorien folgen. — 1. Timotheus 4,1 TPT

Warum sind schwache, besiegte Dämonen zu so etwas in der Lage? Weil viele Christen, die in die Gemeinde gehen, so tun, als würden sie Gott respektieren, mit der Macht Gottes aber nichts zu tun haben wollen. Und weil einige Gemeindeleiter den Heiligen Geist nicht achten, da sie befürchten, Leute könnten die Gemeinde verlassen, wenn sich in den Gottesdiensten plötzlich die Kraft Gottes blicken lässt. Und nicht zuletzt auch deshalb, weil manche Leiter versuchen, den Heiligen Geist an der Leine zu halten, um seine Macht zu begrenzen und zu kontrollieren! Das ist eine Beleidigung gegenüber dem Geist der Gnade. Solche Leute werden von den Lehren der Dämonen beherrscht. Wann immer wir versuchen, die volle Kraft und Macht Gottes aus der Gemeinde herauszuhalten, steckt Menschenfurcht und nicht Gottesfurcht dahinter. Lass dich nicht von ihren eindrucksvollen Argumenten täuschen, mit denen sie rechtfertigen wollen, warum sie Menschen mehr Ehre geben als Gott. Das ist extrem gefährlich. Deshalb sagt die Bibel unmissverständlich: »Halte dich von solchen Menschen fern!«

Lieber Leser, liebe Leserin, lassen wir alle Heuchelei, Anbiederung und Bevormundung hinter uns! Steigen wir stattdessen in alle unsere Rechte und Privilegien in Christus auf. Lassen wir uns umwandeln, indem das Bewusstsein Christi in allen zwölf Stufen auf uns übertragen wird! Enthüllen wir das Bild des einen wahren Menschen, das sich in uns allen widerspiegelt!

Die Offenbarung der völligen Identifikation

Was jetzt kommt, ist absolut atemberaubend, weil es die absolute Wahrheit ist! Am Kreuz hat sich Jesus mit uns in unserem schlimmsten Zustand identifiziert, damit unsere Identifikation **mit ihm in seinem Bestzustand** möglich würde! Der Grund, warum uns ohne Einschränkung alle zwölf Bewusstseinsstufen offenstehen, die Christus genießt, liegt in der Tatsache, dass er zum Vater gegangen ist. Mit anderen Worten: Wir können bereits hier auf der Erde zu der höchsten Ebene des vollen Bewusstseins Christi (des letzten Menschen) aufsteigen, weil Christus sich nicht geweigert hat, für uns in die tiefste Dunkelheit und Verderbtheit hinabzusteigen!

Der neue Bund gebraucht oft das Wort *mit* als Vorsilbe, wenn es um die Beziehung zwischen uns und Christus geht.

Identifizierung mit Christus bedeutet, dass es für uns keine Trennung von seinem Bewusstsein gibt! Die Bibel erklärt, dass du mit Christus mitgekreuzigt, mitbegraben und mitauferweckt wurdest, dass du mit Christus aufgestiegen bist, weit über alle bösen Mächte hinaus, und zusammen mit ihm an den höchsten Platz zur Rechten des Vaters erhoben wurdest, wo du gemeinsam mit ihm sitzt! Wie die Bibel betont, bist du ein gleichberechtigter Erbe mit Christus; alles, was er vom Vater geerbt hat, gehört jetzt auch dir! Um dein Erbe zu bekommen, musst du nicht warten, bis du gestorben bist. Du wartest ja auch nicht auf *deinen* Tod, um das Erbe deiner Eltern anzutreten. Dazu müssen sie sterben! Christus ist für dich gestorben. Du bist jetzt ein gleichgestellter Erbe mit Christus und sitzt mit ihm an himmlischen Orten. Es liegt nicht in Gottes Absicht, dass du und ich auf das himmlische Reich der Herrlichkeit warten müssen, bis wir einst gestorben sind. Das höchste Bewusstsein Christi ist uns schon jetzt vergönnt, noch während wir in dieser Welt sind.

> *Indem wir in Gott leben, hat die Liebe in uns ihren vollen Ausdruck gefunden, sodass wir dem Tag des Gerichts furchtlos entgegensehen können,* ***denn alles, was Jesus jetzt ist, sind auch wir in dieser Welt****. — 1. Johannes 4,17* TPT

Für dich als Referenz hier die Bibelstellen, die Bezug auf den Weg des Gläubigen vom Mitgekreuzigten zum Miterben nehmen: Galater 2,20; Epheser 2,6; Römer 8,17.

Die Offenbarung der Demut

Demut zieht das Bewusstsein Christi in dein Inneres und öffnet den Grenzzaun für dich, sodass du in die unverfälschte, unverwässerte Herrlichkeit Gottes eintreten kannst, um mit Wundern zu dienen, und zwar – wie im Himmel so auf Erden – ohne jegliche

Mühe. Diese Offenbarung ist ausgesprochen mächtig und kraftvoll, doch nur die wenigsten Christen verstehen, was sie wirklich bedeutet. Mach dich bereit, im Geist zu sehen, wie mächtig das Wort *Demut* tatsächlich ist. Wir werden nie verstehen, was wahre Demut ist, bis wir verstehen, worin die Quelle des Stolzes liegt! Lass uns lesen, welche Warnungen uns der neue Bund in Bezug auf Stolz und Ruhmsucht gibt.

> *Du musst dir aber darüber im Klaren sein, dass die gesellschaftliche Kultur in den letzten Tagen extrem hart und schwierig für das Volk Gottes werden wird. Die Menschen werden egozentrisch, selbstverliebt und vom Geld besessen sein. Sie werden mit großen Taten prahlen und in ihrem arroganten Hochmut herumstolzieren und alles verhöhnen, was richtig ist. Sie werden ihre eigenen Familien vernachlässigen. Sie werden undankbar und gottlos sein. Sie werden süchtig nach hasserfüllten und bösartigen Verleumdungen. Als Sklaven ihrer Begierden werden sie wilde, streitlustige Hasser dessen sein, was gut und gerecht ist. Mit brutaler Heimtücke werden sie hemmungslos handeln, scheinheilig und in Schwaden der Selbstgefälligkeit gehüllt. Sie werden an den Vergnügungen dieser Welt mehr Gefallen finden als an den Freuden des liebenden Gottes.*
> *— 2. Timotheus 3,1–4* TPT

> *Denn die Zeit wird kommen, in der sie nicht länger auf die heilenden Worte der Wahrheit hören und reagieren werden, weil sie selbstsüchtig und stolz geworden sind. Sie werden sich Lehrer suchen, deren beruhigende Worte ihren Wünschen und Vorstellungen entsprechen und die genau das sagen, was sie hören wollen. — 2. Timotheus 4,3* TPT

Woher kommt dieser Stolz? Er entspringt dem Neid! Luzifer hasste Gott nicht, er beneidete ihn! Luzifer wollte die Ehre und Anbetung, die nur Gott vorbehalten sind. Das ist Stolz.

Ich werde in die Wolken aufsteigen und mich dem Höchsten gleichmachen. — Jesaja 14,14 NLB

Auch Adam und Eva hassten Gott nicht. Sie wurden dazu verführt, Gott zu beneiden – und rate mal, von wem? Dem Teufel. Er sagte ihnen, sie könnten Gott gleich werden, indem sie Gott ungehorsam würden! Im Grunde genommen sagte er ihnen: »Sucht euch eure eigene Weisheit entgegen dem Willen Gottes. Esst von dem Baum, von dem er euch verboten hat zu essen!«

Niemand, der bei klarem Verstand ist, würde sich anmaßen, es besser zu wissen als Gott! Das ist eine extreme Form des Wahnsinns. Wenn wir den deutlichen Ratschluss Gottes in seinem Wort ignorieren, ist das nicht nur Ungehorsam, sondern Stolz, der von Neid gegen Gott angetrieben wird! Es gibt Menschen, die große Zeichen, Wunder und Kraftwirkungen nur aus dem Grund wollen, damit sie sich rühmen und sich selbst wie eine Gottheit feiern lassen können! Wenn du das noch etwas genauer untersuchen möchtest, lies Hesekiel 28,11–19 und Jesaja 14,12–15. Und wenn du etwas über das endgültige Ende des Teufels wissen willst und erfahren möchtest, wie er bekommen wird, was er verdient, sieh dir Offenbarung 20,7–10 an.

Die Bibel lässt also keinen Zweifel daran, welcher Art von Mensch Gott erlaubt, hinter den Grenzzaun zu gelangen und in unverfälschter Herrlichkeit zu wirken.

Petrus sah dies und wandte sich an die Menge. »Ihr Menschen aus Israel«, sagte er, »was ist daran so erstaunlich? Warum starrt ihr uns an, als hätten wir diesen Mann aus eigener Kraft und Frömmigkeit geheilt? … Der Name von Jesus hat diesen Mann geheilt – und ihr wisst alle, wie krank er war. Vor euren eigenen Augen hat der Glaube an den Namen von Jesus diese Heilung bewirkt. — Apostelgeschichte 3,12.16 NLB

Petrus und Johannes wirkten von dem Bereich hinter dem Grenzzaun aus. Das Wunder war derart mühelos geschehen, sodass sie wussten, dass es weder auf ihre Kraft noch Heiligkeit oder Frömmigkeit zurückzuführen war. Menschen, die hinter dem Grenzzaun sind, stellen das ganz schnell klar. Denk nicht, dass die Bibel übertreibt. Gott wird Menschen erwählen, die sich nicht brüsten und behaupten, sie hätten das Wunder aus eigener Kraft vollbracht. Tatsächlich wird die Weisheit dieser Welt sogar Anstoß daran nehmen, wem Gott erlaubt, den Grenzzaun zu durchschreiten!

Aber Gott hat die erwählt, die die Welt für töricht hält, um jene zu beschämen, die sich für weise halten, und Gott hat die Schwachen und Ohnmächtigen erwählt, um die Hohen und Mächtigen zu beschämen. Er erwählte die Geringen, die in den Augen der Welt Lächerlichen – die Unbedeutenden –, damit er die Mächtigen zuschanden mache. Denn er hat das erwählt, was als unbedeutend gilt, um jenes zu ersetzen, das als herausragend gilt, damit in Gottes Gegenwart kein Platz für stolze Prahlerei ist. — 1. Korinther 1,27–29 TPT

Und damit erfüllt sich, was geschrieben steht: Wer sich rühmt, der rühme sich nur dessen, was der Herr getan hat. — 1. Korinther 1,31 TPT

Ich aber will mich allein des Kreuzes Jesu Christi, unseres Herrn, rühmen, durch das mir die Welt gekreuzigt ist und ich der Welt. — Galater 6,14 EÜ

Paulus hatte enorm viel Offenbarung empfangen. Paulus war hinter den Grenzzaun gegangen und diente mit eindrucksvollen Wundern. Er hätte sich leicht in einer Weise rühmen können, die ihn in den Augen der Menschen erhöht hätte. Doch Paulus rühmte sich nur des Kreuzes. Er erzählte den Menschen von der Offenbarung Christi und dem Zeugnis der großen Wunder, die Gott durch ihn wirkte, um die Heiden zum Glauben an Christus zu bringen. Er weigerte sich, die Lorbeeren für das Geschehene zu ernten. Paulus hegte Gott gegenüber keinen Neid, der ihn in den Stolz getrieben hätte. Er demütigte sich selbst und zog es vor, sich seiner Schwachheit zu rühmen.

Diesen Menschen will ich rühmen; meiner selbst will ich mich nicht rühmen, höchstens meiner Schwachheit. — 2. Korinther 12,5 EÜ

Die Demütigen kennen die vollkommene Güte Gottes. Sie wollen die Erde mit Wundern gefüllt sehen, damit Gott verherrlicht und angebetet wird! Demut ist im Grunde Vertrauen auf die Güte Gottes. Du ehrst Gott, indem du dich täglich vor ihm demütigst. Demut ist gleich Glaube. Glaube und Demut sind ein und dieselbe Sache. Stolz hingegen ist gleichbedeutend mit Unglauben. Stolz ist Neid gegenüber Gott. Neid ist das Verlangen, in gleicher Weise angebetet und verehrt zu werden wie Gott! Stolz giert nach der Ehre, die Gott vorbehalten ist! Unser Vater wird sich immer treu bleiben und konsequent jedem – auch uns – widerstehen, der sich im Stolz selbst erhöht. Wer aber Gott ehrt, wird Ehre von ihm empfangen.

Deshalb spricht der HERR, der Gott Israels: »Ich hatte versprochen, dass dein Haus und deines Vaters Haus mir für alle Zeiten dienen soll.« Doch jetzt spricht der HERR: »Das kann nun nicht mehr gelten, denn ich werde nur ehren, die mich ehren, und werde verachten, die mich verachten.«
— 1. Samuel 2,30 NLB

Stolz sucht nicht nach Ehre von Gott. Der Stolz will nur von den Menschen geehrt werden.

Kein Wunder, dass ihr nicht glauben könnt! Denn ihr seid stets bereit, euch gegenseitig zu ehren, die Ehre aber, die nur von Gott kommen kann, bedeutet euch nichts.
— Johannes 5,44 NLB

Beachte, was Jesus sagt: »Es ist unmöglich für euch, an die Person der Gnade zu glauben, wenn ihr nur die Ehre von Menschen sucht und es bewusst vermeidet, zuerst nach der Ehre zu trachten, die von Gott kommt.« Das ist jetzt zwar die »Rob-Rufus-Übersetzung«, aber genau das ist es, was Jesus meint, wenn man den Kontext mit einbezieht. Erinnere dich, dass Glaube und Demut ein und dieselbe Sache sind! Was will Jesus damit sagen? Es ist unmöglich, Offenbarung, Wunder und den Fluss der Kraft Gottes zu empfangen, wenn man sich nicht demütigt und die Ehre Gottes zuallererst und mehr als die Ehre von Menschen sucht!

Bedeutet euch die Schrift nichts, in der es heißt: »Der Geist, den Gott in unsere Herzen gehaucht hat, ist ein eifersüchtiger Liebhaber, der sich danach sehnt, mehr und mehr von uns zu haben?« Aber er gießt immer mehr Gnade auf uns aus. Denn es steht geschrieben: »Gott widersteht demjenigen, der stolz ist, aber er gießt seine Gnade unentwegt über denjenigen aus, der sich demütigt.« Deshalb unterstellt euch Gott. Stellt euch dem Teufel entgegen und widersteht ihm. Dann wird er sich abwenden und vor euch davonlaufen. — Jakobus 4,5–7 TPT

Es ist offensichtlich, dass Gott uns weder widerstehen noch uns seine Gnade vorenthalten will. Er liebt uns immer, aber er bleibt auch stets seinem Wesen treu. Er kann keinem Stolzen erlauben, hinter den Grenzzaun zu gelangen.

In gleicher Weise sollten die Jüngeren die Leitung der Älteren bereitwillig unterstützen. In jeder Beziehung muss sich jeder von euch die Schürze eines demütigen Dieners umbinden. Denn: Gott widersteht euch, wenn ihr stolz seid, aber er vermehrt euch Gnade und Gunst, wenn ihr demütig seid. Wenn ihr euch in Gottes ehrfurchtgebietender Gegenwart niederbeugt, wird er euch schließlich zu Ehren bringen, wenn ihr die Wahl der richtigen Zeit in seinen Hände lasst. — 1. Petrus 5,5–6 TPT

Unser Vater kennt alle menschlichen Taktiken wie Wutanfälle und Schmollen, die dazu dienen, ihn oder andere zu tyrannisieren und zu manipulieren. Er widersteht uns einfach und hält den Fluss der Gnade zurück, während er uns weiterhin vollkommen und voller Güte und Zuneigung liebt. Er hat schon alles gesehen! Menschliches Brüsten und Prahlen, dann plötzliche Stimmungsumschwünge hin zu Schmollen mit egozentrischer Rebellion gegen sein Wort der Wahrheit! Das sprunghafte Auf und Ab und der plötzliche Rückzug aus Beziehungen! Dann beginnt der Kreislauf des Prahlens von neuem, des sich selbst Anpreisens, des ständigen Suchens nach der Ehre und Anerkennung anderer Menschen.

Wenn du dich für weise hältst und für jemanden, der die Wege Gottes versteht, dann zeige es durch ein schönes, fruchtbares Leben, das von Sanftmut und Weisheit geleitet wird. Prahle nie mit dem, was du getan hast, denn damit beweist du, dass du wirklich weise bist. Aber wenn sich in deinem Herzen bitterer Neid oder Konkurrenzdenken verbirgt, dann leugne es nicht und versuche auch nicht, es durch Prahlerei und Angeberei zu kompensieren. Denn das hat nichts mit Gottes himmlischer Weisheit zu tun, sondern lässt sich am besten als die selbstsüchtige und teuflische Weisheit dieser Welt beschreiben. — Jakobus 3,13–15 TPT

Unter den Stolzen ist immer Zank; aber Weisheit ist bei denen, die sich raten lassen. — Sprüche 13,10

Im Endeffekt **kann niemand den üppigen, ergiebigen Fluss der Gnade in unserem Leben stoppen als nur wir selbst**. Niemand sonst kann das! Der Teufel nicht, und genauso wenig unser Ehepartner, unsere Kinder oder unsere Vorgesetzten! Nur der persönliche Stolz unterbricht den kontinuierlichen Fluss der Gnade im eigenen Leben. Es reicht nicht aus, die theologische Seite der Gnade zu kennen. Es ist ebenso wichtig zu wissen, dass die einzige Person im Universum, die den Zufluss der Gnade zu dir verhindern kann, du selbst bist! Ich bin sicher, viele von uns kennen Dutzende von Versen aus dem Buch der Sprüche über die Zerstörung, die der Stolz über unser Leben bringt, und wie ein hochmütiger Geist uns schließlich zu Fall bringt. Aber meine dringlichste Aufgabe ist es, die Menschen überall auf diesem Planeten darüber zu informieren, wie sie hinter den Grenzzaun gelangen und dort leben!

Die Quelle der Offenbarungserkenntnis lässt sich finden, wenn du in Hingabe vor dem Herrn niederfällst. Erwarte nicht, dass du Schechina-Herrlichkeit zu sehen bekommst, solange der Herr nicht deine aufrichtige Demut sieht.
— Sprüche 15,33 TPT

Das hier verwendete Wort »Schechina« entstammt den jüdischen Traditionen, im hebräischen Bibeltext findet sich stattdessen das Wort *kabod*. Es bedeutet »unverfälschte, gewichtige Herrlichkeit« und kommt 156-mal in der Bibel vor! Was ist Stolz? Es ist die Unfähigkeit, Gnade von einem Gott zu empfangen, auf den wir neidisch sind! Dies ist der Beweggrund für die weitverbreitete Gesetzlichkeit. Es ist die Taktik des Bösen, um zu verhindern, dass Jesus auf der Erde verherrlicht wird! Gesetzesbasierte Religion findet es nahezu unmöglich, dem Heiligen Geist den nötigen Raum zu geben, damit er uns das volle Bewusstsein, das Jesus zur Rechten des Vaters genießt, vermitteln und in uns verankern kann.

Die Offenbarung, wie Jesus in uns verherrlicht wird

Nun möchte ich dir eine einfache Frage stellen: Wie wird Jesus heute auf der Erde verherrlicht? Ganz einfach! Er kehrte mit allen zwölf Bewusstseinsstufen für uns zum Vater zurück, vollkommen identifiziert mit uns, und wir mit ihm! Dann sandte er den Heiligen Geist, den göttlichen Ermutiger, zu uns, um zu unserem größeren Nutzen bei uns zu sein!

Aber hier ist die Wahrheit: Es ist zu eurem Nutzen, dass ich weggehe. Denn wenn ich nicht gehe, wird der göttliche

Ermutiger nicht zu euch kommen. Aber nachdem ich gegangen bin, werde ich ihn zu euch senden. — Johannes 16,7 TPT

Hier kommt die große Offenbarung. Auf welche Weise Jesus in deinem und in meinem Leben auf der Erde verherrlicht wird, erklärt dieser Vers ganz deutlich! Wenn der Heilige Geist zu uns kommt, hat Jesus dem Heiligen Geist bereits sein volles Bewusstsein übertragen, das er, Jesus, zur Rechten des Vaters hat. Nun kann der Heilige Geist dieses Bewusstsein in uns einpflanzen und es uns offenbaren – er vermittelt und verankert es!

Je mehr wir in dieses Bewusstsein gekleidet sind, das Christus hatte, als er zum Vater ging, desto mehr wird Christus auf dieser Erde verherrlicht!

Er wird mich auf der Erde verherrlichen, denn er wird von mir empfangen, was mein ist, und es euch offenbaren. *Alles, was dem Vater gehört, gehört mir – deshalb sage ich, dass der göttliche Ermutiger das, was mir gehört, empfangen und euch offenbaren wird. — Johannes 16,14–15 TPT*

Die von Jesus verwendete Formulierung, die hier mit »denn er wird von mir empfangen, was mein ist, und es euch offenbaren« übersetzt ist, bedeutet im Aramäischen: »Er pflanzt ein, was mein ist, und zeigt es euch.« Siehst du jetzt vielleicht zum ersten Mal klar und deutlich, was der wichtigste Dienst des Heiligen Geistes auf der Erde ist? In der unverfälschten Herrlichkeit, jenseits des Grenzzauns, gibt es das ungetrübte Bewusstsein von Christus, das in jedem von uns in ganzer Fülle wirken will, damit wir die Wunder tun können, die er getan hat, und sogar noch größere Wunder, weil er zum Vater gegangen ist!

Wenn du bis hierhin gelesen hast, ist das ein gutes Zeichen dafür, dass du ernsthaft daran interessiert bist, Teil des wundervollen Überrests eines Volkes zu werden, dessen Menschen auf der ganzen Erde verteilt sind. Ein Volk, das sich nicht als elitäre Gruppe sieht, die anderen überlegen ist, sondern eine gesunde, befreiende Ehrfurcht vor dem lebendigen Gott hat und sich keiner Sache beugen wird, die dem Kreuz etwas hinzufügt! Die Menschen dieses Volkes werden sich nichts anderem rühmen als dem Kreuz, durch das sie dieser Welt gekreuzigt sind und die Welt ihnen gegenüber.

Danke, dass du dir die Zeit genommen hast, dieses Buch zu lesen. Ich vertraue darauf, dass die anhaltenden Auswirkungen in einer Vision des siegreichen, von Nägeln durchbohrten Lammes bestehen und dich dem himmlischen Ruf zu immer weiteren Horizonten des Einflusses und der Fruchtbarkeit folgen lassen werden. Gottes Herrlichkeit bewegt sich über die Erde, und er selbst wird viele von uns in göttlicher Zusammenarbeit miteinander verbinden!

In Liebe
Rob Rufus

DANKSAGUNGEN

Ein herzliches Dankeschön geht an Heather Gill, eine treue Freundin und herausragende Unterstützerin unseres Dienstes seit Jahrzehnten. Du hast dein ganzes Leben lang eine solche Liebe zu den Menschen gezeigt; Glenda und ich danken dir aus tiefstem Herzen. Du hast dieses Buch mit unzähligen Arbeitsstunden begleitet: Übertragung, Lektorat, Korrektorat, Erstellung und so manches Hin und Her. Selbst bei den ständigen Ungereimtheiten, die mit jedem Projekt dieser Art einhergehen, warst du bei jedem Schritt dabei und hast uns laut und freudig angefeuert. Was für eine wunderbare Tochter Gottes mit einem dienenden Herzen du doch bist. Möge sich sein Wohlgefallen auch weiterhin durch dein Leben zeigen, unsere liebe Freundin. Ich danke dir!

Ein Dank an Dr. Lex Vlantis: Trotz der aufreibenden Arbeitszeiten eines hochkarätigen Fachchirurgen in Hongkong und eines hervorragenden Dozenten fandest du die Zeit, dieses Buch Korrektur zu lesen und bei der Erstellung zu helfen. Lex, du bist der Inbegriff von Loyalität, Verbindlichkeit, Treue und Freundlichkeit. Deine Einsatzbereitschaft hat dieses Buch vorangebracht. Ich bin auf ewig dankbar, geehrt und über alle Maßen bereichert, dich meinen Freund nennen zu dürfen. Ein tief empfundenes Dankeschön.

Besonderer Dank gilt auch den folgenden Personen, die auf verschiedene Weise an diesem Projekt beteiligt waren: Sean Whaley (Herausgabe und Coverdesign), Priscilla Li (Lektorat), Jadon Whaley (Lektorat und Herstellung), Luke Ide (Design Konzept) und John Montesi (Fotografie).

ÜBER DEN AUTOR

Rob und Glenda Rufus leiten seit 1979 erfolgreich Gemeinden in Südafrika, Australien und Hongkong. Rob Rufus ist ein gefragter Redner, der durch die ganze Welt reist. Er bringt eine tiefe Offenbarung des Evangeliums der Gnade mit Machtbeweisen der Kraft Gottes zu den Menschen. Sein Wunsch ist es, Menschen, Gemeinden und Nationen durch die verwandelnde Kraft der Gnade Gottes befreit zu sehen.

Rob und seine Frau Glenda sind Eltern von drei Kindern: Jay, Ryan und Bonnie. Sie haben außerdem neun wunderbare Enkelkinder und zwei Urenkel.

Mehr über Rob und Glenda erfährst du auf ihrer Webseite: www.robrufusministries.com

WEITERE TITEL VON ROB RUFUS

Rob Rufus hat im Laufe der Jahre noch andere Bücher geschrieben. Wenn dir dieses Buch gefallen hat, besorge dir doch noch andere Titel von Rob. Englische Bücher findest sie hier:

www.robrufusministries.com

Rob hat auch eine umfangreiche Video- und Audiobibliothek mit Botschaften aus fast 20 Jahren, die völlig kostenlos erhältlich sind. Besuche die folgenden Websites:

www.ccihk.com
www.youtube.com/c/CityChurchInternationalHongKong
www.robrufusministries.com

Rob Rufus

Ergreife das Unerreichbare

Wirkt Gott heute noch Zeichen und Wunder? Und ob! Christen sollten daher stets in der ihnen verliehenen Autorität dem Unheil und Bösen entgegentreten, sagt Rob Rufus. Der Pastor aus Australien ruft auf mitreißende Weise zu einem Glauben auf, der Gottes übernatürliches Eingreifen erwartet.

208 Seiten, Paperback, ISBN 978-3-943597-30-1
Auch als E-Book erhältlich.

Ryan Rufus

Extra reine Gnade

Ölbaum statt Feigenbaum, Gnade statt Gesetzlichkeit und Selbstgerechtigkeit – Ryan Rufus zeigt, wie heilsam, befreiend und kraftvoll Glaube ist, der auf Gottes Gnade baut und nicht auf eigene Anstrengungen und Leistungen. Auch gestandenen Christen geht das runter wie Öl.

224 Seiten, Paperback, ISBN 978-3-943597-14-1
Auch als E-Book erhältlich.

Ryan Rufus

Haben Christen immer noch eine sündige Natur?

Haben Christen immer noch eine sündige Natur? Die Antwort, die dieses Buch gibt, mag nicht dem entsprechen, was man dir beigebracht hat; dafür wirst du die biblische Antwort erhalten – auf diese und andere Fragen: Warum sündigen Christen immer noch? Welche Rolle spielt die Gnade?

87 Seiten, Paperback, ISBN 978-3-943597-03-5
Auch als E-Book erhältlich.

www.gracetoday.de

Ryan Rufus

Die klare Botschaft der Gnade

Die göttliche Gnade ist das Beste, was wir in diesem Leben erfahren können! Sie befreit von menschlichen Zwängen und religiösen Vorschriften. In sieben Einheiten lernen wir unsere vollkommene Identität in Christus kennen und die begeisternde Botschaft der Gnade an andere weiterzugeben.

88 Seiten, Taschenbuch, ISBN 978-3-95933-057-2
Auch als E-Book erhältlich.

Chad M. Mansbridge

Du hast geerbt!

Gott hat mehrmals mit Menschen einen Bund geschlossen – mit Abraham, durch Mose und schließlich den neuen Bund für alle Welt in Jesus Christus. Erst wenn wir den einzigartigen Charakter dieses neuen Bundes verstehen, entdecken wir, wie frei wir im Glauben als Gottes Erben wirklich sind.

96 Seiten, Taschenbuch, ISBN 978-3-943597-20-2
Auch als E-Book erhältlich.

www.gracetoday.de